내 직업
내가 만든다

내 직업 내가 만든다

나만의 일을 찾는 여자, 다시 일을 시작하려는 엄마들을 위한 창직 멘토링

2018년 11월 26일 초판 1쇄 발행. 박시현이 지었으며, 도서출판 샨티에서 박정은이 펴냅니다. 편집은 이홍용이, 표지 및 본문 디자인은 김재은이 하였으며, 마케팅은 강인호가 합니다. 표지 그림은 조영금이 그렸고, 인쇄 및 제본은 상지사에서 하였습니다. 출판사 등록일 및 등록번호는 2003. 2. 11. 제25100-2017-000092호이고, 주소는 서울시 은평구 은평로 3길 34-2, 전화는 (02) 3143-6360, 팩스는 (02) 6455-6367, 이메일은 shantibooks@naver.com입니다. 이 책의 ISBN은 979-11-88244-36-2 03300이고, 정가는 15,000원입니다.

이 도서의 국립중앙도서관 출판시도서목록(CIP)은 e-CIP홈페이지(http://www.nl.go.kr/ecip)와 국가자료공동목록시스템(http://www.nl.go.kr/kolisnet)에서 이용하실 수 있습니다.(CIP제어번호: CIP2018036364)

*이 도서는 한국출판문화산업진흥원 2018년 우수출판콘텐츠 제작 지원 사업 선정작입니다.

내 직업 내가 만든다

나만의 일을 찾는 여자, 다시 일을 시작하려는
엄마들을 위한 창직 멘토링

잡 크리에이터 박시현 지음

【산티】

| 차례 |

3 아줌마라 행운이다

4 창직, 어떻게 시작할까?

5 창직가들을 만나다

6 삶을 창조하는 방법

프롤로그

지금까지는 '없던 해답'을 찾아

어린 자녀를 데리고 세계 여행을 하는 엄마가 있습니다. 54세 루스 존스턴과 11세 아들 루이스의 이야기입니다. 이 모자母子는 전 세계적으로 소개가 되었는데요, 이제 세계 여행을 하는 것이 특별한 것도 아닌데 왜 이슈가 될까요? 그 이유는 집 등 전 재산을 처분하여 떠난 여행이기 때문이에요. 특히 아들은 11세로 한창 학교를 다녀야 하는 나이입니다. 학교를 보내는 대신 세계 여행을 택한 두 사람이 방문한 국가는 무려 65개국. 2012년에 시작한 기나긴 여행인 만큼 하루 6만 원 정도의 돈만 쓰며 소파에서 자는 날도 비일비재하다고 합니다. 엄마는 왜 이런 '모험'에 나선 걸까요?

루이스는 늦둥이 아들로 엄마 혼자 키워야 했습니다. 혼자 일을 하며 가정을 지켜야 하니, 당연히 아이와의 시간이 줄어들었습니다. 돌'보아야 할' 아들 얼굴을 거의 '보지 못하는' 아이러니한 상황, 그것이 전 재산을 털어 세계 여행에 나서게 된 계기라고 말합니다. 아들 학업도 별 문제 없어 보입니다. 여권 갱신을 위해 고향으로 돌아간 김에 아들의 교육 수준을 학교에서 테스트했는데 오히려 성적이 더 좋았다고 하니까요. 각 나라를 다닐 때마다 그 나라의 역사, 지리, 수학 등을 엄마와 함께 공부한 결과입니다. 이 모자의 목표는 100개국을 채우고 돌아가는 겁니다. 앞으로 2~3년은 여행이 지속될 거라고 하네요.

'위대한 엄마의 산 교육'에 대해 말하고자 두 모자를 소개한 것은 아닙니다. 제가 흥미를 가진 것은 이 뉴스에 대한 댓글입니다. 대부분 "멋지다" "응원한다"는 기분 좋은 댓글이었습니다. 개중에 "하루 6만 원을 쓰고 4년째 여행중인데 앞으로 2~3년은 더 여행한다고 하니, 처분한 전 재산은 얼마쯤 될 것이다"라고 계산해 주는 친절한(?) 댓글도 있습니다. "아들은 친구 관계 파탄났는데 이게 과연 좋은 걸까?" "전 재산을 다 쓴 저 아이는 앞으로 행복할까?" "경험치는 쌓이겠다만 거지 된 건 어쩔 건데?" 등의 부정적인 댓글도 있습니다. 하지만 그중 제 눈길을 가장 사로잡은 것은 재치 있는 댓글도, 악성 댓글도 아니었습니다. 바로 "갔다 오면 뭐해 먹고살지?"라는 댓글이었습니다. 더 놀라운 건 비슷한 내용의 댓글이 더 있다는 겁니다.

제가 좋아하는 텔레비전 프로그램 〈영재발굴단〉에서도 비슷한 장면이 보입니다. 지구에 존재하는 모든 자동차의 외관과 사양은 물론 차량 가격까지 아는 '자동차 영재' 김건. 1,400여 대의 미니카에서 시작된 자동차 사랑은 38층에서 내려다본 신호 대기중인 자동차의 윗 모습만 보고 줄줄이 차종을 맞추는 놀이로 발전했습니다. 이런 자동차 영재를 보며 할머니는 걱정을 하지요. "공부를 해야지."

우주와 교감하여 우주계를 그림으로 그려내는 '우주 영재' 강범진. 0.1밀리미터 간격으로 거대한 우주 그림을 그렸는데, 이는 돋보기로 보아야 할 정도로 아주 세밀합니다. 더 놀라운 것은 작품마다 숨어 있는 스토리입니다. 예컨대 칼자루 모양의 우주선은 우주 각 행성에서 도망친 범죄자들이 모인 곳입니다. 그곳엔 학교, 공동묘지, 도시 등 모든 구역이 아주 정교하고 촘촘하게 그려져 있지요. 이 놀라운 상상력은 어디서 나오는 걸까요? 눈을 감고 자신만의 우주계를 상상하는 이 아이의 뇌파를 실제 측정해 보니 델타파 수치가 3 이하로 급격하게 떨어집니다. 이는 무의식 상태에 가까운 수준이라고 합니다. 이런 영재를 둔 아버지는 걱정이 가득해서 이렇게 말합니다. "저걸로 먹고살 수 있는 것도 아니고……"

여기까지 사례를 읽고 혹시 당신도 '진짜 뭘로 먹고살려고?'라는 의문을 품고 있진 않나요? 그렇다면 당신은 세상에 먹고살 수 있는 방법은 취업, 창업 말고는 없다고 생각할 확률이 매우 높습니다. 대부분의 대한민국 사람은 그렇게 생각을 하지요. 저희 부모님도, 동생도 이런 사고방식에서 예외는 아니고요. 저 역시 세상에서 먹고살 수 있는 방법이 취업, 창업 말고도 다양하다는 사실을 안 지 얼마 되지 않습니다. 다행히 먹고살 수 있는 다른 방법도 있다는 사실을 늦게나마 깨달았기 때문에 제 삶이 한결 자유로워졌고, 장차 아이의 진로에 대해서도 여유를 갖고 생각하게 되었습니다.

어린 자녀와 세계 여행을 하는 엄마 이야기로 다시 돌아가 보겠습니다. 댓글의 재미난 양상을 지켜보다가 결국 저도 댓글을 달고 말았습니다. "갔다 와서 무얼 해 먹고살까 걱정 안 하셔도 될 듯. 책 내고 강연만 다녀도 되겠구만요. '돈 버는 것=취직'이 아니랍니다." 툭 던진 댓글에 반대는 없었습니다.

산티아고 순례자의 길을 걸은 것이 여행 준비자를 위한 정보 콘텐츠가 되고, 캠핑이 취미인 사람이 강연을 하는 세상입니다. 내가 한 경험을 아직 하지 못한 사람에게 이야기해 주는 것, 이것이 일이 되는 시대입니다. 경험은 고유한 가치를 지닙니다. 지구상에 70억 명의 인구가 있다면 70억 개의 인생이 있습니다. 경험이 한 사람의 인생을 만드는 전체의 일부분이라면, 70억 개 이상의 경험이 존재한다는 의미입니다. 그러므로 경험은 중요하다 덜 중요하다, 무겁다 가볍다, 맞다 아니다 등의 잣대를 들이댈 수 없습니다.

미래학자 정지훈 교수에 따르면 미래의 일은 놀이와 경계가 없어진다고 합니다. 어차피 인공 지능과 로봇이 사람이 하는 일을 다 하게 되니까요. "일하지 않는 자 먹지도 말라"는 말은 구시대의 산물로 전락하고 말 것입니다. 일하지 않아도 먹고살 수 있도록 나라에서 시스템을 마련해야 합니다. 북유럽은 기본 소득제를 일부 시행하는 등 이미 그런 시도들을 하고 있지요. '노동=일=돈'의 공식이 깨지는 겁니다. '일'에 대한 관점을 완전히 바꿔야 하는 전환기에 우리 모두 놓여 있습니다. 독서, 공부, 취미, 생각, 여가 그 자체가 일이 되는 시대. 더 놀라운 건 입시, 대학, 대기업 등만 바라보는 사람들이 인식하지 못하는 사이, 일의 패러다임을 바꾼 이들이 속속 등장하고 있다는 겁니다. 이런 사람들을 '창직가創職家', 즉 '잡 크리에이터job creator'라고 합니다.

왜 우리는 좋아하는 것을 하면 먹고살기 힘들다고 지레 판단하고 그렇게 살기를 두려워할까요? 반대로 먹고살기 위한 방편으로 직업을 택한 사람 중 지금 이 순간 행복을 느끼는 이는 몇이나 될까요? 저는 이 문제에 대해 관심을 가지면서, "직업은 구하는 것이 아니라 만드는 것이다" "취미로 전문가가 될 수 있다" "자아가 즐거워하는 일을 하자"는 생각을 하기 시작했습니다. 그럼에도 불구하고 '그게 정말 가능한 삶일까?' 의구심도 함께 있었습니다. 너무 이상만 바라보는 건지도 모른다고 생각했지요. 돈벌이에 대한 두려움을 버리고 자신이 좋아하는 것을 선택했음에도 불구하고 삶의 수준이 나락으로 떨어지지 않는 사람이 있다면 그건, 선택받은 소수만이 가능한 삶이 아닐까 생각도 들었습니다.

시간이 흐른 지금, 그때의 희미한 가설은 좀 더 명확한 가능성이 되었습니다. 제가 속으로만 막연하게 외치던 것이 바로 '창직job creation'과 관련 있다는 것을 알았고, 이 앎은 그동안의 제 의문의 문을 여는 열쇠가 되었습니다. 저는 지금도 많은 창직가들을 통해 '내가 만드는 삶'이 정말로 가능하다는 사실을 계속해서 발견하고 있습니다.

베스트셀러 중 《책은 도끼다》라는 책이 있습니다. "책은 도끼"라는 말은 책이란 굳어 있는 지식을 깨뜨리는 도끼와 같다는 비유입니다. 저는 창직이야말로 도끼라고 생각합니다. 흔히 알고 있는 직업관을 깨고, '그게 직업이 되겠어?'라는 통속의 관념을 깨고, '아는 게 없어서, 할 줄 아는 게 없어서'라는 생각의 틀을 깨는 것, 이것이 곧 창직의 시작이기 때문이지요.

아이를 낳으면서 경력 단절 여성이 된 제가 불과 1년 만에 사회로 복귀할 수 있었던 비결은 '창직'입니다. 조급하기만 하던 제 인생을 좀 더 여유롭고 관대한 시선으로 지켜보고, '~가 되겠다'에서 '~를 하고 싶다'로 생각을 전환하게 된 계기가 바로 창직입니다.

이 책에는 제가 경험한 생생한 이야기가 담겨 있습니다. 아이 키우면서 돈 좀 벌어보겠다고 블로그로 아이 옷을 팔아보기도 했고, 자격증만 따면 일이 그냥 생기는 줄 알고 밤새워 자격증 공부를 하기도 했습니다. 하지만 제 인생은 여전히 제자리걸음인 기분이었죠. 이런 보통의 아줌마가 '창직'이라는 새로운 통로에 눈을 뜨고, '내가 만드는 세상'을 인식하고 삶이 즐거워지기 시작했습니다. '창조의 눈'을 뜨게 되면 자동차 영재 김건 군을 보고 "저 아이는 '차량판별사'라는 직업을 만들어 빵소니 자동차 찾아주는 일을 하면 되겠네"라고 달리 생각할 수 있습니다. 창직이라는 새로운 통로를 아는 것만으로도 남들이 갖지 못한 무기를 가진 셈입니다. 저는 이것을 'JCQ(Job Creation Quotient, 창직지수)'라고 부르고 싶습니다. 내가 가진 콘텐츠를 어떤 것과 융합해서 나만의 세상을 만들까 끊임없이 연구하는 '창직 지수' 말입니다.

많은 사람들이 나름의 방법으로 창조적인 삶을 꾸려나갑니다. 직접 재배한 채소를 먹고, 가구 리폼을 하고, 밤마다 아이에게 새로운 이야기를 들려주기도 하면서 말이지요. 트랙터를 타고 전국을 돌기도 하고, 온 가족이 잠든 밤에 짧은 글을 짓기도 합니다. 좀 더 크게는 《좋은 인생 실험실》(샨티, 2016)의 저자처럼 생활에 필요한 거의 모든 것들을 직접 만들어 살거나(집부터 자동차 연료까지!), 《없는 것이 많아서 자유로운》(행성B, 2012)의 두 딸처럼 학교에 다니지 않고 자연에서 공부하는 삶을 살기도 합니다.

이 책은 인생 창작자life creator 중에서도 창직가job creator들의 이야기를 담고 있습니다. 창조적인 삶을 이루는 다양한 요소 중에서도 '일'에 초점을 맞춘 이유는 아직 오지 않은 미래에 대한 걱정과 내게 맞는 일에 대한 회의, 즉 '내일' 그리고 '내 일'에 대한 고민이 지속적으로 우리를 노크하기 때문입니다. 나에게 맞는 직업을 만들기 위해서는 나에 대한 탐구가 먼저 있어야 합니다. '나'를 모르고서 '나'에게 맞는 직업을 만든다는 것은 이치에 맞지 않지요.

정답지에 '없는 것'을 '선택'한 적이 있으세요? 언제나 사지선다 방식으로 교육을 받고 살아온 우리는 '없는 정답'이 있는 줄조차 모르고 삽니다. 오로지 주어진 문제를 틀리면 안 된다는 두려움에 사로잡혀 있었지요. 일 역시 그러한 선상에서 '고르려고' 합니다. 이미 존재하는 수만 가지 일 중에서 선택해야 한다고 믿고 있는 것입니다. 하지만 내게 맞는 일은 어쩌면 세상이 제시하는 선택지에 없을지도 모릅니다. 이제 그 '없는 정답'을 찾으러 가볼 시간입니다. 바로 잡 크리에이터job creator, 라이프 크리에이터life creator 말입니다!

1

30년 만에 인생의 방향을 찾다

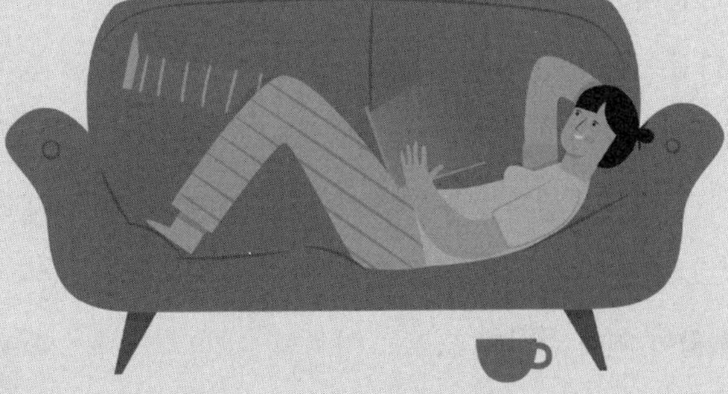

해선 안 될 말

남편은 오늘도 집에 들어오지 않으려나 봅니다. 결혼하고 맞는 첫 크리스마스. 바깥세상의 들뜬 분위기는 캐럴도 크리스마스 트리도 없는 이 집에 비집고 들어올 틈이 없습니다. 두 눈을 꾹 감고 번잡스러움을 잊으려 해보지만 감은 눈꺼풀조차 무거운 기분입니다. 다른 사람들은 축복이다, 행복이다 하는 임신이 왜 나한테는, 왜 나는…… 그 순간 휴대폰이 울립니다. 남편입니다. 드문드문 들려오는 남편의 취한 중얼거림. "…… 아기는 우리 마음대로 하는 게 아니야. 아기는 하늘이 주시는 거야."

이틀 전, 저는 해서는 안 될 말을 했습니다. "이번은 지우고…… 준비하고 다시 갖자."

'다음'이란 자기 인생에 없을 것 같다며 회사 기숙사로 가버린 남편. 이제 와서 고백하자면, 그라도 제정신이어서 다행이다 싶습니다. 하지만 남자들은 알까요? 평생 책임져야 할 존재의 무거움, 그 존재로 인해 '퇴사退社'가 '퇴사退事'가 되어버리는 착잡함, 그 쉼이 언제 끝날지 모르는 아득함, 어쩌면 다시는 복귀 못 할지도 모른다는 불안함, 모두들 저기 가는데 나만 여기 남을 것 같은 두려움, 이 모든 것이 한데 뒤섞인 감정을. 그 소용돌이

속에서 세치 혀를 어떻게 놀렸는지 저도 잘 알 턱이 없습니다. 생각보다 너무 빨리 찾아온 임신. 왜 하필 지금이야? 이제야 일을 제대로 해보려고 하는데, 이제 달려가기만 하면 되는데, 왜?

회사에 다닐 때 보면 '여자' 임원급은 물론 '여자' 차장급도 찾아보기 힘들었습니다. 여성에 대한 복지가 잘되어 있다는 금융권임에도 말이지요. 남자 부장들 사이에 여자 부장이 한 명 있었는데 그녀는 미혼이었습니다. 결혼해서 아이가 있는 여자 차장들은 모두 친정이나 시댁 어머니가 아이를 봐주셨습니다. 즉 아이가 없거나 아이를 돌봐줄 누군가가 있어야만 15년, 20년씩 회사에 다니며 승진할 수 있었던 겁니다. 저는 퇴사 후 프리랜서 강사로 활동하고 있습니다. 출산 후에도 강의를 지속할 수 있을지 걱정이 앞섭니다. 저에게는 아이를 돌봐줄 '제2의 엄마'가 없었습니다. 양가 어머니 모두 일을 하셨기 때문이지요. 그렇다면 저에겐 선택도, 대안도 존재하지 않습니다. 저도 자연스레 '경단'을 밟어야 할 수밖에요.

경력 단절 여성.

존재나 집단의 성격도 아니고, 정체성도 없습니다. 그저 부유하는 낱것들을 편하게 부르기 위해 한 덩어리로 뭉뚱그린 느낌의 말입니다. 무슨 공부를 했고, 어느 분야에서 일을 했으며, 앞으로는 어떤 일을 하고 싶은지는 드러나지 않습니다. 흡사 아이들이 가지고 노는 컬러 찰흙 같습니다. 주황, 노랑, 연두, 보라

등 예쁜 빛깔을 띠는 찰흙들. 노란 토끼 귀에 까만 눈을 붙이며 갖고 있는 색깔 찰흙들을 맘껏 활용해서 이런저런 모양을 만듭니다. 그러다 신물이 나면 한데 뭉쳐 공으로 만듭니다. 처음에는 그래도 각각의 색깔들이 공 안에서 잘 분리되어 보입니다. 그러다 뭉치고 떼고를 반복하면 노란 찰흙에 주황 찰흙이 조금 남는 정도가 되지요. 마침내 서로가 엉겨버릴 즈음이면 노란 찰흙, 주황 찰흙은 더 이상 없습니다. '찰흙 공'만이 있을 뿐.

'본사 교육부서로 발령 받았을 때 참 기뻤는데' '사원으로는 최초로 사장님 만찬에 참여했었지' '맞아, 칭찬 사원으로도 뽑혔었어'…… 과거에 이룬 성과들이 생생한 색깔을 띠고 다가옵니다. 며칠 전 출강한 취업 캠프 강의에서 한 남학생이 찾아와 한 이야기도 기억도 납니다. "제 친구가 강사님 덕분에 H증권사 최종 면접까지 갔다면서 강사님을 추천해 줬어요. 강사님께 상담 좀 받고 싶습니다."

하지만 곧 태교, 태아의 단계별 성장, 임산부가 조심해야 할 것, 순산 운동, 출산 준비물 체크 등 '임산부의 시간'을 보내게 되면, 이 모든 것이 마치 오래전의 꿈처럼 희미해져 가겠지요.

경력 단절 여성이라는 개념에서는 '여성'과 '엄마'를 구분합니다. 이 경력 단절 여성 범주에 들어가기 위한 기본 조건은 '엄마'입니다. 결혼을 하지 않았거나 결혼했지만 아이가 없는 여성에게는 이 말을 쓰지 않습니다. 경제활동촉진법 제2조에 따르면

'임신·출산·육아와 가족구성원의 돌봄 등을 이유로 경제 활동을 중단하였거나 (위와 같은 이유로) 경제 활동을 한 적이 없는 여성 중에서 취업을 희망하는 여성'을 경력 단절 여성(이하, 줄여서 '경단녀')이라고 하기 때문입니다. 2018년 현재 '경단녀'는 200만 명을 훌쩍 넘었고 기혼 여성 중 절반 이상이 여기에 해당한다고 합니다. 출산과 육아가 집중되는 30대가 52.2퍼센트로 가장 많고, 40대가 그 뒤를 따르고요.

재밌게도 '경력 단절 남성'이란 단어는 없습니다. 억지로 '경력 단절 남성'이라 부른다면, 아마도 이직이나 구조 조정, 학업을 위해 일을 그만둔 경우일 것입니다. '경단남'이 적어도 '택일'의 상황이라면, '경단녀'는 '택무'의 상황인 겁니다.

"아기는 하늘이 주시는 것"이라는 남편 말에 하염없이 눈물이 흐릅니다. 흐르는 눈물 속으로 찰흙 공이 떠다닙니다. 두렵습니다. 아깝습니다.

"좋아. 그럼 딱, 딱 3개월만 내가 키우고 다시 일 나갈 거야……"

그렇게 뱃속의 6주 된 아기는 엄마의 눈물을 먹고 그 존재를 인정받았습니다. 엄마 역할의 '시한부'를 정하자 '참을 수 없는 존재의 무거움'은 참을 만한 무게로 다가왔습니다.

남편 돈 내 돈

아기와 함께하는 생활은 이내 곧 적응이 되었습니다. 뱃속의 태아를 '외부의 침입'이라 여기는 엄마의 몸은 얼마간은 침략자와 싸우느라 바빴습니다. 이 기간은 몸속의 '전쟁'을 오롯이 느끼는 경이로운 시간입니다. 흡사 소주 3병, 맥주 8병, 막걸리 1병을 섞어서 새벽 4시까지 마시고 아침 7시에 일어나 출근하는 것 같은 속! 술 없이도 이런 컨디션을 유지(?)할 수 있다는 것 자체가 참 신비롭습니다. 숙취는 술이라도 신나게 마신 결과라지만, 입덧은 다소 억울한 심정이 들 때도 있지만요.

어지러움 때문에 책을 읽거나 운전하는 것 등의 행위는 할 수도 없었습니다. 그저 누워서 번쩍이는 텔레비전 화면만 바라볼 수밖에요. 아무 생각 없이, 멍하니 하루 종일 텔레비전을 보는 생활. 안정을 빙자한 빈둥거림은 임산부만의 특권이지요! '인간이 이렇게 하루 종일 텔레비전을 볼 수도 있구나' 하고 새삼 감탄하면서 말이죠. 하지만 밥 먹고, 토하고, 누워 있는 일이 다였던 저에게 서서히 위기감이 찾아왔습니다. '잉여 인간'의 결정체가 된 것 같은 기분에 가벼운 우울감이 노크를 한 겁니다.

이런 제게 남편이 말합니다. "아기를 가진 여자가 해야 하는 유일한 일은 편하게 쉬는 일이야."

그때부터 전 아기를 가진 여자가 해야만 하는 '의무'를 엄청 충실히 이행하였습니다. '생산성 없는 인간'이라는 죄책감은 놀고 먹고 쉬는 행위의 정당화에 자리를 내주었지요. 비로소 심리적 해방이 된 것입니다. 그런데, 문제가 있었습니다. 해방은 해방인데 완전한 해방이 아니라는 것. 바로 '엄카'를 능가하는 '남카', 즉 남편 카드로 저의 일상을 영위하는 일이었습니다.

'취집'이란 말이 있습니다.

참 오묘한 말입니다. '부러움'과 '시기'가 공존하는 단어가 아닐까 싶은데요, '시집으로 취직을 해결한다'는 의미입니다. 취직 대신 곧바로 시집을 가서 남편 돈으로 생활하는 여자. 겉으로는 '남편 등에 빨대 꽂는' '등골 브레이커'라며 미간을 찌푸리지만, 실상 마음속에는 '팔자 좋네, 부럽다'는 생각이 스멀스멀 피어오르기도 합니다. 세상살이가 힘들 때뿐 아니라 번듯한 직장에 다니는 커리어우먼도 '돈 많은 집에 시집이나 가고 싶다' '그냥 결혼해서 살림이나 할까' 싶을 때도 있습니다. 시집'이나' 와서 살림'이나'를 이미 하고 있는 여성들은 이것만큼 불합리한 노동력 착취는 없다 싶은데 말입니다.

퇴사 직후 잠깐 세일즈를 한 적이 있습니다. 건강 식품 세일즈였는데, 방송을 몇 번 타다 보니 매출이 잘 나왔습니다. 하지만 세일즈라는 게 시간 투자에 매출이 비례하더군요. 아침 7시,

문의 전화로 하루를 시작합니다. 데이트하다가도 전화가 오면 바로 받아야 합니다. 고가의 상품이다 보니 길게는 한 시간까지도 상담이 이어집니다. 그 시간 동안 나와 함께 있는 상대는 방치됩니다. 자려고 누웠다가도 전화가 오면 받습니다. 대개 건강이 안 좋은 분들이기 때문에 넋두리도 들어드려야 합니다. 밤 11시 넘어서 하소연 전화가 오기도 합니다. 돈과 시간을 맞바꾼 기분. '아, 편하게 밥 먹고 싶다. 화장실이라도 편하게 가고 싶다'는 생각이 불쑥불쑥 올라옵니다. 그때 생각합니다. '결혼이나 할까?'

결혼할 남자친구에게 묻습니다. "나, 한 달에 얼마 벌면 좋겠어?" 남자친구는 저를 꼬옥 끌어안으며 말합니다. "안 벌어도 돼~" 이 얼마나 달콤한 말인지! 자기가 벌어오는 돈을 내가 써도 좋다는 암묵의 '허락'. 나를 그만큼 사랑한다는 징표로 여겨져 마음이 부풉니다. 얼마 후 그는 내 남편이 되었습니다.

'취집 같은 취집 아닌 취집 같은' 생활이 비슷하게나마 이루어졌는데 왜 갑갑한 걸까요? 노동을 하지 않아도 되는 자유로움이 내게 주어졌는데 말입니다. 남편은 전혀 그렇지 않은데 왜 저는 돈을 쓰면서 남편 눈치를 보는 걸까요? 이 남자의 씨를 뱃속에 잉태하고 있으니 충분한 자격이 있는 것 같은데 말이죠.

아기라…… 아기는 엄마 몸의 영양분을 먹고 큽니다. 넓은 의미로 보면, 엄마의 몸을 숙주삼아 기생하고 있는 존재입니다. 나도 어쩌면 그런 존재가 아닐까 싶습니다. 떼어낼 수 없는 관계,

혼자 힘으로 살지 못하는 존재.

진정한 자유는 경제적 독립이 이루어진 상태에서 옵니다. '결혼'과 '독립'은 참 어울리지 않는 단어인 것 같습니다. 결혼 생활 안에서의 경제적 독립에 대해서는 생각해 본 적이 없습니다. 뒤늦게야 '경제적 독립'이라는 심리사회적 발달 과업에 대해 고찰하게 됩니다. 경제적으로 남편에게 의존하기 때문에 나의 정체성과 자존감이 휘청거리고 있습니다. 레깅스 하나를 사도, 피자 한 판을 먹어도 남편에게 가는 문자는 또 다른 CCTV 같습니다. 아침 7시 30분에 나서서 밤 8시에 퇴근하며 버는 돈이기에 그 돈으로 제 물건을 사는 게 미안하기도 합니다.

"당신 돈을 내가 어떻게 막 써?" 부르짖는 저에게 "'당신 돈'이 아니라 '우리 돈'이야. 우리는 가족이잖아"라는 남편 말은 귀에도 안 들어옵니다. 이쯤 되면 돈 앞에서 겉으로는 자존심을 내세워보지만 실제로는 자격지심 덩어리가 되고 맙니다. "여보, 휴대폰 비가 10만 원이 넘게 나왔어. 소액 결제한 거야?"라는 남편 말에 상처를 받았다며 펑펑 울게 되는 지경에 이르지요.

그저 내 마음대로 돈을 쓰지 못해서 눈치가 보인다는 건 1차원적인 단순한 이야기입니다. 더 큰 문제는 심리적 종속에 이른다는 겁니다. 그 무렵 부부싸움을 하고 호기롭게 집을 나온 적이 있습니다. 걱정시킬 심산으로 갈 곳도 없는 거리를 정처 없이 걸었습니다. 문득 배가 고파 감자탕 집을 갈까, 순두부 집을 갈까 고민하다가 뼈다귀해장국을 먹으러 들어갔지요. 배불리 먹고 결제를 하는 순간 '띵동~' 남편에게 내 행선지가 전해집니다. "당신 마누라 잘 먹고 다니니 걱정 마쇼" 하듯이. 부부싸움을 하고 미워죽겠는데 그 미워죽겠는 인간의 얄미운 돈을 쓰고 있는 나도 밉습니다. 그래서 한때는 1만 원, 2만 원씩 현금을 뽑아 다니기도 했습니다. 또 밥 안 먹고 빵 먹는다고 걱정(이라 쓰고 잔소리라 읽는다)하는 남편에게 내 흔적을 남기지 않기 위해서요. 마음 놓고 빵 좀 실컷 먹어보려고요.

"아빠, 용돈 좀 더 주세요." "그때 준 거 벌써 다 썼어?" "그건 버스비 하고, 밥 사먹고 하면서 다 썼죠……" "아껴 써" 하며 주시던 2만 원. 용돈 좀 더 받아보려고 불쌍한 척도 해보고 애교도 떨어보고 화도 내보던 그 시절…… 저는 학생 시절로 퇴행한 것 같습니다.

남편 돈을 쓰면서 느끼는 고충을 친구에게 토로했습니다. 친구는 "나는 일을 한 적이 없어서 그런지 그런 마음은 안 들던데"라고 합니다. 저는 친구에게 말했습니다. "남의 돈 잘 쓰는 것도 능력이다, 야!"

마트에서 일하면 안 돼?

남편은 저의 사고를 '개조'하기 위해 지속적으로 정신 교육을 해야 했습니다. 끊임없이 우리는 개인이 아니라 가족이라며 가정의 의미를 설파해야 했죠. 남편의 교육 덕에 저는 서서히 '공동의 돈'을 쓰는 것에 익숙해져 갔습니다. 하지만 '더럽고 치사한' 상황도 동시에 마주해야 했어요.

체중 관리와 순산을 위해 운동을 시작해야겠다고 생각했습니다. 임산부라면 한 번쯤은 생각해 보는 임산부 요가. 스포츠센터가 대개 그렇듯 장기 회원으로 등록하면 할인을 해준다고 합니다. 끈기 없는 저를 잘 아는 남편이 제게 재차 다짐을 받습니다.

"진짜 빠지지 않고 다닐 수 있어? 운동은 꾸준히 해야 효과가 있는 거야."

안 그래도 6개월 치 목돈을 들이는 것에 미안함을 가지고 있는데, 못미더워하는 남편 앞에서 나는 아이가 된 기분입니다. '으, 치사하고 더러워서. 내 돈으로 등록하면 빠지든 말든 내 마음 편하게 다닐 수 있을 텐데.'

'공동의 돈'을 가장한 남편 돈으로 요가를 시작했지만 그 효과는 있었습니다. 눈치가 보여서라도 빠질 수 없어 꽤 훌륭한 출석일수를 채울 수 있었던 거지요.

임신 중기로 들어서면서 오히려 몸이 가벼워졌습니다. 컨디션이 정상으로 돌아오니 점점 살맛이 나나 봅니다. '어디 뭐 할 것 없나?'

남편과 외출했다가 집으로 오는 길, 편의점에 붙은 구인 공고가 눈에 들어왔습니다. "골프장 카운터, 월 100만 원."

제 눈길을 좇은 남편이 넌지시 물어봅니다. "왜, 저거 하고 싶어?" 속마음을 들킨 것 같아 얼른 눈길을 거두며 내뱉습니다. "그냥 본 거야."

어느 날 동네 마트에 장을 보러 갔습니다. 평소엔 거들떠도 안 보던 구인 공고가 왜 그렇게 눈에 들어오던지! 그날 밤, 퇴근한 남편에게 물었습니다. "여보, 나 마트에서 일할까?"

이 여자 또 시작이구나, 심드렁한 남편에게 '타당한 이유'를 대야 했습니다. "아니이~ 집에 있어봤자 뭐해? 하루 다섯 시간 일해서 한 달에 100만 원 벌면 괜찮잖아. 운동도 되고 사람들도 사귀고~" 허락하지 않을 나의 계획을 부모 앞에서 간절한 심정으로 말하는 듯한 기분이 들 때쯤 남편이 말했습니다. "그 시간에 더 생산적인 일을 해."

생산적인 일? 제가 생각한 생산적인 일은 돈을 버는 것이었습니다. 집에서 노느니 단 몇 푼이라도 벌어오면 가계에 보탬이 되고 얼마나 생산적인가요? 저축도 하고 말입니다. 예상은 했지만 역시나 거절하는 남편에게 퉁명스레 물었습니다.

"생산적인 일이 뭔데?"

"책을 읽거나 공부를 하거나. 당신에게 도움이 될 일을 하란 말이야."

시간은 상대적입니다. 미혼 시절에 자는 네 시간은 자는 것도 아니지만, 갓난아기를 키우며 자는 네 시간은 간만에 푹 자는 잠입니다. 일상 생활 5분은 번개같이 빠르지만 진통의 5분은 끔찍하게 더딥니다. 남편과 저는 같은 시간을 다르게 해석한 겁니다. 제가 시간을 '소비'로 보았다면 남편은 시간을 '투자'로 본 것이지요.

시간을 투자로 보는 순간 제 임신 기간을 느끼는 방향은 달라졌습니다. 시간이 그저 '흘러가는 것'이었을 때는 출산까지 남은 4개월이 까마득했습니다. 하지만 투자라는 시각으로 보니 4개월 동안 이루어야 할 일이 명확했습니다. '다시 사회에 나갔을 때 필요한 내공을 쌓자.'

제가 출산과 육아를 할 2~3년의 시간, 다른 사람은 자신의 포트폴리오를 쌓는 시간입니다. 그렇다면 다시 사회에 나갔을 때 그 간극을 메워줄 무언가가 필요했습니다. 각자 다시 돌아가거나 일하고픈 분야에서 필요한 기술이나 요건은 아주 다양합니다. 그건 자격증일 수도, 경력일 수도, 사람일 수도 있습니다. 저는 제가 다시 강의 현장에 돌아갔을 때의 최고 포트폴리오는

'책'이라고 판단했습니다. 6개월의 시간을 투자할 투자처가 정해졌습니다. 바로 글쓰기 훈련이었습니다.

그렇게 알아보기 시작한 '글쓰기 강좌'는 무척이나 다양했습니다. 수강료 또한 수십만 원대부터 수백만 원대까지! 1일 강좌도 있었지만 그 또한 기십만 원대였습니다. 책이 곧 퍼스널 브랜드의 완성이라는 주장이 높은 수강료의 주된 이유였습니다. 책을 내기 전과 후의 인생이 완전히 달라졌다는 사람들의 이야기는 제 가슴을 마구 흔들어놓기 충분했습니다. 비싼 수강료 때문에 포기한다면 당첨이 보장된 복권을 놓치는 것과 다를 게 없을 것 같았습니다. 하지만 그런 고액을 부담하면서 글쓰기 강좌를 들을 수는 없었습니다. 동시에 그 비용이 없어서 글을 쓰지 못하는 것도 아니란 생각이 들었습니다. 나는 나만의 글쓰기 훈련법을 찾기 시작했습니다.

"꿈이 뭐예요?" 누구에게나 이렇게 물어보면 얼른 대답이 나오지 않습니다. 하지만 질문을 조금만 바꿔서 "어릴 적 꿈은 뭐였나요?" 하고 물어보면 하나같이 눈동자가 아득해지며 먼 기억을 더듬기 시작합니다. 어떤 사회적 인식과 편견에도, 사회가 주입한 한계에도 갇히지 않았던 어릴 적 꿈, 초등학교 때의 '장래 희망'이 어쩌면 내가 가장 하고 싶고 되고 싶었던 일이요 모습이 아닐까요? 되짚어보면 저는 그랬습니다. 초·중·고등학교 시절 내내 문예반 활동을 했고, 언제나 장래 희망은 '작가'였습니다.

글쓰기와 멀어진 것은 사회 생활을 하고 나서부터입니다. 대기업, 높은 연봉, 외모, 차, 집, 사람 등 외부의 것들에 매달린 시간들, 20대의 화려한 싱글 라이프, 사회적인 성공 기준을 따라가려 애썼지만 왠지 모를 허전함을 자주 느꼈습니다. 물질이 주는 즉각적인 쾌락으로 허전함을 달래기 시작했지요. 채우고 사들이고 꾸몄습니다. 당시 저의 화두는 단연 '돈, 돈, 돈!'이었습니다. 행복에 대한 나만의 철학을 미처 세우지 못한 20대, 돈을 많이 벌면 행복해질 줄 알았던 겁니다. 사실 돈 자체는 잘못이 없지요. '왜'라는 질문이 빠진 맹목적인 목표가 잘못되었다는 것을 미처 몰랐습니다. 책장을 가득 차지한 재테크 책들이 하라는 대로 월급의 80퍼센트를 저축했지만, 전 언제나 생각했지요. '돈을 더 많이 벌어야 하는데……'

그때는 지금보다 더 많은 것을 가졌지만, 없는 것이 하나 있었습니다. 바로 '내면 작업'이었습니다. 잠시 멈추어 서서 내 마음을 돌보는 시간 없이 그저 외부의 것들을 좇으며 아니, 외부의 것들에 쫓기며 살았습니다. 그럴수록 마음속에 불순물이 가득 쌓여가는 기분이었습니다.

내면 작업은 마음을 정화시켜 줍니다. 마음의 찌꺼기를 버리는 일종의 청소 작업이라 할 수 있겠지요. 내면 작업의 도구는 기도나 명상, 일기, 그림, 대화 등 사람마다 다를 것입니다. 저에게 그것은 '글쓰기'였습니다. 제 내면 작업을 도와줄 글쓰기라는 도구를, 고등학교를 졸업한 뒤 무려 10여 년 만에 다시 찾게 된 겁니다. 꿈은 사라지지 않고 늘 있던 그 자리에 그대로 있었습니다. 저는 그냥 그 지점으로 되돌아갔을 뿐이었지요. 글을 쓰기 시작한 후로 전 안정을 찾아갔습니다.

글쓰기는 저에게 저 자신을 돌아보는 내면 작업이자 동시에 경력 단절을 메워줄, 포트폴리오가 될 책을 준비하는 작업이기도 했습니다. '내 이름 경영하기'라는 하나의 주제를 가지고 글을 쓰기도 했는데, 이때는 다소 저돌적인 성격의 글이 나왔습니다. 이름 석 자는 부모가 준 거지만, 이름을 완성하는 것은 나의 몫이라는 주제로 글을 계속 써나가는 것이었거든요. 반면 블로그에 쓰는 일기는 호흡이 느렸습니다. 남편 셔츠를 다리면서 떠올린 친정아빠의 다림질, 임산부라고 반찬을 더 챙겨주는 도서관 구내식당 아주머니 이야기를 쓸 때는 '이름을 빛내자!' 같은 돌격적인 모습은 온데 간 데 없어지고, 나는 그저 무명의 임산부의 눈으로 글을 쓰고 있었습니다.

남편과 다툰 뒤 정제되지 않은 감정을 쏟아내기도 하고, 문득 마주친 나의 못난 모습을 고백하기도 했습니다. 일기는 잔잔한 즐거움이었습니다. 돈을 벌지 않아도, 대단한 일을 도모하지 않아도 글을 쓰는 것만으로 나는 충만한 느낌이 들었습니다. 내면이 단단해지는 느낌이었습니다.

내적 충만. 세상에서 말하는 성공의 기준에 미치지 못하는데도 기품과 여유가 느껴지는 사람들이 있습니다. 얼굴은 편안하고 가슴속은 무언가로 가득 찬 느낌을 주는 사람들이죠.. 헬라어에는 '채우다'에 해당하는 두 개의 단어가 있다고 합니다. 무언가를 내적으로 채우는 행위를 뜻하는 '플레로오pleroo'와, 쏟아 붓는 것, 즉 무언가를 외적으로 채우는 행위를 뜻하는 '플레토pletho'. 헬라어에서 이 두 단어는 서로 분명하게 구분이 되지만, 우리는 대개 후자의 의미로 사용하고 있지요.

당시 저를 외적으로 채워주는 건 별로 없었습니다. 무거워져가는 몸, 푸석해진 얼굴, 그토록 외치던 '생산적인' 일, 즉 돈 버는 일도 하지 않았으니까요. 게다가 저는 서울에 살다가 결혼 후 충북으로 옮겨간 터라 친구도 없었습니다. 매일 하는 일이라곤 도서관에 가서 책을 읽고 글 쓰는 것이 다였지요. 하지만 그토록 '안정적이고 내면이 충만한 나'를 만난 적은 이전에 없었습니다. 글 쓰는 행위는 나와 내 뱃속 아기를 위한 치유이자 태교였습니다.

경력 이동 여성으로

어느새 막달이 되었습니다. 예정일을 열흘 앞두고 아랫배가 살살 아파옵니다. 예정일까지는 날짜가 좀 남은 터라 나는 가진통일 거라고 생각하고 우선 견뎌보기로 합니다. 새벽 3시, 4시…… 진통은 점점 더 거세져 앉았다가 일어났다가, 벽을 잡고 서 있기도 하다가, 따뜻한 물을 맞으며 심호흡을 하기도 합니다. 까무룩한 눈으로 시계를 봐도 겨우 10분 정도 지나 있을 뿐입니다. "돌아버리겠네"라는 말이 절로 나옵니다.

아침 6시, 출근 준비를 하기 위해 일어난 남편이 저를 보고 깜짝 놀랍니다. "한숨도 못 잤어?" 장장 여섯 시간을 컴컴한 거실에서 홀로 버틴 겁니다. 남편을 출근시켜 놓고 또 진통의 파도를 타다가 뭔가 촉이 와서 화장실로 급히 갑니다. '이슬이다!'

우리 부부는 '자연주의 출산'을 준비했습니다. 그 계기는 참 지독합니다. 아이를 돌봐줄 사람만 생기면 최대한 빨리 아이를 맡겨놓고 일하러 나갈 심산이었던 저는 아이를 맡기기에 좋도록 '순한 아기 낳는 법'을 검색한 겁니다. 거듭된 검색 끝에 만난 답은 자연주의 출산이었습니다. 이 대책 없는 엄마의 욕심으로 시작된 '순한 아기 낳기 프로젝트'는 그러나 얼마 지나지 않아 자연주의 출산에 대한 확고한 신념으로 바뀌었습니다. 자연주의 출산은 아기를 위해서 엄마가 해줄 수 있는 최고의 첫 선물이라는 생각이 든 겁니다.

자연주의 출산은 자연 분만과는 다릅니다. '분만'은 의료진이 주체라면 '출산'은 엄마와 아기가 주체입니다. 분만에서 의료진은 위급하고 위험한 상황이어서만 개입하는 것이 아닙니다. '바쁜' 의료진의 시간 때문인 경우가 많습니다. 아기가 스스로의 힘으로 세상에 나오기까지 자연 진통의 시간이 너무나 더디기 때문에 이것을 기다려줄 여유가 없지요. 그래서 촉진제를 맞고, 촉진제로 인한 인위적인 진통을 완화시켜 줄 무통주사가 들어가고, 아기를 빨리 꺼내야 하기 때문에 회음부를 절개하고 배 위에서 꾹꾹 눌러줍니다. 아기 입장에서는 갑자기 '쑥' 꺼내져서는 각종 주사를 맞고 몸무게를 잽니다. 그보다 더한 충격은 어두컴컴한 자궁 속에 있다가 갑자기 시끄러운 소리와 환한 수술실 불빛을 맞는 일입니다. 이 과정에서 아이의 내면과 무의식에 '트라우마'가 새겨진다고 합니다.

저는 출산시 산모의 신체 변화를 체크하기 위해 주렁주렁 다는 각종 현대적 의료 장비들을 거부하기로 했습니다. 엄마와 아기의 타고난 협업 능력을 믿기로 한 것입니다. 본능 말이지요. 자연주의 출산을 위해서는 남편의 도움이 절대적으로 필요합니다. 남편과 저는 자연주의 출산 다큐멘터리와 각종 동영상을 섭렵하다시피 했습니다. 그리고 매일 밤 회음부 마사지를 하였고요. 미리 산도를 유연하게 만들어놔야 회음부 절개 없이도 아기가 매끄럽게 빠져나올 테니까요.

이러한 만반의 준비는 바로 이 날을 위한 것이었습니다. 조산원에 전화를 하니 지금 즉시 오라고 합니다. 연락을 받은 남편도 허겁지겁 집으로 왔습니다. 32년 경력의 조산사 할머니는 별일 아니라는 듯 말씀하십니다. "오늘 아기를 만나겠네요, 벌써 자궁 문이 5센티미터가 열렸어요." 저와 남편은 눈을 동그랗게 뜬 채 헛웃음만 칠 뿐이었습니다. 오늘 아기를 만난다고?

애석하게도 아기는 하루 밤을 꼬박 샌 다음날 아침 8시에 제 힘으로 나왔습니다. 가슴에 올려놓고 아기를 꼭 껴안았는데, 아기는 너무도 익숙한 존재이면서 동시에 낯선 느낌이기도 했습니다. 진통 내내 짐승에 빙의되다시피 했던 엄마는 어느새 마알간 얼굴이 되었습니다.

육아를 하면서 종종 남편에게 이렇게 말하곤 했습니다. "신부님이나 스님도 아기를 낳아봐야 해. 아기를 키우는 게 바로 수행 아냐? 욱 하는 감정 참아야 하고, 어쩌다 폭발하면 죄인 된 기분이고. 아무 자극 없는 곳에서 있으면 마음 다스릴 일이 없잖아."

신부님이나 스님이 들으면 크게 노하실 망언이지만, 나에게 육아란 정말 인내와 득도의 길이더군요. 누군가는 '낮버밤반'이라고 하던데 찰떡같은 표현인 듯합니다. 낮에는 버럭하고 밤에는 반성한다는 뜻이라나요?

아이 이유식을 만들고 있던 어느 날입니다. 거실에서 놀고 있는 아이의 인기척이 수상해 뒤를 휙 돌아보는 순간, 뻘겋게 질린 아이 얼굴과 마주쳤습니다. 얼른 뛰어가 아이 등을 쳐대도 아이는 울지도 못하고 꺽꺽거릴 뿐이었습니다. 울음을 토해내다가도 이내 '끅끅'거리며 소리가 멎는 상태가 반복되니 전 미칠 지경이었죠. 아이를 얼른 들쳐 메고 지하주차장으로 뛰어 내려가는 중에도 아이 울음소리는 들리지 않았습니다.

차가 지하주차장이 아닌 지상에 주차되어 있다는 사실을 알고 다시 뛰는 순간, 아이가 '웩' 하고 토악질을 했습니다. 계속하여 뛴 반동 덕분이었습니다. 드디어 아이 울음소리가 터졌지만 전 혹시나 하는 마음에 병원으로 달려갔습니다. 아무 이상 없다는 의사 선생님 말씀에 안도의 숨을 내뱉는데 그제야 제 몰골이 눈에 들어옵니다. 티셔츠는 온통 아이 토악질 흔적에, 급하게 나오느라 브래지어도 못하고, 아기 또한 기저귀만 찬 반나체 상태……

만신창이 상태로 집에 돌아온 저는 또다시 심장이 내려앉아야 했지요. 이유식을 만들다 정신없이 뛰쳐나간 탓에 냄비는 새까맣게 타고, 온 집안은 검은 연기로 자욱한 겁니다. 겨우 뒷정리를 하고 연기가 빠져나갈 동안 집 앞 현관에 앉았습니다.

그 순간 모든 긴장이 한꺼번에 풀리면서 울음이 와락 터졌습니다. 살아있는 아이를 안고 있는 이 순간이 얼마나 다행이고 감사하던지! 그제야 숨죽여 있던 심장이 빠르게 뛰기 시작했습니다. 지나가는 사람들 시선은 느껴지지도 않았습니다. 그저 아이를 안은 채 눈물 콧물 빼가며 한참을 엉엉 울었을 뿐이죠.

그때 저는 '두려움'이라는 감정을 온전히 느꼈습니다. 아이를 잃을 뻔한 두려움, 아이를 잃을 수도 있다는 두려움. 찰나의 순간 너무나 거대한 감정에 휩쓸렸던 그때의 여운은 지금도 여전히 기억 속에 남아 있습니다. 아이가 조금만 캑캑거려도 두려움에 휩싸이는 거죠.

사회에서 저는 무언가 잃는다는 두려움을 단 한 번도 느낀 적이 없습니다. 다른 팀과 트러블이 생겨서, 승진에 미끄러져서 운 적은 있지만, 그런 일들은 잠깐 속상하거나 상실감을 느끼는 정도였습니다. 그러던 제가 엄마가 되고 나서 죽음에 대한 공포가 생겼습니다. 그 전에는 "죽으면 죽는 거지 뭐" 하는 자세였죠. 하지만 지금은 제가 죽어도 공포이고 가족이 죽어도 공포입니다. 남겨진 사람이 얼마나 슬퍼할지 가늠조차 할 수 없기 때문입니다. 엄마가 되고 나서야 알게 된 낯선 감정입니다.

설거지, 빨래, 청소 등은 공功이 없는 일입니다. '프로 주부' '주부 9단'이라고 해도 집안일을 잘했다고 직장처럼 보너스를 주거나 승진을 시켜주진 않습니다. 육아도 공이 없는 일이긴 매한가지죠. "잘하면 본전, 못하면 욕바가지"를 먹는 게 육아일 겁니다. 하지만 보너스를 받고, 승진을 하고, 프로젝트를 성사시키는 것보다 더 값지고 가치 있는 일이 또한 육아입니다. 내가 중심이던 세상이 아이가 중심이 되어 돌아가고, 세상에 대한 시각이 넓어집니다. 인간에게 이토록 다채로운 감정이 있었다는 것도 놀라운 발견이고, 내가 이토록 이타적인 존재일 수 있다는 것도 새롭게 깨닫습니다. 게다가 눈물도 많아졌습니다.

우연히 '보육원에서 본 사람 사는 세상'이라는 제목의 사진을 보고 펑펑 운 적이 있습니다. 한 방에 모인 스무 명 남짓한 아기들이 엎드린 채 목을 가누고 있는데, 이제 막 뒤집기를 하는 시기로 보였습니다. 하지만 뒤집기를 하려는 아이와 눈을 마주치며 "잘한다! 잘한다!" 하고 응원해 주는 엄마는 곁에 없습니다. 출산 전이라면 무심코 지나쳤을 광경입니다. 어느새 엄마가 된 저는 그 사진을 보고선 눈물을 쏟고 말았지요. 제 아기가 딱 뒤집기를 하던 시기였거든요. 그 시기의 아기가 무엇을 원하는지 알기에 가슴이 미어졌습니다.

아기를 키우다 보면 전에는 해보지 못한 수많은 경험을 하게 되고, 수많은 경험은 그 상황을 이해하는 밑거름이 됩니다. 그 상황이 뭔지 알겠고, 알겠으니까 마음이 아프고, 마음이 아프니 눈물이 납니다. 이처럼 아기를 키우다 보니 아기에 대해서는 물론이고 세상을 이해하고 공감하는 능력의 밀도까지 더 진해지는 거지요.

사회적인 경력, 업무 등을 더 이상 이어가지 못하는 주부를 가리켜 우리 사회는 경력 단절 여성이라고 부릅니다. 하지만 저는 이렇게 부르고 싶습니다. 우리는 경력 이동 여성, 경력 성장 여성이라고요. 그 에너지의 중심이 사회에서 가정으로 옮겨온 것뿐이라고요.

"애들은 그냥 크는 거야."

"제 밥그릇은 다 가지고 태어난다더라."

육아 스트레스를 하소연하는 젊은 엄마에게 어른들은 말합니다. 이런 요상한 위로에 위안받는 엄마가 과연 얼마나 있을까요? 이 세상에 그냥 존재하는 것도 없지만, 그냥 크는 것 또한 하나도 없습니다. 대추 한 알, 풀꽃 한 송이도 이미 완전한 모습으로 그곳에 있었던 건 아닌데 말입니다.

이것을 시인 장석주는 〈대추 한 알〉이라는 시에서 이렇게 노래하지요.

저게 저절로 붉어질 리는 없다
저 안에 태풍 몇 개
저 안에 천둥 몇 개
저 안에 벼락 몇 개

육아가 힘든 이유는 내 생활을 내 의지로 컨트롤할 수 없기 때문입니다. 모든 게 아기에게 맞춰지니까요. 무엇보다 잠이 부족합니다. 이제 막 갓난아기를 낳은 지인이 두 돌 된 아들을 둔 저를 부러워합니다. 그의 입장에선 혼자 간식 먹고 밥 먹고 노는 두 살짜리 아기가 다 큰 것처럼 보이겠죠? 하지만 2년 전이나 지금이나 전 한결같은 생각을 합니다. '아, 푹 좀 자보고 싶다.'

아기를 키우는 데 잠만 내준 것은 아닙니다. 아기를 먹이고 재우고 놀아주고 이것저것 챙겨주느라 수도 없이 앉았다 일어설 때마다 자신의 존재를 각인시키는 무릎, 혹시나 하고 버리지 못한 작아진 옷 대신 색깔별로 갖게 된 레깅스, 다시는 신을 일 없을 거란 걸 알지만 훈장처럼 한 자리 차지하고 있는 킬힐, 휑한 정수리 때문에 이리저리 바꿔보는 가르마, 차 마실 시간, 영화 볼 여유, 내 몸 하나 달랑 가벼이 나가는 외출, 자고 싶을 때 자고 먹고 싶을 때 먹고 쉴 수 있을 때 쉴 수 있었던 예전의 그 평범함…… 나도 이런 태풍과 천둥과 벼락 들을 품어서 비로소 예쁘고 둥근 붉은 대추 하나 세상에 내어놓는 것이겠죠?

대추의 빛깔을 보면 제대로 '생색'을 내고 있다는 생각이 듭니다. 생색生色. 날 생, 색깔 색. 살아있는 색. 살아있는 색이란 어떤 색일까요? 빨강색? 초록색?

오랜만에 만난 친구가 말합니다. "와, 얼굴 좋네!" 이때의 '얼굴 좋다'가 바로 '살아있는 색' 아닐까요? 윤이 나고 핏기가 도는 건강한 얼굴 말입니다. 녹음이 짙어가는 여름 산, 활기 넘치는 크리스마스 시즌의 거리를 보고도 생색이 돈다고 말합니다. 그러니 생색이란 멈추지 않고 계속하여 변하는 존재 자체의 '빛'이라고나 할까요? 살아있는 것이란 그런 것이니까요.

사전에는 '생색'이 "다른 사람 앞에 당당히 나설 수 있거나 자랑할 수 있는 체면"이라고 풀이되어 있습니다. 또 '활기 있는 기색'이라는 뜻도 나와 있고요. '활기 있는 기색'이란 곧 '살아있는 색'과 같은 의미겠지요? 하지만 우리가 평소 '생색'이란 말을 쓸 때는 주로 앞의 의미로 쓰는 것 같습니다. 흔히들 이 단어를 "생색내지 마" "생색 낼 거면 하지를 말지" "자기가 좋아서 해 놓고 웬 생색이래?" 등으로 쓰고 있으니까요. 여기엔 '자랑질이나 유세는 좋지 않으니까 하지 말라'는 뜻이 담겨 있습니다. 생색을 내면 '쪼잔한' 사람으로 보일까봐 우리는 슬쩍 고개를 숙이지요. 하지만 '생색', 정말 내면 안 되는 것일까요?

임신 초기 호르몬의 꼭두각시처럼 놀아나던 저의 감정은 마치 널뛰기를 하듯 기복이 심했습니다. 제 기분대로 날뛰는 '마녀'가 된 저는 남편에게 소리쳤지요. "나중에는 임신했다고 유세 떤다 하겠네?" 이때 남편의 대답은 아직까지 제 마음속에 남아 있습니다. "당연히 유세 떨어야지. 아기를 품고 잘 키워내는데 유세 떠는 게 맞지."

가만 생각해 보니 맞는 말입니다. 우리는 생색도 낼 줄 알아야 합니다. 출산과 육아는 사실 굉장히 원시적인 일이라는 생각이 듭니다. 사람이 사람을 낳는다는 것도 충격적인데, 낳는 방법은 더 기이합니다. 게다가 아기를 낳고 기르는 행위 자체는 동굴 속에서 생활하던 유인원이나 하나도 다를 바가 없지요. 유인원과 다른 점은 단지 옷을 걸치고 동굴 대신 병원이나 조산원에서 아기를 낳는다는 것, 상대적으로 안전한 집에서 이런저런 도구와 먹을거리의 도움을 받아 아기를 기른다는 것 정도입니다.

이처럼 엄마들은 기꺼이 짐승 본연의 모습으로, 다시 말해 가장 원시적인 모습으로 되돌아가 아이를 낳고 기르고 있지요. 문명의 도움을 받는다고는 해도 그것이 엄마라는 존재를 통해서 이루어지는 출산과 육아 자체를 대신해 주지는 못하니까요. 그러니 생색을 내도, 아니 생색을 대놓고 내뿜어도 되는 일이 아닌가요?

아기를 위해서도 엄마는 생색을 내야 합니다. 멈추지 않고 계속 변해가는 아기를 키워야 하는 엄마가, 마른 나뭇잎처럼 '사색死色'이 되어 있다면 이 얼마나 아이러니한 일인가요? 그것은 마치 자전거 안장과 핸들, 바퀴는 최신식으로 계속 갈아주면서 체인은 녹슨 채로 두는 것과 같습니다. 살아있는 생명체를 보살피는 존재는 그 자신 역시도 살아있어야 합니다. 그러니 '생색'을 내지 못하는 엄마는 살아있는 존재라면 누구나 지닌 고유의 '빛'이 없는 것과 같습니다.

스스로도 생색을 내야 합니다. 남편과 아이는 계속 성장하는데 엄마만 그대로인 가정이 너무나 많지요. 아이에게 엄마의 손이 필요한 기간은 겨우 10년이라고 합니다. 10년 후를 준비하는 엄마와, 현재의 역할에만 충실할 뿐 훗날 자신의 인생에 대해서는 생각지 않는 엄마는 그 빛색부터 다릅니다. 엄마는 직업이 아니라 역할일 뿐이라는 점을 기억해야 합니다. 굳이 봉사 활동, 취미 생활, 파트타임 아르바이트 등 사회적인 활동이 아니더라도 '혼자만의 시간'을 기꺼이 내려 하는 엄마가 '빛색을 뿜는 엄마'입니다. 아이랑 잠시라도 떨어져서 말이죠. 굳이 훗날을 계획하거나 무언가 하지 않고 멍 때리고 있는 시간일지라도, 혼자서 보내는 시간이 있어야 에너지가 충전될 수 있습니다.

남편이 아기를 잘 못 봐서, 일하고 들어온 남편에게 아기를 봐달라고 하기가 미안하고 눈치 보여서 24시간 불침번을 서는 엄마가 있습니다. 가정마다 사정이 있겠지만, 이럴 경우 부정적인 에너지가 쌓여 자기 안에서 폭발하고 맙니다. 우울증, 무기력증, 육아 스트레스 등으로 말입니다. 공동 양육자에게 아기를 맡기는 것은 죄도 아니고 미안한 일도 아닙니다. 온종일 정신을 육아에 쏟아 부어 몸과 마음이 축난 자신에게 휴식 시간을 주어야 합니다. 에너지 충전을 위해 온전히 혼자 있을 수 있는 시간을 말이지요.

뇌는 잠을 자는 동안 그날 하루에 있었던 일들을 정리하고 버리고 분류하는 작업을 한다고 합니다. 이것을 누군가는 꿈이라고 부릅니다. 그렇다면 엄마에게 혼자 있는 시간은 이 같은 '꿈'을 꾸는 시간이라고도 할 수 있습니다. 하루 있었던 일을 상기하고, 정리하고, 사색하는 시간이 될 테니까요. 그런 과정을 통해 건강한 에너지가 생겨나고, 그런 건강한 에너지를 계속해서 생산하고 유지할 수 있어야 아이는 물론이고 자신을 위해서도 도움이 된다는 건 두말 할 나위가 없겠지요.

바람에 흔들리지 않고 꽃을 피울 수도 없겠지만, 햇빛을 받는 따뜻한 휴식 시간이 없다면 역시 꽃을 피울 수는 없을 겁니다. 결국 '생색'이란 이런 과정을 거치며 삶에 철학이 생김으로써 절로 영글어가고 발효되는 꽃 같다는 생각이 듭니다.

2

내가 만드는 삶,
내가 만드는 직업

내가 만드는 삶, 창직

임신 기간중에 〈직업은 구하는 것이 아니라 만드는 것이다〉라는 제목으로 글을 쓴 적이 있습니다. 그런데 여기에 넣고 싶은 '직업을 직접 만든 사례'들을 찾기가 영 어려운 겁니다. 그러던 중 "창직이 미래다"라고 주장하는 사람의 블로그를 보게 되었는데 그야말로 자료 창고였습니다. 그러나 반가움도 잠시, '어라, 내가 말하고 싶은 것을 이미 주장하는 사람이 있네?' 하며 머릿속에 경보음이 울렸습니다. '경쟁자다! 경쟁자가 나타났다!' 몇 날 며칠을 예의주시하며 '적'의 동태를 살피다가 저는 인정하지 않을 수가 없었습니다. 이 블로그를 만난 것은 행운이라는 사실을. 새로운 기회가 찾아왔다는 것을. 국내 1호 창직 전문가 이정원 한국창직협회 회장의 블로그였습니다.

다행히 곧 이정원 협회장의 창직 전문가 양성 교육이 예정되어 있었고, 저는 신청만 하면 되는 상황이었죠. 하지만 문제가 있었습니다. 바로 교육비를 결제해 줄 남편과 기나긴 냉전중이었던 겁니다! 심지어 남편은 해외 출장을 간 상황이었습니다. '아이고, 결국 아쉬운 쪽은 나구나.' 한 달여의 냉전, 그중 먼저 말을 걸어야 하는 사람은 나, 게다가 화해의 손길도 아닌 '돈 좀 주시오'라고 아쉬운 소리를 해야 하다니! 끙끙거리던 끝에 결국 교육 신청 종료일이 되어서야 결심했습니다. 더럽고 치사해도 할 건 해야지. "교육비 결제한다." 메시지 틱 날려놓고 카드로 긁었습니다. 10개월 할부.

만약 이때 '자존심 상하니 때려치우자!' 해서 교육을 포기했다면 전 인생의 기회를 날렸을 겁니다. 모두가 놀랄 정도로 잘 나온 사진을 '인생 사진'이라 하고, 내 체형을 보완해 주는 예쁜 핏의 바지를 '인생 바지'라고 한다면서요? 그렇다면 저에게 '창직'은 '인생 아이템'인 셈입니다.

저같이 평범한 사람이 할 수 있는 일의 형태는 취업, 창업, 프리랜서뿐이라고 생각했습니다. 좋은 조건으로 다시 취업을 한다 해도 평생 일할 수 있다는 보장은 없었습니다. 창업은 적은 금액이라도 자본이 필요합니다. 더군다나 저는 사업을 할 깜냥이 아니라고 생각합니다. 퇴사 후 지금까지 이어온 기업 및 학교 강의는 말이 프리랜서지 일용직이나 다름없습니다. 강의 비수기인 겨울에는 반백수입니다.

이와 달리 '창직'은 새로운 일의 형태입니다. 이전에도 물론 존재하기는 했지만, 시대의 흐름(여성·중장년층·노년층의 경력 단절, 청년층의 취업난, SNS의 발달, 4차 산업 혁명에 따른 인간의 일자리에 대한 우려 등)에 따라 수면 위로 떠오른 일의 형태라고 할 수 있지요. '창직'은 본인의 역량에 따라 취업, 창업, 프리랜서, 재능 기부로 무한히 확장됩니다. 제 가치와 능력에 따라 프리랜서 혹은 창업 등 제 그

릇에 맞는 일자리 형태를 선택할 수 있다는 점이 용기를 주었습니다. '평범한 사람들, 특히 나 같은 아줌마가 다시 일을 시작하는 데 돌파구가 될 수 있겠다!' 든든한 인생 아이템을 발견한 기분이었지요.

경력 단절 여성의 막막한 앞길에 길잡이가 되어준 창직, 과연 무엇일까요?

창직 및 진로 강의를 하러 가서 "안녕하세요, 창직 컨설턴트입니다"라고 인사를 하면 여기저기 물음표가 둥둥 떠오릅니다. "영어로는 잡 크리에이터job creator라고 하지요"라고 덧붙이면 그제야 여기저기서 "아~" 하는 소리가 들립니다. 영어로 표현해야 더 쉽게 다가오는 개념이지요. 말 그대로 '일자리를 만드는 활동'이라는 의미입니다. '창조적 진로·직업'이라고도 할 수 있겠네요. 한국고용정보원의 말을 빌리자면 "기존의 관습적이고 전통적인 직업의 틀을 벗어나 스스로 새로운 직업을 만들고 일자리를 창출하는 활동"입니다.

이 세상에 '원래부터 있었던 직업' 같은 것은 없습니다. 처음 시작한 누군가가 있었다는 사실을 사람들은 미처 생각하지 못합니다. 누구나 알고 있는 직업들도 분명히 처음 시작한 '최초의 인간'이 있을 겁니다. 특히 요즘처럼 어떠한 개념이 급격하게 변하는 시대에는 직업이 새로 만들어지는 속도가 훨씬 빠릅니다. '개념이 변한다'는 말의 의미는 무엇일까요? 기호 식품에서 이제는 생필품이 되다시피 한 커피를 예로 들어볼까요? '커피'라는 단어에 이어지는 동사로 어떤 단어가 떠오르세요?

커피를 ________________________________

예전부터 커피는 '탄다'고 말했습니다. '커피 탄다'는 말과 관련해 마치 관용어처럼 굳어진 표현도 있습니다. "내가 커피 타려고 입사한 줄 알아?!" 하지만 지금은 커피라는 단어 뒤에 동사가 다양하게 붙습니다. 커피를 내리다, 커피를 볶다, 커피를 공부하다, 커피를 연구하다……

부모 교육을 하러 가면 집집마다 아이들이 컴퓨터 게임에 빠져 공부를 안 한다고 고민입니다. 딸이건 아들이건 게임에 매달리는 집이 꼭 있습니다. 하지만 '게임'을 부모의 시선에서가 아니라 창직의 관점에서 보면 그 의미가 다르게 다가옵니다. '게임' 뒤에 붙는 동사는 무엇이 있을까요?

게임을 ________________________________

아마 대부분 게임을 '하다'라고 채웠을 겁니다. 하지만 요즘은 게임과 관련해서도 크게 세 가지 부류가 있습니다. 게임을

'하는' 사람, 게임을 '만드는' 사람, 그리고 게임을 '방송하는' 사람. 게임을 하고, 만드는 것까지는 이해됩니다. 프로게이머와 게임 개발자라는 직업이 떡하니 있으니까요. 하지만 게임을 방송한다? 생소한 개념입니다. 게임 방송이란, 자신이 게임하는 영상을 녹화한 뒤 거기에 해설을 입혀 방송으로 내보내는 일을 말합니다. 마치 스포츠 중계처럼 말이죠.

게임을 방송하는 유튜브 방송인을 '게임 크리에이터'라고 부릅니다. 우리나라의 대표적인 게임 크리에이터는 '도티' 나희선 씨입니다. 그런데 남이 게임하는 영상을 방송으로 보는 사람이 과연 있을까요? '도티' 나희선 씨는 그렇다고, 그것도 아주 많다고 말합니다.

나희선 씨는 2013년 '도티'라는 닉네임으로 게임 '마인크래프트'를 시작했습니다. 마인크래프트는 당시 십대들 사이에서는 단순한 게임을 넘어 '문화'가 된 지 오래였다고 합니다. 십대들을 타깃으로 '게임 예능'이라는 분야를 만들어 유튜브에 올린 것이 그 시작이었습니다. '도티'의 유튜브 채널 구독자는 30만 명, 동영상 조회 수는 1억 3,560만 건에 이릅니다. 가수 싸이가 '유튜브 1억 뷰'를 통해 월드 스타가 된 점을 상기해 보면 그 파급력을 대략 짐작할 수 있습니다. 현재 '도티'는 게임 크리에이터 기획사를 운영중입니다. 연예 기획사가 소속 연예인을 지원하는 것처럼 소속 게이머들을 지원하는 겁니다. 게임 크리에이터들과 하나의 채널을 만들어 조회 수, 구독자 수에 따른 부가가치를 창출하는 방식입니다.

대부분의 중년들이 텔레비전을 볼 때, 20대 이하는 유튜브를 즐겨 봅니다. 유튜브 영상 앞에는 대개 '5초 광고 영상'이 붙습니다. 텔레비전 인기 프로그램에 붙는 광고 금액이 어마어마하다는 건 누구나 압니다. 시청률이 높다는 것은 많은 사람에게 노출된다는 의미니까요. 유튜브에서는 조회 수가 시청률, 즉 노출량이 되겠지요. '도티'가 제작한 콘텐츠들의 조회 수는 월 평균 4천만 건, 최대 5,500만 건 이상이라 합니다. 이는 〈무한도전〉〈런닝맨〉 등 텔레비전 프로그램들의 '다시 보기' 조회 수를 넘어섭니다. 월 4~5천만 건의 뷰가 이루어지는 영상에 붙는 광고비는 짐작조차 할 수 없습니다. '도티'의 연봉은 또래 대기업 사원들의 5~6배라고 합니다.

초·중학교 특강을 가서 게임 BJ 사진을 보여주면 여기저기서 아이들이 큰 목소리로 이름을 맞춥니다. 초등학생들의 꿈 상위권에 게임 BJ가 있다는 사실을 아시나요? 2년 전만 해도 학부모 연수에 가서 "만약 자녀가 '엄마, 나 게임 BJ 할래요'라고 했을 때, '그래, 그래라' 하실 분?" 질문하면 손을 드는 분이 거의 없습니다. 어쩌면 이는 "게임에 빠지면 폐인이 된다"는 기성 세대의 구태의연한 관념 때문일 겁니다. 그런데 게임에 대한 기성 세대의 낡은 관념 때문에 자녀의 꿈을 반대해야 할까요? '중독물'에서 '문화 산업'으로 탈바꿈한 게임의 달라진 위상에 격세지감을 느끼면서, 동시에 고민도 깊어지는 것 같습니다.

재미있게도 그 같은 단어 뒤에 붙는 동사의 변화에 따라 직업의 역사도 볼 수 있습니다.

커피 내리는 사람을 뭐라고 부르나요? 네, 바리스타라고 합니다. 커피 볶는 사람은 로스터라고 하고요. 커피 문화가 발달함에 따라 원두의 맛이나 특성을 감별하고 등급을 매기는 사람도 생겨났습니다. 이렇게 커피를 감별하는 사람을 큐그레이더Q-Grader라고 하지요.

우리는 바리스타와 같은 새로운 직업에 대해 어느 순간 갑자기 '나타나거나' '생긴' 거라고 막연히 인식합니다. 마치 얼굴에 갑자기 생겨난 뾰루지처럼요. 하지만 현대의 직업은 누군가가 개인의 힘으로 직업으로 탄생시킨 경우가 많습니다. 말 그대로 '창직, 즉 직업을 창조한 것'입니다.

'이색 스포츠 마케터'라는 직업은 종이비행기를 전문적으로 접고 날리는 '종이비행기 국가 대표' 이정욱 씨가 만들었습니다.(종이비행기를 전문적으로 연구하는 국가 대표가 있다는 사실도 놀랍지요?) '놀이'에 규칙을 포함시키고 승패가 나눠지고 경쟁적인 부분이 발생하면 스포츠가 됩니다. 이를 깨달은 이정욱 씨는 일상 생활 속의 어떤 놀이든 스포츠로 발전시킬 수 있겠다는 생각이 들었고, 이를 알리기 위해 세상에 없던 직업을 만들었습니다. 이는 누구라도 직업의 창조자가 될 수 있다는 의미이기도 하지요.

고용노동부에서 정의하는 '창직'은 이렇습니다.

- 창직創職(Job Creation)이란, 개인이 기존 노동 시장의 일자리에 진입하지 않고, 창의적인 아이디어와 활동을 통해 스스로 새로운 직업을 발굴하여 본인의 진로로 삼으며 이를 통해 일자리를 창출하는 것이다.
- 문화·예술·IT·농업·제조업 등 다양한 분야에서 변화하는 직업 세계를 토대로 자신의 지식, 기술, 능력, 흥미, 적성 등에 부합하는, 기존에 없던 직업을 창출하는 것이다.

고용노동부 인가 단체인 (사)한국창직협회에서는 다음과 같이 '창직'을 정의합니다.

- 자신의 적성 및 좋아하는 분야에서 재능과 능력을 바탕으로, 창의적인 아이디어를 통해 신직업(신직무)을 발굴하여 노동 시장에 보급하는 것.

대략 창직의 개념이 잡히시나요? 그러면 제가 생각하는 창직에 대해 좀 더 풀어서 써보겠습니다.

1. 뿌리는 나로부터

창직가로 성공한 사람들은 공통점이 있습니다. 그 뿌리가 나로부터 비롯되었다는 점입니다. 나의 '후천적 DNA'라고 할까요? 관심사, 취미, 경력, 경험, 지식, 노하우 등 내가 여태껏 습득하고 얻은 모든 것이 창직의 재료로 쓰입니다. 사진, 운동, 그림, 시, 육아…… 그 어떤 것도 창직의 뿌리가 될 수 없는 것이 없습니다. 직업에 귀천이 없다고 하던가요? 경험이야말로 귀천이 없습니다. 어떤 경험이 아름드리나무로 클 씨앗이 될지는 탐색하기 전에는 아무도 모릅니다. 나의 창직의 뿌리가 빈약한 것 같나요? 그래도 괜찮습니다. 관심 있는 분야를 정하여 이제부터 보고, 듣고, 만지고, 느끼면 되니까요.

저 역시 성공적이고 의미 있는 창직을 위해 계속해서 배우는 중입니다. 한 분야의 전문가가 되는 데 필요하다는 '10만 시간'을 쌓은 무언가가 있어야 하는 거 아니냐고요? 우리는 과거를 향해 살아가는 것이 아니라 미래를 향해 살아가는 존재입니다. 따라서 '10만 시간의 법칙'이 맞다고 한다면 앞으로 10만 시간을 몰입할 무언가를 찾으면 되지요!

2. 지금 여기

'창의, 창조, 아이디어'라고 하면 기함을 하고 뒷걸음질 치는 분들이 있습니다. 특히 창직의 뜻이 '창조'적 직업을 가리키다 보니 더 어렵게 느껴지나 봅니다. 본인의 굳은 머리와 식어버린 심장으로는 도저히 무리다 하면서요. 창직 아이디어는 거창한 데서 나오는 것이 아닙니다. '지금 있는 곳'에 답이 있습니다. 육아, 공부, 회사일, 술자리 등 내가 있는 곳에서 그 아이디어가 시작됩니다.

대표적인 예가 '대리 기사'입니다. 대리 기사는 전 세계적으로 유례를 찾아볼 수 없는, 음주가무를 사랑하는 대한민국만의 대표 창직입니다. 술에 취한 채 나의 차를 타고 우리 집까지 무사히 갈 수 있는 건 모두 대리기사 덕분입니다. 이 직업이 없었다면 오늘 우리는 차를 버려둔 채 택시를 잡느라 도로에서 고생했을 테죠.

일상 생활 중 불편하거나 이러이러한 걸 도와주는 사람이 있으면 좋겠다 자각하는 그 순간이, 창조의 순간입니다. 내가 '보통'의 사람이라면, 내가 느끼는 불편과 필요는 나와 비슷한 보통 사람들의 보편적인 욕구일 테지요. 그런 점에서 보면 내가 보통의 존재라는 것이 얼마나 다행인가요?

3. 새로운 형태의 활동

창직은 새로운 직업뿐 아니라 직무도 발굴합니다. '프로파일러'는 경찰 업무 중 새로운 직무로 자리 잡은 창직의 예입니다. 프로파일러는 일반적 수사 기법으로는 해결되기 힘든 연쇄살인 사건 수사 등에 투입되어 용의자의 성격, 행동 유형 등을 분석하고, 도주 경로나 은신처 등을 추정하는 역할을 하지요. SNS 업무를 맡은 여경 덕분에 부산경찰청 이미지가 좋아졌다며 1계급 특진 후 몇 달 만에 다시 1계급 특진시켜 이슈와 논란의 중심에 선 'SNS 홍보 경찰'도 새로운 직무입니다. 기업 내 '불만 고객 응대상담원'도 그렇고요.

그런데 저는 창직이란 '새로운 직업·직무'를 넘어선 더 확장된 개념이라고 생각합니다. 한 단어의 직업명으로 정의되지 않는 다양한 '활동'들까지 창직의 개념에는 포함되기 때문입니다. 예를 들어 전국 방방곡곡 트럭을 끌고 다니며 커피를 파는 '커피 트럭 청년' 김현두 씨를 들 수 있습니다. 여행가라고 하기엔 맛있는 커피를 파는 점이 색다르고, 바리스타라고 하기엔 전국을 돌아다니는 점이 색다릅니다.

그는 매일 SNS를 통해 자신의 행선지를 알립니다. SNS 친구로부터 "이쪽을 지나면 우리 집에 와서 자고 가라"는 쪽지를 종종 받기도 합니다. 한 달에 30만 원이면 생활이 되었다는 그는 그렇게 커피를 팔며 2년을 돌아다녔습니다.

물론 '떠돌이 커피 트럭'을 창직이라고 할 수는 없습니다. 엄밀히 따지면 창업에 더 가깝지요. 소자본 창업 아이템인 '푸드 트럭'의 일종이기 때문입니다. 하지만 푸드 트럭에 '여행'을 융합한 것은 기존에 없던 삶의 방식 아닐까요? 이는 여행을 통해 먹고사는 방법은 '여행가' 혹은 '여행 작가' 말고는 없다고 생각한 여행 애호가들에게 새로운 방법을 제시해 줄지 모릅니다. 커피 트럭 여행가라는 새로운 아이디어로 말이죠.

그는 여행을 통해 만나는 사람들과 문화를 나누고 문화에서 소외된 지역 아이들에게 문화 체험 기회를 제공하는 것이 인생의 목표라고 합니다. 이렇게 세상에 없던 새로운 형태의 일, 작업, 행위, 그리고 새로운 삶의 형태 등에 도전하는 과정에서 얻어지는 지식, 네트워크, 경험 등은 그 사람만의 고유한 개인 역량이 됩니다. 이러한 경험 자산은 직업을 만들어가는 '창직 활동'의 결과이자 새로운 아이디어의 뿌리이기도 합니다.

4. 직업 보급

나 혼자 잘 먹고 잘사는 것이 아닌, 다른 사람도 이 일을 할 수 있도록 직업 시장에 소개하는 활동까지를 창직이라고 합니다. 처음에는 그저 '일자리' 수준으로 시작되지만 이 일에 종사하는 사람의 수가 많아지면 직업으로 불리게 됩니다. 퍼스널 브랜드, 1인 기업, 창업 등과 차별되는 창직의 고유한 가치이지요. 바로 나만의 이익을 넘어서 타인과 사회에 영향을 준다는 점에서 말이죠.

그런데 창직 사례들을 살펴보면 좀 더 의도적으로 직업의 이름까지 정하고 시작하는 기획 창직의 성격이 강한 사례들이 있습니다. 예를 들면 정리수납 컨설턴트, 취미 컨설턴트, 참기름 소믈리에 같은 경우지요. 그 반면 본인이 하는 일에 타인이 직업명을 붙여주는, 이른바 '어쩌다 창직가'들도 있습니다. 예를 들어 캐릭터도시락 전문가, 영유아 수면 코치, 폼패브릭 디자이너 등이 여기에 해당될 수 있을 겁니다.

이런 '어쩌다 창직가'들은 굳이 창직이나 직업명에 신경 쓰지 않고도, 그저 내가 몰입하는 일을 하다 보면 자연스레 창직에 이르게 된다는 것을 보여줍니다. "창직을 해야 해!"라는 강박관념에 붙잡히는 일 없이 '나만의 일'을 찾아가는 창직의 본질을 상기시켜 주는 의미 있는 역할 모델입니다.

대다수가 점점 사라져가는 직업을 좇아다니는 사이 다양한 창직가들이 사회에 출현하면서 새로운 문화와 관념이 형성되고 있습니다. 하지만 여전히 많은 사람들이 창직에 대해 잘 모릅니다. 공공 기관조차 창직과 창업을 혼동하여 쓰기도 합니다. 취업 컨설팅, 창업 컨설팅, 창업대학원 등 창업과 취업을 준비하는 사람들이 활용할 수 있는 생태계는 이미 완성되어 있습니다. 그에 반해 창직의 생태계는 이제 막 꿈틀대는 태동기입니다. 이는 해외도 마찬가지입니다. 해외에도 아직 '잡 크리에이션' 시장은 없습니다.

한국고용정보원은 타인의 욕구를 자극하여 새로운 시장을 만드는 것 역시 창직 활동에 속한다고 말합니다. 웨딩 문화에도 유행이 있는데 요즘 예비 부부들 사이에선 제주도에 가서 웨딩 스냅 촬영 하는 것이 붐입니다. 초기에는 직접 의상과 소품을 준비하고 촬영도 하는 '셀프 웨딩 촬영'의 형태였지만, 최근엔 전문 사진작가들도 활발히 활동하고 있습니다. 제주도의 이색적인 촬영 장소를 발굴하는 것 역시 그들의 일입니다. '제주 스냅 촬영'이라는 새로운 시장 역시 창직 활동에 속할 수 있겠군요.

창직은 저에게 재미난 인생을 선물해 주었습니다. 상상하고 찾아내고 만들어내는 즐거움 말입니다. 동시에 우리가 너무나 당연하게 생각하는 일의 형태들에 대해서도 다시 한 번 돌아보게 합니다. 아무도 의심하지 않고 당연하게 받아들이는 보편화된 일의 형태들, 고용과 피고용이라는 굳건한 패러다임, 초등학교에 들어가기 전부터 대학 졸업 후까지도 계속되는 '정규직'을 향한 달리기, 순전히 노동자를 손쉽게 관리하기 위한 기업의 시스템이지만 대개 의문을 품지 않는 '9 to 6'……

창직은 '직업'이라는 단어 안에 갇혀 있던 '일의 개념'을 확장시켜 줍니다. '되고 싶은 것'이 아닌 '하고 싶은 것'으로의 전환으로요. 되고 싶은 것이 화가, 의사, 네일 아티스트 등 단일한 직업적 목표를 가리킨다면, 하고 싶은 것은 그 일을 '통해' 펼치고 싶은 나만의 활동을 의미합니다.

'제가 해보니 말입니다'

텔레비전 프로그램 〈나는 자연인이다〉가 알게 모르게 돌풍입니다. 특히 남성들이 이 프로그램을 즐겨 보는데, 혼자 산중에서 살아가는 '자연인' 생활이 신기하기도 하고 부럽기도 한 모양입니다. 그러고 보면 인간이 이처럼 '자연인'으로 살지 않고 일정한 시간에 맞춰 직장으로 출근했다가 퇴근하며 살아가기 시작한 것은 200년도 채 되지 않은 일입니다. 그 옛날에는 "무슨 일을 하세요?"라는 질문을 할 필요가 없었다고 합니다. 대부분이 농부였으니까요.

그보다 더 이전에는 '일'이라는 개념도 없지 않았을까 싶어요. 먹고 쉬고 자는 일상 자체가 일이고, 사냥이나 수렵은 '짬을 내어' 했던 일과 중 하나였겠죠. 시청자들은 자연인이 '어떻게 먹고사는지' 궁금해 합니다. 제가 보기엔 그 누구보다 잘 먹고 잘 살던데 말입니다. 직접 재배한 채소, 채취한 버섯, 바로 잡은 물고기 등으로요. 이러한 '자연인'에게 "무슨 일을 하세요?" 질문을 한다면 과연 뭐라고 대답할까요?

창직을 말하기에 앞서 '자연인' 이야기부터 꺼낸 것은 우리 사회에서 말하는 직업의 의미를 한번 짚고 넘어가 보고 싶어서입니다. 직업이란 뭘까요? "무슨 일을 하세요?"라고 물어볼 때의 그 직업 말입니다. 우리 사회에서 어떤 일이 직업이 되기 위해서는 일정한 요건이 충족되어야 합니다. 즉 그것으로 돈을 벌어야 하고, 지속적으로 하는 일이어야 하고, 도덕적으로 문제가 없어야 합니다. 다시 말해 직업으로 인정받기 위해서는 경제성, 지속성, 윤리성이 갖춰져야 합니다.(통계청, 2018, 한국표준직업분류)

여기서 질문!

Q. 가정주부는 직업일까요?

① 직업이다　　　② 직업이 아니다

조사 기관마다 다르지만, 가정주부의 직업적 가치는 평균 연봉 3천만 원에 이른다고 합니다. 학부모 직업란에 "모母: 주부"라고 쓰기도 하고요. 그러나 안타깝게도 위의 직업 기준에서 보면 가정주부는 직업이 아닙니다. 돈을 벌지 않으니까요. 엄밀히 따지면 '무직'인 셈이지요. 하루 종일 온갖 집안'일'에 시달리는데다 휴일도 휴가도 없는데 참 서러운 일입니다. 같은 이유로 학생, 자원봉사자도 직업으로 분류되지 않습니다. 하지만 이 같은 전통적인 직업 요건은 변화하지 않을 수 없을 듯합니다. 직업의 요건이 기본적으로 노동을 전제로 하는데, 이제 더 이상 인간이 노동하지 않아도 되는 시대가 되어가고 있기 때문입니다.

최근 들어 뉴스의 단골 소재 중 하나가 '인공 지능artificial intelligence(AI)과 직업'입니다. 단순 노동직은 물론 이른바 엘리트 직업이라 불리던 의료나 법률, 금융계도 로봇 혁명을 피해갈 수는 없나 봅니다. 제가 증권사에 입사하던 2007년만 해도 증권사의 펀드매니저나 애널리스트 연봉은 일반 직장인에게는 마치 딴 세상 이야기로 들릴 정도로 격차가 컸습니다. 연봉 10억 원에 이적을 하고 스카우트하는 일이 비일비재했으니까요. 같은 사무실에 앉아 있는 상사들의 연봉도 '억' 소리가 났으니 금융계에서 억대 연봉은 너무나 평범한 일이었습니다.

그러다가 제가 퇴사한 2013년을 전후로 증권사들의 지점 통폐합이 일어나기 시작했습니다. 그즈음 한 증권사를 다니던 친구는 자기네 회사가 다른 증권사와 합병된다는 소식에 거처를 어찌해야 할지 고민을 많이 했었죠. 다닐 것인가, 말 것인가? 결국 남아 있는 쪽을 택했고, 아직까지는 '증권 우먼'으로 무사히 잘 지내고 있습니다. 하지만 간간히 들려오는 동료의 근황이나 지점 통폐합 등의 소식을 들으면 이상한 기분이 듭니다. 길게 산 인생도 아닌데 벌써 한 산업의 흥망성쇠를 보고 있으니까요.

구조 조정에 따른 증권사들의 합병으로 회사를 그만두고 역술가가 되었다는 한 상사의 이야기도 생각납니다. 처음 그 이야기를 들었을 땐 '참 희한한 이력이네' 생각했는데 지금 돌아보면 그때 '탈출'한 것이 그분에겐 다행한 일인지도 모르겠다는 생각이 듭니다. 그만큼 한때 최고의 직장이라 불리던 증권사에 침체의 그늘이 짙게 드리워지고 있는 것 같습니다. 로봇의 분석을 통한 투자가 훨씬 더 빠르고 정확하며 수익률도 더 높으니 굳이 사람을 통할 필요가 없겠지요.

금융계의 미래는 미국 월가를 보면 어느 정도 예측할 수 있습니다. 골드만삭스는 2016년, 인공지능 프로그램 '켄쇼Kensho'를 도입했는데요, 《뉴욕타임스》는 켄쇼에 대해 "연봉 50만 달러를 받는 인간 애널리스트가 40시간 걸릴 일을 켄쇼는 단 몇 분 만에, 그것도 정확한 데이터로 결과물을 제시한다"고 평가합니다. 실제 골드만삭스 뉴욕 본사에서 고객의 지시로 주식을 사고팔던 트레이더가 2000년엔 600명에 달했지만 오늘날은 단 두 명만 남았다고 합니다.

금융계만이 아니라 의료계에서도 IBM '왓슨Watson'이 유의미한 성과를 내고 있습니다. 의사들도 몇 달간 발견하지 못한 60대 환자의 희귀 백혈병을 왓슨은 10분 만에 진단했습니다. 기존에 학습했던 2천만 개 가량의 전문 자료 및 사례를 비교 분석한 결과였지요. 미국 최대 로펌에도 초당 10억 장의 법률 문서를 검토하는 인공 지능 변호사 '로스Ross'가 출근중입니다.

방대한 문서나 데이터를 다루는 일에는 인간보다 인공 지능이 나은 것이 확실해 보입니다. 심지어 24시간 내내 쉬지 않고 일할 수도 있습니다. 노동자의 권리를 주장하는 노동조합도 만들지 않겠지요. 그렇다면 이제 우리 인간의 뇌와 손은 더 이상 쓸모없는 것이 되는 걸까요? 말 그대로 놀고먹는 존재로 퇴화하는 걸까요?

약 200년 전의 1차 산업 혁명부터 현재의 4차 산업 혁명까지 잘 살펴보면 재미난 점이 보입니다. 산업이 1차 산업 혁명의 증기 기관, 2차 산업 혁명의 기계, 3차 산업 혁명의 정보, 그리고 4차 산업 혁명의 인공 두뇌에서 보이듯이 점점 비非물질화되어 간다는 점입니다. 그러나 인공 지능의 출현은 과거 어느 산업 혁명 때보다 큰 혼란을 야기하는 것 같습니다. 사실 100년 전에도 기계가 인간의 일자리를 빼앗을 거라는 두려움에 기계를 파괴하는 움직임이 있었지만, 인공 지능은 이보다 훨씬 광범위하게 인간의 일자리를 잠식할 가능성이 크기 때문입니다.

그러나 바로 이런 점에서 4차 산업 혁명이 일어나고 있는 지금은 언어, 감정, 창의력 등 인간만이 가진 고유한 기능에 대해 새롭게 돌아볼 필요가 있는 시대이기도 합니다. 요즘 부는 인문학 열풍도 이런 물음에서 비롯된 것 아닐까요? 인간과 동물의 가장 큰 차이점은 학습 능력이라고도 하지만, 이제 학습 능력은 인간보다 인공 지능이 한 수 위입니다. 저는 인간이 지금껏 지구상에 살아남은 것이 학습 능력에도 그 이유가 있겠지만 '경험'과 '직관'의 존재라는 점에 더 큰 이유가 있지 않을까 생각합니다. 그래서 저는 미래가 더 기대됩니다. 로봇이 인간의 일을 대신 하는 동안 노동에서 벗어난 인간은 더 창조적인 활동을 할 수 있을 테니까요.

이제 캠핑은 보편적인 여가 활동이 되었습니다. 우리 가족도 종종 변변한 캠핑용품도 없이 그냥 떠나는 이른바 '야매' 캠핑을 갑니다. 남편이 주워온 대형 스티로폼 박스는 캠핑에서 없어서는 안 될 중요한 품목이 되었지요. 아이스박스 역할도 하고, 밥 먹을 때는 테이블 역할도 하고요. 침낭이 없으니 그 대신 이불을 바리바리 싸고, 프라이팬, 냄비, 숟가락, 젓가락 등 온 집안 살림을 싣고 캠핑을 갑니다. 잠은 차 트렁크 접어놓고 세 식구 나란히 잡니다. 이쯤 되면 캠핑이라기보다는 거의 노숙입니다.

사실 남편과 캠핑용품을 사러 간 적이 있긴 합니다. 가장 기본적인 캠핑용품인 테이블과 의자, 타프(햇빛 가리개) 정도만 마련하자 해서요. 가벼운 마음으로 갔다가 엄청난 종류와 높은 가격대에 양손 가볍게 돌아왔지만요. 우리 가족은 여전히 스티로폼 박스를 싣고 캠핑을 떠납니다. 전 이게 좋습니다. 판판한 돌멩이를 몇 개 깔면 근사한 찬장이 되고, 그 위에 물과 소주, 양념장 등을 올려두면 이야말로 '감성 캠핑', 아니 '감성 노숙'입니다.

캠핑용품 매장에서 눈동자가 흔들리는 남편에게 제가 말했죠. "여보, 공부하고 다시 오자." 미련을 못 버리고 계속해서 스마트폰으로 검색을 하는 남편에게 또 말했습니다. "여보, 캠핑도 공부를 해야 될 것 같아."

저 같은 '캠핑 무식자'들을 위한 수업이 있다는 것 아시나요? 초짜 캠퍼들을 위한 캠핑 강좌가 곳곳에서 열리고 있습니다. 강좌에 가보진 않았지만 아마도 꼭 필요한 장비, 장비별 비교, 캠핑 장비 고르는 법, 캠핑시 유용한 팁, 추천 캠핑장 등을 알려주겠죠? 캠핑도 공부가 필요해 보입니다.

그런데 지금 우리가 눈여겨보아야 할 것은 캠핑 강좌가 아니라 거기에서 강의를 하는 '강사의 약력'입니다. 캠핑 강사가 강의에 필요한 학위, 자격증, 수료증 등을 지니고 있을까요? 아니요, 그들은 캠핑을 한 '경험'을 지니고 있을 뿐입니다. 경험을 주고받는 것이지요. 처음엔 취미로 시작했을 캠핑이 그만의 수입원천이 된 겁니다. 이게 바로 '다가올 인간의 일'이 어떤 형태가 될지 보여주는 한 예가 아닐까요?

가령 이혼한 사람은 자신의 이혼 경험을 바탕으로 이를 고민하는 사람을 도와줄 수도 있습니다. 인공 지능은 '이혼 변호사'로서 소송 관련 업무는 잘하겠지만, '이혼 플래너'로서 "내가 이혼을 해보니 말이죠~" 하면서 이혼 문제를 상담해 주는 일까지는 못하겠죠. 인간 관계에는 서류만으로 처리되지 않는 복합된 상황과 감정이 존재하기 때문입니다.

얼마 전 친구의 웨딩드레스를 봐주러 갔는데요, 그때 전 인간의 직관이 얼마나 뛰어난지 새삼 느꼈습니다. 친구가 새 웨딩드레스로 갈아입고 커튼을 엶과 동시에 저는 어떤 드레스가 친구에게 어울리거나 어울리지 않는지 금세 구분할 수 있었거든요. 비즈, 원단, 넥neck 라인, 어깨 노출 정도 등 너무나 많은 요소에 따라 신부 얼굴과 몸매가 달라보였습니다. 인공 지능이 1초에 80조 연산을 한다 한들, 한눈에 알아채는 인간의 직관 능력을 과연 흉내 낼 수 있을까요?

경험, 놀이, 취미, 여가, 노하우 등이 일이 되는 시대, 일과 놀이의 경계가 모호해지는 시대가 되고 있습니다. 어쩌면 무상 노동의 대표 주자로 불리던 주부의 위상이 달라질 날도 곧 오지 않을까요? 살림 컨설팅으로 당당하게 한 자리 해내는 '살림 연구가'로 말이죠! "제가 해보니 말입니다~" 패러다임, 즉 경험이 주는 힘을 이해하는 사람은 바로 지금 질문을 던질 것입니다. "나는 평소 무엇을 하며 시간을 보내지?"

반려 동물로 알아보는 창직

2008년 벚꽃이 휘날리던 어느 봄날, 따스하게 불어오던 봄바람과는 전혀 어울리지 않는 사건이 일어났습니다. 이제 겨우 6개월밖에 함께하지 못한 강아지 '리옹'이 택시에 치인 겁니다. 첫눈에 반해서 데려온 장모치와와였습니다. 눈처럼 흩뿌리는 벚꽃, 그 아래 누워 있는 하얀 강아지, 너무 대조적이라 더 비극인 광경……

정신없는 와중에 리옹이를 어떻게 해야 할지 판단이 안 섰습니다. 땅에 묻어준 금붕어, 햄스터가 떠올랐으나 그건 어릴 때의 일이었습니다. 강아지 사체를 차디찬 구덩이에 홀로 묻기에는 가슴이 허락하지 않았지요. 결국 박스에 넣어 동물 병원에 가져갔습니다.

"선생님, 우리 리옹이 좋은 데 갈 수 있게 잘 부탁드립니다."

집에 돌아와서도 하염없이 울던 중 리옹이를 잘 보내줄 방법이 없는지 혹시나 하는 심정으로 인터넷에 들어가 '강아지 장례'라고 검색해 보았습니다. 놀랍게도 한 군데 업체가 나왔죠! 내가 직접 데려와 키운 반려견인데 이렇게 보낼 수는 없다는 판단이 섰습니다. 그 길로 당장 동물 병원에 달려갔지요.

그런데 수의사 선생님이 왠지 쭈뼛대는 듯한 느낌을 받았습니다. 그럴 만한 이유가 있더군요. 리옹이를 박스 테이프로 칭칭 감아서 냉동실에 넣어둔 겁니다. 그 모습이 너무도 참혹했습니다. 뒤늦게 알았지만, 생을 달리한 동물들이 모여 일정한 수가 되면 단체로 화장시킨다고 합니다. 지금은 어떤지 모르겠지만 당시엔 그랬어요.

리옹이를 다시 데리고 간 곳은 해운대 기장에 있는 애견 장례업체. 장례 절차는 사람의 경우와 비슷하게 진행됐는데 아직도 그날의 장면들이 생생합니다. 삼베에 눕힌 리옹이에게 마지막 인사를 하게 하고 염을 한 뒤 나무 상자 안에 넣습니다. 꽤 오랜 시간이 걸려 화장을 한 뒤 유골함에 담겨져 나옵니다. 유골함은 집에 가져갈 수도 있고 납골당에 안치할 수도 있습니다. 저는 집으로 가져가는 쪽을 택했지만 납골당에는 많은 반려 동물들의 유골함이 놓여 있었습니다. 생전의 사진과 좋아하던 간식, 꽃 등 사람의 납골당과 다를 바 없는 풍경이었어요.

화장을 기다리는 동안 납골당에 안치된 반려 동물을 보러 온 방문객들도 보았습니다. 겨우 6개월을 함께한 리옹이였지만 한 생명이었고 내 가족이었습니다. 사람이 아닌 반려 동물의 장례는 물론 낯설었습니다. 하지만 정식으로 장례를 치르고 나니 죄책감, 미안함, 상실감 등 '죽음'에서 비롯된 여러 감정들이 어느 정도 여과되는 듯했습니다. 집에 돌아온 뒤에도 리옹이가 보고 싶을 때면 쪽지, 메모 등을 써서 유골함 안에 갖다 넣곤 했지요.

'반려 동물 장례 지도사'…… 당시엔 생소했던 이 명칭이 지금은 반려 동물을 키우지 않는 사람도 다 아는 대표적인 창직 사례로 꼽힙니다. 이제는 이것이 더 발전하여 불교, 기독교 등 종교별로 반려 동물의 장례식을 치른다고 합니다.

고작 개 한 마리에 그런 유난을 떠느냐는 시선도 물론 있습니다. 하지만 지금은 반려 동물에 대한 인식이 과거와 많이 바뀌었죠. 많은 사람들이 반려 동물을 잃고 '펫로스 증후군'으로 힘들어하는 시대입니다. 그저 집이나 지키고 쥐나 잡으라고 개, 고양이를 키우는 사람은 거의 없지요. 오히려 스스로를 반려 동물의 '엄마' '아빠' '언니' '형'이라 부르며 위안을 얻고 사랑을 나누는 가족으로 여기는 사람들이 훨씬 많습니다. 실제로 동물이 주는 치유 능력은 대단합니다. 반려견을 활용한 동물 매개 심리 치료도 등장할 정도지요.

문제는 이러한 반려 동물이 죽었을 때입니다. "동물의 사체를 땅에 묻어도 되나요?"에 대한 답은 "안 됩니다"입니다. 그럼 어떻게 처리해야 할까요? 법적으로 쓰레기봉투에 담아서 버려야 합니다. 자그마한 묘라도 만들어줄 요량으로 야산 등에 가져가 땅에 묻으면 그건 불법 행위입니다. 동물의 사체는 폐기물로 분류하기 때문이지요.

하지만 어느 누가 '가족'을 쓰레기봉투에 담아서 버릴 수 있을까요? 현실과 법 제도 간의 이 같은 불일치 때문에 '반려 동물 장례 지도사'라는 새로운 직업이 탄생했습니다. 반려 동물의 사후 처리에 대한 수요가 폭발적으로 증가한 시대의 흐름을 타고 생겨난 직업인 거지요. 이와 동일한 시기에 생겨난 것들이 애견 호텔, 애견 유치원, 애견 수영장 등입니다. 아직도 기억이 납니다. 주변 어르신들이 "요즘은 개가 호텔도 가고 유치원도 간대" 하며 황당해하던 반응들이요.

이제는 그 범위가 더 세분화되어서 반려 동물 사진사, 반려 동물 행동 교정사, 동물 행동 심리 전문가, 동물 매개 심리 상담사(매개 치료사), 애니멀 커뮤니케이터(동물 교감사), 펫 아로마 상담사, 펫 케어 상담사, 수제 간식 전문가 등 다양한 직업이 탄생했습니다. 반려 동물과 함께하는 가족이 늘어나면서 '펫팸족'이라는 신조어까지 생겼습니다. 포털사이트 메인 화면에 강아지 수제 간식으로 성공한 여성 CEO의 얼굴이 떡하니 걸리고, 각종 반려 동물 잡지 및 서적이 출판되고 있습니다. 반려 동물 여행, 반려 동물 펜션, 반려 동물 사회 예절, 반려 동물 교육, 수제 간식 만드는 법 등 반려 동물과 관련한 주제도 다양합니다.

《애견 동반 여행》이라는 책을 쓴 저자는 이 책을 집필하기 위해 강아지들과 여행을 다니며 사진을 찍다가 '애견 스냅촬영 작가'가 되었다고 합니다. 강릉 사근진 해수욕장에는 강아지 전용 해변이 있고, 덕평 자연휴게소의 애견 체험관은 여름 성수기에 하루 200명이 넘는 이용객이 방문하기도 한답니다. 애견 유치원은 더 진화를 해, 강남의 애견 유치원들은 셔틀버스로 개들을 등원시키고 오후 4시 유치원이 파하면 집으로 데려다줍니다.

전문가들은 반려 동물 산업이 2020년이면 6조 원대 규모로 커질 것으로 예상합니다.

이 글을 쓰다 보니 몇 년 전 기억이 스멀스멀 올라옵니다. 리옹이와 함께 키우던 개 '탑'이 '비누'를 임신시킨 겁니다! 비누는 한 살도 안 된 암컷이었습니다. "이 도둑놈! 이놈의 개자슥!" 한 살도 안 된 비누가 새끼를 낳아야 하는 상황에 탑을 원망하며 배가 불러오는 비누를 돌봐야 했지요. 비누는 수술과 입원을 통해 출산을 했고, 전 100만 원이 넘는 병원비를 내야 했습니다. 10개월 할부로 병원비를 치르며 생각했지요. '치료비가 너무 비싼데 왜 동물은 보험이 없을까?'

이 질문은 그 후 몇 년 만에 답을 듣게 됩니다. 육아 박람회 못지않게 많은 인파가 몰린 반려 동물 산업 관련 박람회에 '반려 동물 보험'이 등장했다고 합니다. 이제 '반려 동물 보험 설계사'가 곧 탄생할지도 모르겠네요.

새끼 치는 창직

제가 살고 있는 동네는 도시라고 하기에는 뭔가 아쉽고 시골이라 하기에는 좀 번쩍번쩍한 면이 있습니다. 소도시라는 말이 딱 어울리는 그런 곳입니다.

남편과 동네 번화가(?)를 지나는데 남편이 당구장 간판을 보고 말합니다. “저 당구장 보여? 저거 우리 회사 사람이 하는 거야.”

당구장 간판을 바라보는데 문득, 회사 다닐 때의 기억 한 토막이 떠오릅니다. 사실 저도 아주 잠시 상상 속의 ‘포장마차 주인’이었던 때가 있었거든요. 그 무렵 저는 친한 회사 후배와 자주 회사 앞 포장마차 ‘길싸롱’에 들르곤 했었죠. 그런데 다음 날 사람들이 “너네 어제 거기 갔지?” 하고 아는 건 물론, 포장마차에 앉아 있는 우리 앞에 불쑥 나타나는 사람도 있었습니다. 우리의 들뜬 목소리가 포장마차를 뚫고 나간 덕분이었지요.

어느 날 후배와 작당모의를 하기에 이르렀습니다. “포차를 이렇게 사랑하는 우리가 직접 포차를 하자.” “우리 부서는 칼퇴근이 안 되니 빨리 마치는 네가 오픈을 맡는 거다.” “옷 갈아입을 틈이 없으니까 그냥 정장 입고 서빙하고.” “회사 동료들만 와도

망하진 않겠어!" "술도 마시고 돈도 벌고 딱이구만!" 술 취해 떠드는 두 여자의 사업 계획이 밑도 끝도 없이 발전해 가는데, 마치 실제로 포차를 하고 있는 듯한 기분이 듭니다. 희한한 건 그러고 난 뒤 이제 뒷정리하고 다음날 또 출근을 해야 한다는 상상만 하는데도 벌써 몸이 피곤해지는 거였어요. 취업과 창업, 두 마리 토끼를 한 번에 잡을 수 있는 자는 어쩌면 심장이 두 개는 되어야 할 것 같았습니다. 하나는 직장인 심장, 하나는 사장님 심장 이렇게요.

이렇게 말하니 무려 네 개의 심장을 가졌을 법한 사람이 떠오릅니다. 취업, 창업, 프리랜서, 거기에 재능 기부까지! 바로 국내 1호 바리스타 이동진 씨입니다. 커피 타는 사람은 다 '미스 킴'인 줄 알던 2000년대 초반 처음으로 '바리스타'란 이름을 내건 커피 전문가가 나타난 겁니다. 2007년에 인기리에 방영된 드라마 〈커피 프린스 1호점〉의 자문위원이 바로 이동진 씨입니다.

그는 커피 시장을 성장시키기 위해서는 드라마 속 바리스타 이미지가 중요하다고 생각했습니다. 그리하여 배우들에게 직접 바리스타 교육을 하며 바리스타에 관한 전문 지식을 드라마 속 곳곳에 녹여냅니다. 그 여파는 실로 무시무시합니다. 커피에 대한 이미지가 좋아지고 바리스타라는 직업에 대해서도 사람들의 관심이 급격히 커진 겁니다. 학과 통폐합 등 구조 조정이 한창이던 대학에 바리스타과라는 새로운 학과가 생기고, 바리스타 관련 교육원과 사설 아카데미가 전국에 들어섰습니다. 2007년 고용노동부 산하 '한국고용정보원'에서 발행하는 책자에도 '바리스타'가 직업으로 등재되었지요. 커피 전문점 시대의 시작이었습니다.

그렇다면 국내 1호 바리스타인 이동진 씨 자신의 삶은 이 여파로 인해서 어떻게 바뀌었을까요? 바리스타니까 첫 번째 일은 당연히 카페를 운영하는 것이겠지요.(사장) 그는 이 카페에서 후배 바리스타들을 양성하고 교육하기도 합니다.(교육자) 카페 창업을 원하는 분들에겐 컨설팅 및 자문도 해주고요.(컨설턴트) 바리스타학과 교수로 임용되어 교단에도 섭니다.(교수) 외부 강의도 다니고(강사), 지원이 필요한 곳에는 무료로 강의 및 컨설팅도 해줍니다.(자원 봉사)

'커피'라는 키워드 하나로 '바리스타'를 창직한 것이 여러 개의 명함으로 돌아온 겁니다. 창업(카페 및 교육 기관), 취업(대학교), 프리랜서(강의), 사회적 활동(무료 봉사)까지, 1타4피가 달리 1타4피일까요?

중장년의 퇴직 후 인생 설계를 도와주는 맥아더스쿨의 정은상 교장도 마찬가지입니다. 정은상 교장의 직업은 한 가지로 정의할 수 없을 정도로 다양합니다. 주된 활동은 스마트폰 코칭인데요, 그 대상자는 중장년층입니다. 정은상 씨는 50대 중반인 2009년 처음 아이폰을 만났습니다. 이리저리 만져보는 그에게 날린 아들의 한 마디. "아버지가 그걸로 뭐하시려고요?"

자존심이 상한 그는 2년 동안 스마트폰 강좌라면 유료 무료를 가리지 않고 모조리 찾아가 들었다고 합니다. 이렇게 알게 된 스마트폰 앱이나 기능을 주변 지인들에게 알려주기 시작했습니다. "이 좋은 걸 나 혼자 알아서는 안 된다"는 신념으로요. 정은상 씨의 뛰어난 스마트폰 조작 솜씨가 소문이 나면서 화가, 가수, 교수, CEO 등이 그에게 코칭을 부탁했는데 그것이 '스마트폰 코칭 전문가'의 시작이었습니다. 지금은 인생이모작을 위한 '맥아더스쿨'을 운영하며 스마트폰 및 퍼스널 브랜드 코칭, 외부 강의 등을 하고 있습니다. 얼마 전에는 자신의 창직 경험담을 담은 책까지 냈지요. 창업과 1인 기업, 그리고 책의 저자까지, 이 모든 것은 창직이라는 마법에서 비롯된 것입니다.

한국창직협회 이정원 협회장 역시 창직으로 1타4피를 해낸 인물입니다. 인터넷이 막 태동하던 1990년대 말, 그는 인터넷과 방송을 융합하는 새로운 일을 해보고 싶다는 생각에 독학으로 인터넷 방송과 관련한 전문 역량을 쌓기 시작했습니다. 그러던 중 KBS에서 KT와 최초로 인터넷 방송국을 설립한다는 뉴스를 접합니다. 방송국 경력이 전혀 없음에도 '인터넷 방송 전문가'라는 창직 경험을 토대로 경력자 채용에 도전장을 냅니다.

그 결과 수많은 방송 전문가를 제치고 수백 대 1의 경쟁을 뚫고 KBS에 입사하지요. '인터넷 방송 전문가'라는 창직 경험 덕분이었습니다. 이후 6개월 만에 MBC에 스카우트되어 iMBC를 설립하는 개국 멤버로 활동을 하였고, 3년 후에 휴대폰으로 텔레비전을 보는 지상파 DMB 추진단장으로 자리를 옮겨서 대규모 국책 사업을 맡습니다. 현재는 국내 1호 창직 전문가로, 협회장으로, 강사로, 저자로 매우 바쁜 나날을 보내고 있지요.

이정원 협회장 옆에는 문서 작업을 도와주던 대학생이 있었습니다. 협회장이 이 학생에게 권했다고 합니다. "너도 창직 한번 해보지 않을래?" 하지만 학생은 그다지 관심을 보이지 않았고, 협회장도 이후에는 별 말을 안 했다고 합니다. 그런데 어느 날 학생이 협회장에게 이렇게 운을 뗍니다. "협회장님, 저도 창직 한번 해볼래요." 그렇게 해서 탄생한 것이 일상 생활과 수학을 융합한 '스팀수학 지도사'입니다. 동요 〈열 꼬마 인디언〉을 부르며 숫자 세는 법을 익히는 일종의 스토리텔링 기법이지요. 스팀수학 지도사 양성 과정은 성공리에 매 기수를 배출했고, 그 학생이 나중에 회사에 입사하는 데 결정적인 도움을 줍니다. 전문대학 졸업자인 그가 '창직'이란 경력에 힘입어 문체부 산하 공공기관에 입사한 겁니다. 그 당시 회사 면접관이 이렇게 물었다고 합니다. "어떻게 직업을 만들 생각을 했어요?"

제가 회사에서 본업인 교육 업무를 하고 퇴근 후에 포장마차를 하는 것 사이에는 아무런 맥락이 없습니다. 이는 말 그대로 '투잡two job'에 불과하지요. 투잡은 시간적·체력적으로 비효율적입니다. 때로는 도와줄 사람도 써야 합니다. 하지만 직업이 여럿이라도 이들 간에 키워드가 같을 때는 적은 효율로 많은 일을 해낼 수 있습니다.

대개 창직가의 수입원은 크게 네 가지입니다. 본업, 강연, 컨설팅, 칼럼 등의 기고. 하나의 필살기만 지니면 그 일과 관련해 이 세상에서 할 수 있는 모든 방식의 일이 달라붙습니다. 취업, 창업, 프리랜서, 재능 기부, 사회적 기업 등 모든 것들이요. 심지어 귀촌을 해서도 그런 일들을 할 수 있습니다. 귀촌이 가능한 이유는 강연, 컨설팅, 칼럼 기고 등이 장소나 시간에 구애받지 않는 일의 형태이기 때문입니다. '내'가 뿌리이고 내가 있는 곳이 곧 사무실입니다.

창직은 하나의 일에서 여러 가지 다른 일들로 가지가 뻗어나가는 것과 비슷합니다. 가지 뻗기가 시작되는 지점은 바로 '나'이며, 내가 어디에 있든지 가지처럼 뻗어나간 일들을 할 수 있습니다. 제가 일하는 방식을 예로 들어볼까요?

다음 주 월요일에 강의가 있어서 주말에 강의 준비를 하려던 어느 날입니다. 토요일 오후, '좀 자고 일어나서 강의 준비를 해야지' 생각하고 낮잠을 청했습니다. 그런데 세상에, 눈을 뜨니 월요일 아침인 겁니다! 뭐? 내가 이틀을 잤다고? 판단할 새도 없이 허겁지겁 강의 장소로 달려갔습니다. 강의 준비도 못한 채로요! 클라우드에 올려둔 이런저런 교안을 다 다운받아서 이거 보여줬다가 저거 보여줬다가 그런 식으로 강의를 한 것 같습니다. 네, 실제 일이라면 정말 엉망진창인 강의였겠죠. 다행히 꿈이었습니다. 꿈에서 깨어나 어찌나 간담이 서늘하던지!

좀 우스운 예이긴 하지만 이 꿈이 얼토당토 없는 스토리만은 아닙니다. 제가 지금 전라도 전주에 놀러 왔는데 내일 당장 경북 경주에서 강의가 잡혀도 문제없습니다. PC방에 가서 클라우드에 들어 있는 교안을 내려 받고, 자료 업데이트를 한 뒤 경주로 가면 되니까요. 제 사무실이나 강의장, 인력 등 이른바 '기초 자산'이 없지만 일이 가능한 거죠. 휴가지에서 원고를 보고, 키즈 카페에서 기획안을 쓰며 새로운 구상을 할 수도 있는 겁니다. 시공간의 제약에서 벗어난다는 것은 심리적으로 상상 이상의 자유를 줍니다. 이는 나만의 일을 내가 만들 수 있다는 '생산자'의 관점을 갖게 된 뒤에 제게 주어진 큰 선물입니다.

그놈이 그놈인가?

창직과 창업을 헷갈려하는 분들이 많습니다. 창직과 창업, 이 둘은 서로 영향을 줄 수는 있지만 기본적으로는 각기 다른 고유의 성질을 가지고 있습니다. 한마디로 구분하자면 창직은 '직업을 만드는' 것이고 창업은 '회사를 설립하는' 것입니다. 따라서 이 가운데 더 큰 개념은 창직입니다. 창직이 기반이 되고, 그 위에서 취업, 창업, 프리랜서 등 직업의 구현이 가능하니까요.

2015년도부터 매년 제주도와 한국창직협회의 주관으로 '제주도 창직 공모전'이 열리는데, 여기에 출품된 창직 아이템들을 보면서 창직과 창업의 차이를 더 알아볼까요? 아래의 출품 아이템 쪽에 있는 것들이 이때 나온 창직 후보들입니다.

출품 아이템	창직일까 창업일까?
제주 이주 컨설턴트	
제주 가상현실 체험방	
제주 해변길 낚시 도우미	
마음치유 힐링 관광 센터	
실버 쓰레기 처리 서비스	
제주형 곤충 요리 전문가	

찾아가는 스파	
sleeping car	

(출처: (사)한국창직협회)

여기에서도 응모자들이 창직과 창업을 헷갈려하는 것을 볼 수 있습니다. 이 가운데 무엇이 창직 아이템이고 무엇이 창업 아이템인지 각자 유추해 보세요.

'2017 제주 지역 창직 아이디어 공모전'에서는 '제주도 한 달 살이 책임 코디네이터', '제주 감성 스토리 여행 디자이너', 'IT 기반 제주 맞춤형 여행 디자이너' 등이 수상을 하였답니다. '제주 해녀 해설사' '제주 사투리 강사' 등도 훌륭한 제주형 창직이 될 수 있겠죠?

창업이 투자라면, 창직은 생산이다.

2012년, TV N에서 창직 서바이벌 '크리에이티브 코리아'를 방영한 적이 있습니다. 다양한 참가자 중 제가 응원한 분은 '프로 바비큐어' 차영기 씨였습니다. 아웃도어 인구가 폭발적으로 증가하고 너도 나도 캠핑을 떠나는 요즘, 바비큐는 어느덧 친숙한 문화로 자리 잡았습니다. 어쩌면 김밥 대신 명실상부 나들이 음식으로 자리를 잡았다고도 할 수 있습니다. 남이 구워주는 고기는 다 맛있다며 저도 남편이 구워내면 젓가락만 얹지요.

이렇게 누구라도 만만하게 구워낼 수 있는 요리가 바비큐인데, '프로 바비큐어'가 있다는 사실은 좀 뜻밖입니다. 바비큐 국가 대표쯤이나 된다고 할까요? 프로 바비큐어라는 직업이 있다는 사실도 이때 처음 알았지만, 아직도 뇌리에 남을 정도로 흥미로웠던 장면은 다음과 같은 대화 장면입니다. 심사위원이 차영기 씨에게 묻지요.

"창업을 하실 거예요, 취업을 하실 거예요?"

차영기 씨는 거침없이 이렇게 대답합니다.

"제자를 양성할 겁니다."

여기에 바로 창업과 창직의 차이가 있습니다. 자신의 이름을 건 바비큐 레스토랑을 연다고 했다면 창업입니다. 2호점, 3호점을 낸다면 그것은 후배 양성이 아닌 가맹 사업이지요. 이와 달리 후배를 양성하겠다는 차영기 씨의 대답은 창직의 관점에서 나온 것입니다. 프로 바비큐어라는 직업 시장을 확장하겠다는 의미이니까요.

그는 실제로 나중에 바비큐 식당을 정리하고 모 대학교 호텔외식사업학과에서 제자들을 길러내는 등 자신이 꿈꾼 대로 창직의 길을 걷고 있습니다. 제자들은 프로 바비큐어라는 직업을 지니고 취업, 창업, 사회적 활동 등 다양한 일을 하겠지요.

창업이 본점本店이라면, 창직은 본점本占이다.

많은 사람이 창직과 창업을 헷갈려하는 이유는 창직이 대개 창업으로 연결되기 때문입니다. 자유학기제 도입으로 자기 탐색을 통해 적성에 맞는 꿈을 찾을 수 있게 된 청소년과 학교의 '자유학기제 프로그램'에 대한 니즈를 파악하여 '갭이어 기획자'(갭이어Gap Year란 학업이나 직장 생활을 잠시 중단하고 다양한 활동을 통해 자기 자신을 돌아보는 시간을 말함)라는 직업을 만든 사람이 있다고 해 봅시다. 이 사람은 갭이어 기획자라는 창직을 기반으로 교육 회사나 컨설팅 회사를 창업할 수 있습니다. 또한 갭이어 기획자를 양성·보급하기 위한 교육 훈련 프로그램 개발이나 자격증 등록 관련한 일로 사업 영역을 확대해 나갈 수 있습니다.

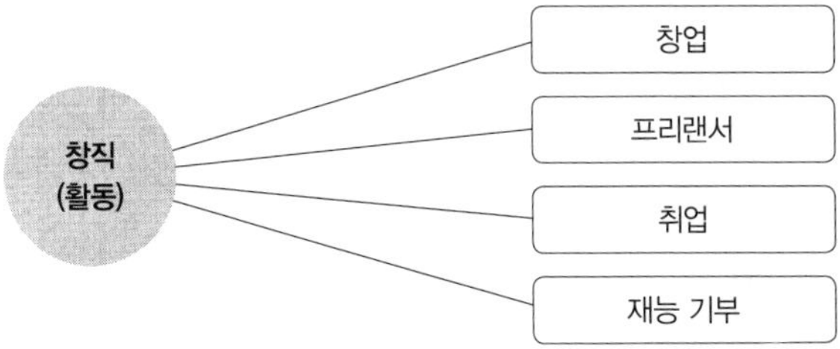

퍼스널 브랜드가 '소유'의 개념이라면, 창직은 '공유'의 개념입니다. 퍼스널 브랜드는 개인의 전문화 혹은 차별화를 위해서 자신의 브랜드를 만드는 활동을 말합니다. 세계적인 향수 개발자 크리스토프 로다미엘Christophe Laudamiel은 자신을 '향기 작곡가'라고 표현합니다. 1,400개의 향기 리소스를 '작곡'하는 일이 자신이 하는 일이라고 소개하지요. '관점 디자이너' 박용후 씨는 홍보 마케팅 일을 합니다. "나는 나의 일을 관점 디자이너로 정의한다. 마케팅 이사라고 생각했으면 일을 특별하게 못했을 것이다." 퍼스널 브랜드는 자신의 일에 이미지를 부여하는 브랜드 포지셔닝입니다. 예를 들면 유영만 교수의 '지식생태학자', 이준구 마술사의 '매직 디자이너', 개그맨 오종철의 '소통테이너'가 이 같은 퍼스널 브랜드에 해당합니다.

퍼스널 브랜드는 개인 고유의 상표와 같은 것입니다. '애플'이나 'LG'가 세계에 단 하나뿐인 상표인 것처럼, 퍼스널 브랜드도 '온리 원only one', 유일한 것이지요. 반면 창직은 제2, 제3의 누군가가 나오는 걸 추구합니다. 직업은 공공재입니다. 특정한 인물의 자산이 아니죠. 나, 너, 우리 누구나 그 직업명으로 사회활동이 가능합니다. 이렇게 창직은 가지를 쭉쭉 뻗어나가는 모습을 띱니다.

'자라다 남아미술연구소'는 남자아이만 가르치는 미술 학원입니다. 여아들과 남아들의 차이점을 발견한 것이 그렇게 미술 학원을 운영하게 된 출발점입니다. 여자아이들은 제자리에 가만히 앉아서 '사부작사부작' 오리고 만들고 그립니다. 하지만 남자아이들은 한 자리를 지키고 앉아서 그러기가 힘이 들지요. 에너지를 분출해야 하는 특성 때문에 이리저리 뛰어다니고 두드리고 던지고 부숴야 합니다. 이곳에서는 아무도 '미술'을 하지 않습니다. 각자 자기가 좋아하는 것을 연구하고 발명하고 창조하지요. 5~11세 남자아이들이 글루건으로 널빤지를 이어 붙이며 거북선과 로봇을 만들고, 나무토막으로 자동차를 만듭니다. 마치 공방 같습니다.

국내 1호 '남아 미술 교육 전문가' 최민준 소장은 남자아이들의 특성에 맞춘 미술 교육을 전문적으로 연구·개발하는 '남아미술교육연구소'뿐 아니라 '아들연구소'도 운영하고 있습니다. "딸로 태어난 엄마는 아들을 결코 이해하지 못한다"는 재미난 모토 아래 명실상부 '남아교육전문가'의 행보를 보여줍니다.

만약 '남아 미술 전문가? 퍼스널 브랜드로 구축해서 몸값 올리기 딱 좋은데? 이건 나만의 고유한 브랜드야. 나 혼자 이 이름을 독식할 거야. 다른 사람은 이 단어를 쓸 수 없어!' 소유의 개념으로 '남아 미술 전문가'에 접근했다면 또 다른 '남아 미술 전문가'가 나오기까지는 시간이 꽤나 걸렸을 테지요.

창직과 창업, 1인 기업, 퍼스널 브랜드는 상생 관계에 있습니다. 나의 질적 성장에 집중하다 보면 의도하지 않아도 서로의 꼬리를 물고 함께 성장해 나아가는 유기적인 관계인 셈이지요.

이렇다 보니 솔깃한 창직 아이템을 다르게 포장하여 마치 국내에서 맨 처음 만들어낸 창직 사례인 것처럼 말하는 경우도 있습니다.

Q. 정리수납 컨설턴트, 정리수납 전문가, 정리수납 코칭 전문가, 정리정돈 전문가는 각기 다른 직업일까요?

아닙니다. 직업명은 비록 다르게 포장해도 '직무'가 같다면 새로운 창직이라고 할 수 없습니다.

창직의 가치를 알아본 사람들이 이런 식으로 콩을 팥으로 둔갑시키는 경우를 종종 봅니다. 마치 '대리 기사'를 '대신 기사'로 둔갑시키는 꼴입니다. 내가 만들고 싶은 직업이 벌써 '국내 1호' 타이틀을 달고 세상에 나왔다고 해서 아쉽거나 불리할 것은 하나도 없습니다. 태동기 직업을 가지고 함께 시장을 만들어 갈 동료가 있다는 점에서 얼마나 든든하겠습니까? 다른 측면에서 볼 때 누군가 먼저 시작한 직업이라는 점은 이미 그 시장성을 검증받았다는 반증이 되기도 합니다. 시장이 커질수록 신생 직업의 미래는 탄탄해집니다.

그런데요, 국내 1호가 아니면 어떻습니까? 창직의 목적은 국내 1호가 되는 것이 아닙니다. 내가 만들어가는 세상이지요. 타인이 아닌 과거의 나와 겨루는 것, 경쟁이 아닌 공존, 공유, 공생이 창직가 정신입니다.

내 손 안의 세상

14살부터 24살까지 참 열심히도 걸었습니다. 걷기는 큰 힘 들이지 않고 할 수 있는 아주 좋은 운동이었지요. 입사 후 신입사원 교육을 받기 위해 서울에서 3주가량 지낼 때도 매일 걸었습니다. 서울 지리를 모르니 무조건 직진만 하면서요. 사람 모양의 커다란 조형물, 돌이 쌓인 담장 등을 만났지만 그때는 그게 뭔지 몰랐습니다. 광화문 거리의 조각상 '망치질 하는 사람', 덕수궁 돌담길은 저 같은 부산뜨기에게 길을 찾는 바로미터의 역할을 할 뿐이었지요. 비가 오면 우비를 입고 정장 차림 직장인들 사이를 파워워킹하며 지난 곳, 알고 보니 서울 최고의 오피스타운, 종로더군요. 모르니까 용감했던 그때 그 시절!

중독처럼 하던 운동은 발령을 받고 회사 생활을 시작하면서 끝났습니다. 여느 직장인처럼 퇴근 후 술을 마시거나 피곤해서 뻗어 자거나 하는 생활이 지속된 거지요. 그렇게 8년을 지내고 결혼해서 아기를 낳았는데 웬걸, 내 몸 안의 영양분과 기운이 한꺼번에 모두 빠져나갔는지 내 몸이 마치 종이 인형처럼 된 겁니다. 급격히 체력이 떨어진 엄마와는 반대로 아이의 에너지는 나날이 뻗쳐만 갔습니다. 저는 힘에 부치니 아이에게 짜증을 부리고 화를 내고, 빨래만 널어도 침대에 드러누워야 하는 상황이 되었습니다. 그리하여 8년 만에 다시 운동을 결심하였습니다.

그런데 아무 장비 없이 맨손으로 운동하는 데 대가였던 제게 변화가 생겼습니다. 등산을 시작하면 화려한 등산복부터 사고, 골프를 시작하면 '삐까번쩍'한 장비부터 사는 이른바 '장비병'에 걸린 겁니다. 10년 전엔 집에 있는 옷 대충 걸치고 나가서 걷고 맨손 운동을 했는데 어느새 '피트니스 복'을 검색하고 있는 제가 보이는 겁니다. 이렇게 되면 천릿길은커녕 그 첫걸음도 떼지 못하게 되지요.

사진작가가 되고 싶을 때 보통 무엇부터 시작할까요? 네, 보기에도 묵직해 보이는 고성능 DSLR 카메라, 일명 '대포 카메라'부터 삽니다. 할부로요. 좋은 렌즈들도 탐나지만 우선은 참습니다. 사진 동호회에도 가입합니다. 사진 강좌도 찾아봅니다.

하지만 국내 최초 '스마트폰 사진작가' 김민수 씨의 사진을 보면 생각이 좀 달라질지 모릅니다. 사진은 장비의 문제가 아니구나 하고요. 그는 아이폰으로 사진을 찍습니다. 첫 번째 사진집은 아이폰 4로, 두 번째 사진집은 아이폰 5로 촬영했다고 합니다. 아이폰으로 만드는 사진 예술이란 의미로 미국에서는 '아이포노그래피'라는 신조어까지 생길 정도로 아이폰이 전문 카메라를 대신하고 있습니다.

스마트폰 열풍이 크게 일었던 2012년, 처음 스마트폰을 구입한 그는 카메라 성능이 궁금해 출근길에 사진을 한 장 찍습니다. 곧바로 A4 용지에 사진을 프린트해 보니 생각 이상으로 사진 화질이 괜찮았고, 취미 목적으로 구입했던 DSLR 휴대가 귀찮았던 터라 그때부터 아이폰으로 사진을 찍기 시작했습니다. 그는 페이스북에 하루 세 번, 새벽 6시, 낮 12시, 저녁 6시, 정해진 시간에 사진을 올리기로 혼자만의 약속을 하였는데요, 그렇게 만 3년을 계속하니 2만여 장의 사진이 쌓였고 수천 장의 작품이 탄생했습니다. 게을러지지 않기 위해 정해진 시각에 사진을 업로드한다는 다소 엉뚱한 동기가 국내 최초 아이포노그래피의 시작이었습니다. 현재 그는 스마트폰 사진작가로 사진전을 열고 사진집을 낸 데 이어 스마트폰 사진 강의도 하고 있습니다.

태블릿 PC 화가 정병길 씨도 마찬가지입니다. 평소 즐겨 그리는 유화는 그림을 그릴 때 장소의 구애를 많이 받는다는 애로점이 있었습니다. 그림물감, 캔버스, 이젤 등 미술 도구가 차지하는 부피가 상당했습니다. 특히 해외 나가서 그림을 그리려고 할 때가 곤욕이었죠. 유화 물감의 인화성 때문에 유화 기름은 비행기에 아예 싣지도 못합니다.

그래서 언제 어디서나 그림을 그리기 위하여 '눈앞에 있는' 아이패드를 집어 들었습니다. 커다란 캔버스 앞에 앉아서 붓을 움직이는 모습이 마치 화가의 상징처럼 되긴 했지만, 일반인들은 그런 그림 작품을 사서 소장하고 싶어도 가격이 비싸 엄두를 못 냅니다. 그러다 보니 보통 사람들은 "난 그림을 몰라" "그림은 비싸"라는 반응을 보이게 되고, 점점 그림에서 멀어지지요.

정병길 씨의 아이패드 그림은 일반인들을 이끌어 미술 작품에 손쉽게 다가갈 수 있도록 하는 마중물과도 같은 역할을 합니다. 누구라도 자신의 태블릿 PC에 그림을 그려서 컬러로 '프린트'까지 할 수가 있습니다. 작품들을 프린트하여 액자에 걸면 집이 곧 갤러리가 됩니다. 정병길 씨는 현재 아이패드 그림 교실을 운영하는 한편 개인전과 단체전 그림 전시회도 열고 작품도 판매하는 등 활발한 활동을 이어나가고 있습니다.

다시 예쁜 운동복 앞에서 살까 말까 고민하던 저의 이야기로 돌아오자면, 저는 이제는 그런 고민 없이 그냥 운동 센터에서 주는 시커먼 운동복을 입고 운동합니다. 사실 중간에 참지 못하고 예쁜 운동복을 산 적도 있습니다. 그런데 빨래를 매일 해야 하는 게 귀찮아서 결국 시커먼 운동복으로 돌아오고 말았지요. 챙겨야 할 짐이 없으니 몸만 휙 센터에 갔다 오면 그만입니다. 심플한 것, 손쉬운 것, 가벼운 것, 이것이 목표를 향한 천릿길로 선뜻 나서게 하는 비결 아닐까요?

창직도 이처럼 시작이 쉬워야 합니다. 창직 아이템이 떠오르시나요? 시작하기에 앞서 이것저것 제대로 준비하고 싶으시나요? 그러면 시작이 힘들어집니다. 저도 도서관 가서 책 읽고, 무료 강좌 찾아서 듣고, 유튜브로 공부하지만 아무런 문제가 없습니다. '없이' 시작하는 방법을 찾는 것도 창의입니다. 스마트폰 사진작가, 태블릿 PC 화가는 그 시작이 너무나 쉽고 간단해서 어떤 이들은 이렇게 말할지도 모릅니다. "그렇게 간단한 거였어? 그런 건 나도 하겠다." 하지만 시도한 자와 시도하지 않은 자 사이의 간격은 아주 큽니다.

"스트링 아트를 어떻게 시작하셨어요?" 가끔 사람들이 저에게 물어봅니다. 스트링 아트string art란 목재에 못을 박아서 형태를 만든 뒤 실을 이리저리 연결하며 완성하는 공예입니다. 해외에는 스트링 아트가 어엿한 직업으로 존재합니다. 그들의 작품은 말 그대로 '아트'이지요. 2015년 7월 유튜브에서 처음 봤을 당시만 해도 국내 포털 사이트에는 스트링 아트 자료가 전무하다시피 했습니다. 그러니 나무판과 못, 실은 어떤 종류를 써야 하는지 알려줄 사람이 아무도 없었습니다. 해외 동영상을 보며 유추하고, 고민하고, 발견해야 했지요.

나무판은 뭘 써야 하나 고민하던 참에 뒷 베란다에서 보이는 전원 주택 건축 현장에 눈길이 갔습니다. 가만 보니 쓰고 남은 목재가 한 가득 있는 겁니다. 그 길로 달려가서 일하시는 아저씨들께 쭈뼛거리며 물어보았죠. "아저씨, 이 나무토막 좀 가져가도 돼요?" 한 아저씨가 소리쳤습니다. "다 가져가셔도 돼요!"

그때부터 틈날 때마다 가서 나무토막을 가져왔습니다. 그냥 가져가랬다고 너무 자주 가는 거 아닌가 민망할 정도로 갔지요. 그렇게 한 가득 가져온 목재, 공구함에 있던 녹 쓴 못, 아파트 관리실에서 빌려온 망치로 첫 스트링 아트를 시작했습니다. 시행착오를 통해 고무망치라는 작은 망치로도 못을 박을 수 있다는 것, 어떤 나무판은 예쁘긴 하지만 못이 아예 안 들어가기도 한다는 것 등을 배우고, 실의 두께에 따른 느낌의 차이도 알게 되었습니다. 해외 작품 사진들을 보고 기가 눌려 '작가'가 되는 건 포기했지만, 저만의 특별한 '영역'을 만든 것 같아서 좋습니다. 망치질을 하고 실을 엮으면서 순간순간에 집중하게 되고, 그 몰입의 결과로 나만의 '명상 공예'라는 영역을 만든 거니까요.

이렇게 복잡한 준비 과정 없이 그냥 시작한 취미가 나중에 저의 수입원이 되리라곤 그때는 생각도 못했지요. "스트링 아트 강의는 어떻게 하게 되셨어요?"라는 사람들의 물음에 "그냥 한번 해본 게 기회였을까요?"라고 되물을 수밖에 없는 이유입니다. 우선 해보는 것이 중요합니다. 준비 기간도 많이 필요 없습니다. 하면서 배우는 게 더 빠를 때가 있습니다.

우리 몸에 가장 좋은 운동은 걷기도 조깅도 아닌 스트레칭이라고 합니다. 기구도, 도구도, 음악도 필요 없이 그저 맨몸으로, 있는 자리에서 하면 되는 스트레칭 말이에요. 좋은 것은 멀리 있고 쉽게 가질 수 없다고 생각하지만 사실은 그 반대입니다. 모든 재료는 이미 준비되어 있고, 언제든 가질 수 있습니다. 우리는 그걸 알아차리기만 하면 됩니다. 제 유튜브 채널도 스마트폰과 5천 원짜리 삼각대 하나로 잘만 운영하고 있습니다.

모든 것은 '내 손 안'에 다 들어 있습니다!

3

아줌마라 행운이다

아줌마라 행운이다

12월 24일 아침, 눈 뜨자마자 남편에게 인사를 건넵니다. "메리 크리스마스!" 잠에 얼룩진 목소리로 남편도 답을 합니다. "메리 구린내빤스……" 살다 살다 이런 '아재 개그'는 또 처음 들어봅니다. 그런데 아재 짝궁인 아지매라 그런가요, 어찌나 웃긴지 배를 잡고 깔깔거리며 아침을 시작했죠. 이 재밌는 걸 혼자 알면 안 된다는 사명감에 킥킥거리며 친구들 단체 채팅창에 메시지를 날렸습니다. "메리 구린내빤스!"

아니 그런데, 한 시간이 지나고 두 시간이 지나도 아무도 답이 없는 겁니다. 세 시간쯤 지나서 제가 먼저 톡을 보냈습니다. "너네, 너무한 거 아니야? 왜 아무도 답이 없어?" 한 친구가 그럽니다. "박시현, 아줌마 다 됐네."

아……줌마? 아.줌.마?! 아줌마 다 됐다고? 순간 슬그머니 열이 오릅니다. 아무리 그래도 너네 너무한다며 서운함을 표출하니, 그제야 너도 나도 '메리 구린내빤스!'를 외쳐줍니다. 친구들의 대동단결에 마음이 풀렸지만 뒤이어 따라온 의문 하나. 나 아줌마 맞는데? 애도 낳은 '빼도 박도 못하는' 아줌만데 왜 기분이 나빴지?

아가씨가 길 가다 아줌마 소리를 들었다면 기분이 상할 수 있습니다. 그런데 아줌마가 아줌마라 불렸는데 왜 기분이 나쁜 걸까요? 우리나라에서 '아줌마'는 제3의 성이기 때문이 아닐까요? 여자도 아닌, 그렇다고 남자도 아닌 제3의 성. 억척스럽고 뻔뻔하고 기까지 센 이미지가 바로 아줌마 아니던가요? 이는 우스꽝스럽게 폄하하거나 때로는 비하하는 표현으로까지 쓰입니다. 저 역시 그렇게 학습된 관념을 갖고 아줌마를 바라보았나 봅니다. 그 말을 들었을 때 왠지 수치스럽고, 여자로서 무언가를 잃은 기분이 들었으니까요.

어느 날은 "어머, 애 엄마 같지 않아요"라는 인사를 듣고, '정녕 이게 아기 엄마에게 하는 최고의 칭찬인 걸까?' 의문이 든 적도 있습니다. 가끔 "아기 엄마 아닌 줄 알았다"는 말을 들으면 겉으로는 무슨 말이냐며 손사래를 치지만 속으로는 좋아하기도 했습니다. '음, 아직 안 죽었군!' 하면서요. 더 재미난 건 "애 엄마 같지 않아요"라는 말이 "자기 관리를 잘한 여자"라는 말로 번역되어 들린다는 겁니다.

반면 오랜만에 만난 지인이 저를 보고 "아기 엄마 다 됐네!"라고 한다면 종일 찜찜한 기분이 들 것 같습니다. 집에 가서 남편 붙들고 "여보, 나 운동 다닐래. 피부 관리도 좀 해야겠어. 확실히 피부 탄력이 문제겠지? 아님 이 헤어컬러가 나랑 안 맞는 건가?" 분석하고 하소연하느라 정신없을 테지요.

각성의 순간은 예상치 못할 때 찾아왔습니다. 특별한 일은 아니었어요. 남편 친구들 부부 모임에 저보다 한 살 어린 동생이 있는데요, 그녀가 뭔가 제 마음대로 안 돼서 찡찡대는 제 아들에게 "이리 줘봐, 아줌마가 해줄게"라고 하는 겁니다. 저는 주변 아이에게 한 번도 저 스스로를 아줌마라 칭한 적이 없었습니다. '이모'라고 했지요. "자기 자신을 아줌마라고 하는 사람 처음 봐" 하니, 그 동생이 쿨하게 대답합니다. "그래요? 난 동네 놀이터에서도 나를 아줌마라고 하는데?" 저는 속으로 생각했습니다. '애 둘 키우는 엄마의 위엄인가?'

이랬던 제가 창직 자료를 찾고, 창직 강의를 하고, 현장에서 청중을 만나는 횟수가 늘어날수록 아줌마 홀릭이 되어버렸습니다. '대한민국 아줌마'에 대한 기존 관념이 서서히 깨지며, 아줌마를 사랑하게 된 것입니다. 아줌마는 이 땅에서 희화화될 존재가 결코 아니었던 겁니다. 아줌마야말로 콘텐츠의 보고이자 창조의 원천이었습니다.

창직은 자신의 경험과 경력이 바탕이 될 때 훨씬 빨리 직업으로 자리를 잡습니다. 이제는 어엿한 직업으로 안착한 정리수납 전문가 역시 살림 경험이 있는 주부들이 훨씬 빨리 자리를 잡는 것을 볼 수 있습니다.(원래 정리수납 전문가를 창직한 분은 남성입니다.) 공예 분야는 어떤가요? 수제 비누, 아로마, 석고 방향제, 리본, 가죽, 앙금 플라워…… 각종 '홈 클래스 문화'를 창출하는 부류도 다름 아닌 아줌마 아니던가요? 아줌마는 그야말로 '잠재력'의 보고입니다. 왜 그럴까요?

우리나라 아줌마들은 집에서 뭘 할까요? 살림을 합니다. 기본적으로 빨래, 설거지, 청소 같은 집안일을 하는 것을 살림이라 부릅니다. 살림은 '사소한 것, 디테일의 중요성'을 무엇보다도 잘 보여줍니다. 세제나 샴푸는 다 썼는지, 코팅 벗겨진 냄비나 무뎌진 칼은 없는지 확인하는 것부터, 다림질, 분리수거, 가족들의 해진 속옷과 철에 따른 옷 정리, 간식거리와 반찬, 비타민 챙기기 등등 매일매일 체크하고 챙겨야 할 것투성이입니다.

이뿐이 아니죠. 생활비를 전략적으로 쪼개 지출도 관리하고 저축도 합니다. 적극적으로 재테크를 하는 주부도 있습니다. 아이들 교육도 시킵니다. 시댁과 친정, 남편과 자녀 사이의 관계를 조율하는 역할도 하고요. 가족 여행을 갈 때도 대부분 엄마가 이것저것 준비를 합니다. 철마다 대청소를 하고 옷장 정리도 싹 해야 합니다. 인테리어에 공을 들이는 주부도 있습니다. 자녀들 교우 관계나 학교 문제에도 신경 써야 하고 선생님과 소통하는 것도 엄마의 몫입니다. 전업주부는 전업주부대로, 워킹 맘은 워킹 맘대로 마인드 컨트롤도 잘해야 합니다. 전업주부는 사회 생활에 대한 갈망이나 본인의 미래에 대한 의구심이 클 수밖에 없고, 워킹 맘은 워킹 맘대로 가사와 직장일을 병행하는 것에 따른 스트레스를 많이 받으니까요.

바로 이런 점에서 대한민국 '보통'의 아줌마는 역설적으로 결혼, 육아, 재테크, 여가, 인간 관계, 저축, 인테리어, 요리, 청소, 독서 지도, 경력 단절 경험, 건강 등 최소한 한 가지 정도는 자기만의 경험이나 노하우를 말할 수 있습니다.

제 친구 중에 아이들 도시락 반찬을 예쁘고 재치 있게 잘 만드는 친구가 있습니다. 화분도 어찌나 잘 가꾸는지 집에 들여오는 화분마다 죽이는 제가 보기엔 거의 신의 손입니다. 저는 그 친구를 만날 때마다 감탄해서 말합니다. 실력이 너무 아깝다고, 이 실력을 발휘해 조그맣게라도 네 일을 시작해 보라고. 그 친구가 얼마 전에 전원 주택으로 이사를 갔습니다. 워낙 살림을 맛깔나게 잘하니 이제 그 집에서 자신의 능력을 얼마나 잘 발휘할지 기대가 됩니다.

이 친구가 집에서 하는 일들은 어떻게 보면 평범한 것들입니다. 화분 키우고, 음식 차리고, 정원 손질하고…… 하지만 평범함 속에서 비범함이 나온다고, 이미 제 눈에는 여러 가지 창직 재료가 보입니다. 그 친구의 감각과 솜씨라면 도시락 콘텐츠 전문가로서 '눈으로 먼저 먹는' 도시락을 연구·개발할 수도 있고, 홈 코디를 전문적으로 하는 홈 코디네이터(홈 스타일리스트)로 활동할 수도 있어 보입니다. 정원을 관리하거나 화초를 가꾸는 노하우를 강의하거나 코칭할 수도 있습니다. 코칭이나 강의가 별건가요? 내가 조금 더 아는 것을 나보다 모르는 사람에게 알려주는 일 아니던가요?

이런 잠재력을 갖춘 '아줌마'가 어찌 제 친구뿐이겠어요? 제가 볼 땐 재능을 묵히고 있는 주부들이 너무 안타깝습니다. 아니, 아깝습니다. 내가 일상적으로 하고 있는 살림 행위가 누군가에게는 도움이 되는 '선물'이 될 수도 있을 텐데 말이죠.

어느 날 텔레비전에서 한 뷰티 프로그램을 보다가 문득 한 가지를 깨달았습니다. '내가 안다고 남들도 알 것이라고 생각하는 것, 내가 모른다고 남들도 모를 것이라 생각하는 것, 그것은 착각이다'라는 것입니다. 피부가 예쁜 연예인에게 패널들이 질문을 합니다. 피부 관리를 어떻게 하느냐고요. 연예인의 대답은 이랬습니다. "누구나 다 하는 것처럼 해서요, 특별히 말할 만한 게 없어요." 그 '누구'는 대체 무엇을 어떻게 하길래 특별히 말할 게 없다는 것일까요? 나에겐 당연한 것이 타인에겐 당연하지 않을 수 있답니다.

초보 주부는 설거지를 할 때마다 배수구를 청소해야 하는 건지, 창틀 청소는 어떻게 하는 건지, 빨래를 효과적으로 하는 방법이 따로 있는 건지 궁금합니다. 살림이라는 것이 집집마다 다른 '구전 교육'으로 전해지다 보니 친정엄마가 살림하는 것을 보고 그대로 따라하는 경우가 대부분이지요. 그래서 결혼을 하게 되면 시어머니와 종종 마찰이 일어납니다. 살림 스타일이 다르니까요. 50대 이상 주부들은 20~30년 경력의 살림꾼입니다. 이른바 전문가가 되기에 필요하다는 1만 시간의 무려 두세 배에 해당되는 시간입니다. 장이나 효소 등을 담그는 실력이 뛰어난데 집안 식구들한테만 그 재능을 나눠준다면 이는 재능 있는 인력의 손실에 다름 아닙니다.

아래는 모든 경험이 직업이 된다는 일념 하에 간략하게 써 본 창직 기획안입니다. 누군가에게 영감의 씨앗이 되어 창직으로 시작했으면 하는 바람입니다.

경력 단절 여성, 주부들을 위한 창직

- **창직명:** 살림 경영 컨설턴트
- **창직 배경:** 자녀의 이른 독립, 한부모 가정, 일하는 엄마를 둔 자녀 등이 늘면서 살림의 노하우가 더 이상 '신부 수업, 가정 학습' 같은 전통적 방식으로 전해질 수 없게 됨. 주먹구구식으로 그때그때 필요에 따라 인터넷 검색 등을 통해 살림의 기술을 익히느라 젊은 주부들이 시간적·체력적 소모가 큼.
- **창직 목적:**
  1) 전업주부, 경력 단절 여성, 시니어 여성들을 살림 전문가로 육성.
  2) 예비 주부, 초보 주부, '주父', 다문화 가정 등에 살림 교육 및 효과적인 노하우 전수.
  3) 살림도 학문이라는 인식을 심어서 전업주부로서 자긍심을 고취.
- **창직 내용:**
  1) 살림학: – 청소, 빨래, 설거지, 다림질 등 기본 살림학.
  – 인테리어, 요리, 재테크, 장/효소 담그기 등 응용(심화) 살림학.
  2) 육아학: 아무도 육아에 대해 교육해 주지 않는다.
  육아 전문가 육성. 예비 부모 교육 필수.
- **수익 구조:** 강의 및 컨설팅, 양성 과정.
- **참조:** 정리수납 컨설턴트
  아무도 '정리'를 수익화 가능한 콘텐츠로 생각하지 못함. 과거에는 정리되지 않은 집 안을 보여주는 것 자체를 꺼려했으나, 요즘은 기꺼이 정리되지 않은 집 안을 공개하고 전문가의 도움을 받고자 하는 시대가 됨.

얼마 전 친정에 갔다가 오랫동안 집 안에 박혀 있던 진귀한 책 몇 권을 모셔왔습니다. 무려 30년도 훨씬 더 지난 1984년에 발행된 책들로, 본래는 8권짜리 전집으로 구성되었으나 현재는 그중에서 두 권만 남은 상태였습니다. 이름하여 《사랑받는 여성을 위한 생활백과–Diana》. 그 가운데 '생활 요리'편과 '인티어리어·취미'편이 마지막까지 남아 있었는데, 대학의 전공 서적 못지않은 크기와 무게를 자랑했습니다. 심지어 하드 케이스였습니다! '생활 요리'편 앞부분만 슬쩍 펴보았을 뿐인데도 왜 요즘은 이러한 것을 교육은 차치하고 책으로도 만날 수 없는지 아쉬움이 일었습니다.

요리 재료를 씻는 법은 '흐르는 물로 씻는' 것밖에 없는 줄 알고 있던 제게 이 책은 마치 '재료 씻기의 신세계'를 펼쳐 보여주는 듯했습니다.('뭐야, 씻는 방법이 그게 다지, 또 있어?'라고 반문하는 분들이 많을 거라 예상되는군요.) 예컨대 이 책에서는 '채소 씻는 법' '생선 씻는 법' '조개류 씻는 법'이 다 다르게 설명되고, 채소 씻는 법도 시금치, 무, 오이 등 채소별로 일일이 분류하여 설명을 합니다. 같은 채소 안에서도 채소의 생김새에 따라 씻는 법이 다 다르니까요! 생선 씻는 법도 도미·조기류, 꽁치·전갱이류, 오징어와 주꾸미류, 새우, 게 등으로 분류해서 설명하고, 조개류도 굴, 소라, 홍합, 대합 등으로 분류해서 설명을 합니다!

'데치기' 파트 역시 마찬가지입니다. 채소마다 데치는 법이 다 다르다는 걸 이 책을 보고 처음 알았습니다. 굽는 법, 불리는 법, 녹이는 법 모두 마찬가지입니다. 이 모든 것을 인터넷이 해결해 주어서 신부 수업도, 또 신부 수업 역할을 하는 백과도 다 사라진 것일까요? 30여 년 전의 그 책만 잘 활용해도 충분히 살림 관련한 교육 콘텐츠를 만들 수 있을 것 같습니다.

그런 맥락에서 볼 때 주부 경력이 20~30년 이상 된 50대 주부들, 책으로 치면 발행된 지 20~30년 이상 된 이른바 '사람책'들은 얼마나 다채로운 살림의 향연을 펼쳐낼까요?

주부들이 창직을 더 잘할 수 있다고 생각하게 된 이유로는 이들의 '경험' 못지않게 '스마트 기기 친화력'도 들 수 있습니다. 20대 청년층은 젊음과 패기가 있지만 경험이 부족하고, 60대 이상 노년층은 경험과 연륜은 있지만 SNS를 적극적으로 활용하지 못하는 면이 있지요. 그에 반해 40~50대 주부들은 지역 맘카페, 블로그, 페이스북, 인스타그램, 카카오스토리, 카카오톡 등 최소 한 가지 이상의 SNS를 하고 있습니다. 창직의 경우엔 스스로를 알릴 수 있는 'SNS'가 매우 중요한 역할을 합니다.

20대 때부터 50대까지 여성으로 살아온 삶의 스펙트럼은 실로 넓습니다. 살림뿐 아니라, 패션, 미용, 여기에 직장 생활을 하였다면 경력과 직무에 따른 업무 역량, 심지어 경력 단절 경험까지도 포함되겠지요. 또한 남자들은 결코 알지 못하는 임신과 출산, 육아라는 여성만의 경험도 있습니다.(다음 그림을 참고)

다양한 경험의 교집합과 여집합이 가능한 존재, 아줌마. 저는 다시 생각합니다. '아줌마라 행운이다!'

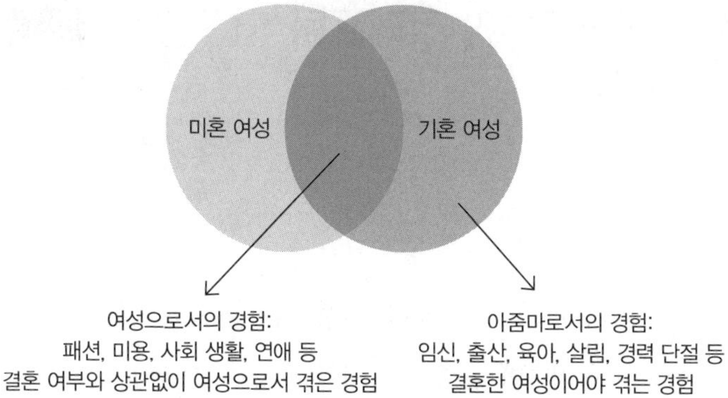
미혼 여성
기혼 여성
여성으로서의 경험:
패션, 미용, 사회 생활, 연애 등
결혼 여부와 상관없이 여성으로서 겪은 경험
아줌마로서의 경험:
임신, 출산, 육아, 살림, 경력 단절 등
결혼한 여성이어야 겪는 경험

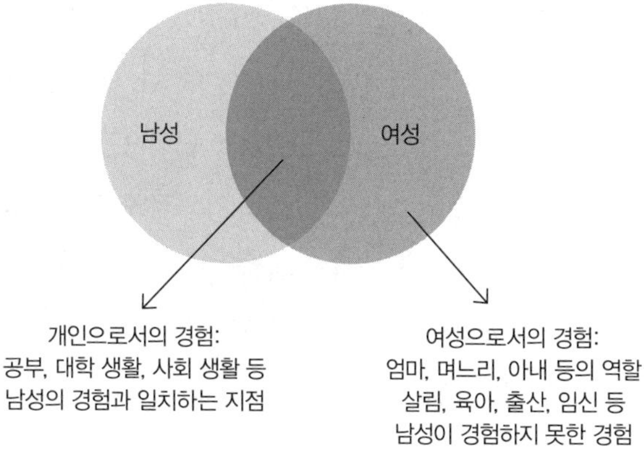
남성
여성
개인으로서의 경험:
공부, 대학 생활, 사회 생활 등
남성의 경험과 일치하는 지점
여성으로서의 경험:
엄마, 며느리, 아내 등의 역할
살림, 육아, 출산, 임신 등
남성이 경험하지 못한 경험

인생의 투자, 잡 크래프팅

어느 날 남편이 울상을 지으며 저한테 부탁합니다. “여보, 이러닝 동영상 좀 돌려주면 안 될까?” 남편 회사는 ‘이러닝e-learning’이 필수입니다. 제가 다니던 회사도 이런 제도가 있었습니다. 온라인 교육 시간을 채워야 인사 고과 점수를 받을 수 있는 겁니다. 하지만 업무만으로도 정신없는데 ‘자기 계발’을 한답시고 의무적으로 들어야 하는 온라인 수업은 귀찮을 뿐입니다.

저 역시 교육 종료일에 가까워져서야 부랴부랴 진도율을 높이느라 업무 중간중간에 동영상을 틀었던 기억이 납니다. 과정에 따라서는 최종 평가와 함께 리포트 제출을 해야 하는 경우도 있었는데, 그럴 때면 사내 메신저에 불이 났지요. 대학교 시험 때만 존재할 것 같은, 기출 문제를 모은 ‘족보’가 돌아다니는 겁니다. 남편도 제가 겪었던 상황을 그대로 겪고 있었습니다.

임신 기간 동안 배움에 목말랐던 저는 남편 회사 ‘이러닝’을 아주 요긴하게 활용할 수 있었지요. 듣고 싶은 강좌를 남편 아이디로 신청하고, 수업 듣고, 리포트 제출하고, 시험까지 봤는데, 100점을 받을 때가 대부분이었습니다. 회사 다닐 때는 그렇게 하기 싫던 온라인 강좌가 퇴사 후 완전히 다르게 다가온 겁니다.

하지만 직장에 몸담고 있을 때는 대부분 본인에게 주어진 이런 혜택이 얼마나 요긴한지 잘 모릅니다.

제가 다시 회사 생활을 한다면 더 이상 승진이나 연봉, 명함 따위에 초점을 둘 것 같지 않습니다. 물론 그런 것들이 회사 생활을 해나가는 데 강력한 동기가 되기는 하지만, 성공적인 회사 생활이 인생의 목표라는 착각은 깨고 싶습니다. 회사에서 우수한 인재로 인정받는 것이 얼핏 보면 개인의 성장으로 보입니다. 하지만 우수한 인재라는 건 어디까지나 회사의 기준으로 내린 평가입니다. 엄밀히 따지면 '회사 맞춤형 인간'이라는 말입니다. 그렇다면 회사 생활을 하는 데 더 큰 목표는 무엇이 되어야 할까요? 제가 다시 회사 생활을 한다면 그 목표는 초고속 승진도 연봉 인상도 임원이 되는 것도 아닌, 퇴사 후의 '내 삶'에 둘 것 같습니다.

퇴사 후 제 삶의 비전이 명확했다면, 예컨대 '기업 교육 강사가 되겠다' 혹은 '1년에 한 권씩 책을 내는 저자가 되겠다'는 큰 그림이 있었다면 회사 생활의 방향이 달라졌을 겁니다. 물론 '칭찬 사원'으로 이름을 올리고, 직접 기획하고 교육했던 지점 전사 교육 평가가 좋아 임원진의 인정을 받고, 우수 임직원들이 함께 하는 사장과의 새해 만찬에 사원으로는 유일하게 참석하는 등 잊지 못할 성과도 분명 있었습니다. 하지만 이런 것이 사회에서 경력으로 인정받을 수 있는 요소는 아닙니다. 자기소개서에 써

넣을 스토리의 일부는 될지언정, 이력서에는 '○○투자증권 영업 전략부 근무' 정도밖엔 쓸 수 없습니다. 더군다나 그마저도 회사를 떠나는 순간 명함과 함께 사라집니다.

그렇다면 '퇴사 후의 삶'을 목표로 해야 한다는 말은 무슨 뜻일까요? 퇴사 후의 삶을 목표로 한다고 해서 현재 자신의 업무를 대충하면서 나중을 준비하라는 말은 절대 아닙니다. 현재의 직장을 자신이 창조하고자 하는 삶이라는 큰 그림 속의 한 부분으로 인식하자는 말입니다. 그렇게 할 수 있다면 오히려 지금 하고 있는 일이 아무리 작아 보일지라도 허투루 하게 되지 않겠지요. 중요한 것은 직장에서 요구하는 '주인 의식' 이전에 '내 삶의 주인'이 되겠다는 관점을 갖는 것이라 생각합니다. 그런 사람은 애초 직장 선택부터 다르겠지요. 대기업이냐 아니냐, 월급을 조금 더 주느냐 아니냐보다, 자신이 살아가고 싶은 삶의 모습을 향해 나아가는 데 경험할 가치가 있고 배울 것이 있느냐에 더 우선순위를 두게 될 테니까요.

어쨌든 제가 교육 부서에 있으면서 '기업 교육 강사'에 대한 꿈이나 책을 쓰고 강의하는 '저자'로서의 삶에 대한 비전을 좀 더 정확히 가지고 있었다면, 교육 콘텐츠를 짤 때에도 사내에 국한된 내용으로만 짜지 않고, 증권업, 은행업, 보험업 등 금융업종에 두루 통용되는 것들로 더욱 풍부한 콘텐츠를 개발할 수 있었을 겁니다. 직원 연수 때 초빙되는 외부 강사들과 교류하며 프리랜서 기업 교육 강사가 몸담고 있는 '바깥세상'에 대한 정보도

얻고자 했을 테고요. 새롭게 개발하는 직원 교육 프로그램이 과연 직원들의 공감이나 호응을 얻을 만한 것인지 '사내 강의'라는 제 직무를 통해 훨씬 심도 깊게 피드백받을 수도 있었을 겁니다. 혹은 홍보팀에서 취재하여 사내 게시판에 올리는 '최우수 직원 인터뷰'를 따로 가공하여 웹진을 발행한다거나 해서 글쓰기 훈련을 해나갈 수도 있었겠지요.

이런 것들은 회사에서 시키는 업무가 아니라 제 스스로 만들어내는 업무입니다. 퇴사 후 저의 미래를 위해 전략적으로, 똑똑하게 회사의 자원을 활용하는 겁니다. 회사는 회사대로 기대치도 못한 결과물이 발생하니, 이야말로 나와 회사 둘 다에게 유익한 일이 아닐 수 없습니다. 일이 그저 일에서 그치지 않고 투자로서의 가치를 지니는 것, 바로 '잡 크래프팅job crafting' 관점입니다.

잡 크래프팅이란 "자신에게 주어진 업무를 스스로 변화시켜 일을 더욱 의미 있게 만드는 활동"을 말합니다. 우리나라에 잡 크래프팅이라는 개념이 본격으로 소개된 것은 2013년 무렵입니다. 삼성경제연구소의 임명기 박사가 《잡 크래프팅 하라》라는 저서를 내면서부터라고 할 수 있습니다. 잡 크래프팅의 가장 대표적인 사례는 디즈니랜드입니다. 디즈니랜드는 모든 직원을 캐스트 멤버cast member(배우)라고 부릅니다. 이는 입구의 매표원부터 놀이 기구 안내원까지 모든 직원이 '디즈니랜드를 무대로 생각하는 배우처럼' 임하겠다는 의미라고 합니다.

몇 년 전 일본 디즈니랜드의 한 청소부가 길게 줄 서 있는 방문객들 앞에서 빗물로 미키마우스를 그리기 시작한 사례는 유명합니다. 기나긴 줄에 지친 방문객에게 재미를 선사한 이 청소부의 깜짝 이벤트는 트위터 등 SNS를 통해 순식간에 일본 전역으로 퍼졌습니다. 자신의 일을 단지 '청소하는 것'이라 여겼다면 나올 수 없는 행동입니다. 어느 택시 기사는 택시 안을 '인생학교'라고 부릅니다. 승객들과 대화하며 이 사람 저 사람을 들여다볼 수 있는 이유에서 말이죠. 그저 목적지에 승객을 태워주는 직업이라 여긴다면 교통 체증도 피곤한 운전도 다 스트레스로 다가오지 않을까요? 자신의 일을 즐기는 한 끗 차이는 바로 '의미 붙이기'입니다.

집단의 성장이 반드시 개인의 성장으로 이어지지는 않지만, 잡 크래프팅 관점에서 볼 때는 개인이 성장하면 집단 또한 성장하게 됩니다. 만약 성형외과 상담실장이 "성형상담실의 여러 사례와 에피소드를 책으로 내겠다"는 목표가 있다면 고객 상담에 더 공을 들일 수밖에 없을 겁니다. 'SNS 쇼 호스트'(가칭 창직명)의 꿈을 가진 CS 강사라면 전달력과 표현력을 기르기 위해 의식적으로 더 노력할 테고, 이는 당연히 강의의 질적 향상을 불러오겠지요.

회사의 주인 의식이 목표를 바라보는 '행동'에 해당한다면 삶의 주인 의식은 과정을 생각하는 '목적'에 해당합니다. 기업의

CEO든 빵가게의 아르바이트생이든 자기 삶의 주인으로서 어떤 삶을 만들어갈지 생각하며 일을 한다면, 다시 말해 지금 여기에서 내가 하는 일이 나중에 어떤 일로 연결이 되고 내 삶에서 무슨 의미가 있을지를 생각하며 일을 한다면, 그건 그냥 일을 하는 것과는 분명히 다릅니다.

CBS 청주방송 최지현 아나운서는 잡 크래프팅으로 '아나컬처리스트'라는 멋진 직업을 만들었습니다. 그녀는 청주방송국 소속 아나운서로서 2015년에 8개월가량 청주시립예술단이 주최한 '브런치 콘서트'를 진행했다고 합니다. 국악, 교향악단 공연, 무용, 합창으로 구성되는 콘서트를 관객들에게 좀 더 쉽게 전달하기 위해 '예술 문화 공연 스토리텔러'의 역할을 만들어낸 것인데, 그와 같은 자신의 역할을 '아나컬처리스트'라는 이름으로 부른 것입니다.

그녀가 한 월간지(《헤이데이》, 2016년 1월호)에 인터뷰한 내용을 보면 이 아나컬처리스트가 어떤 직업인지 알 수 있습니다. "예를 들어 '피아졸라 부에노스 아이레스의 〈사계〉 중 '겨울' 연주가 있겠습니다'라고만 하면 밋밋하잖아요? 그런데 '비발디의 〈사계〉를 현대적으로 리드미컬하게 편곡한 피아졸라 부에노스 아이레스의 〈사계〉 중 '겨울' 연주가 있겠습니다. 들으시면서 자유롭게 리듬을 타고 박수를 치셔도 좋습니다'라고 설명을 덧붙이면, 다음 곡의 분위기를 가늠할 수 있어 몰입도가 높아지죠."

최지현 아나운서는 공연의 배경 지식을 전달하는 전문가라는 이미지를 주기 위해 '청주방송 아나운서'가 아닌 '아나컬처리스트'라고 본인을 소개합니다. 이처럼 직장 생활을 하면서 접한 여러 분야 가운데 문화 공연 진행 경험이 그녀의 창직 재료가 된 셈입니다. 희소성과 경쟁력을 동시에 갖춘 전문직이라 할 수 있겠습니다.

저의 시어머니는 30년 넘게 어린이집 교사로 근무했습니다. 한때 어린이집 운영까지 한 베테랑이지만 이제는 연세가 있다 보니 더 이상 어린이집 일을 하지 않습니다. 그런데 제가 아이를 키우면서 어머니의 경험과 연륜에 새삼 감탄한 적이 한두 번이 아닙니다. 한 예로 어린이집을 다녀온 아이가 주먹 쥔 두 손을 콩콩 부딪치며 자꾸 무언가를 해달라고 요구하는 겁니다. '응! 응!' 하면서 자꾸 저보고 뭘 하라는데 도대체 뭘 하라는 건지 알아듣지 못하자 아이는 울음을 터트리고 말았지요. 이 일을 어머니께 말씀드렸는데 세상에, 바로 해답을 찾은 겁니다. "〈통통통〉 노래를 해달라는 거구나."

그 후에도 아이의 어설픈 손짓을 겨우겨우 넘겨짚으며 〈곰 세 마리〉 〈나비야〉 같은 동요를 불러주었는데, 아무리 때려 맞춰도 안 되는 동요가 많더군요. '전통적인' 동요 말고 새로운 동요가 그 사이 수많이 탄생한 겁니다. 그럴 때마다 아이 손짓 하나 보고 바로바로 새로운 동요를 부르시는 어머니의 내공이란!

이 일을 계기로 생각한 창직이 '영유아 율동 전문가'입니다.

손 유희나 율동 교육은 대개 어린이집 교사를 상대로 이루어지는데, 이제 그 대상을 학부모로 바꾸어서 가르치는 겁니다. 어린이집에 보내지 않는 영유아를 둔 가정의 엄마나 아빠, 어린 자녀와 놀아주고 싶으나 율동이나 손 유희를 잘 모르는 아빠, 조부모, 시터, 다문화 가정의 부모 등을 대상으로 말이죠. 어린이집이나 유치원 교사들이 해볼 만한 '잡 크래프팅'입니다. 자신의 블로그나 페이스북 등 SNS를 활용하여 콘텐츠를 차곡차곡 쌓아 나가도 좋고, 동네에서 엄마들을 모아 홈 클래스로 시작해도 좋습니다. 물론 그러자면 현재의 일을 해오는 사이 무질서하게 쌓여온 질적·양적 경험들을 언제든 활용해서 쓸 수 있는 콘텐츠로 잘 정리해 둘 필요가 있겠지요.

블로그 마켓을 비롯한 SNS 마켓, 플리 마켓 등은 주부들이 손쉽게 시작할 수 있는 창업 플랫폼입니다. 판매할 상품을 매입하기 위해서는 국내 최대 도매 시장인 동대문시장에 가야 합니다. 동대문시장에 처음 방문하는 '새내기 사장님'은 동대문시장의 거대한 생태 속에서 좌충우돌하게 마련입니다. 동대문시장이 돌아가는 분위기, 팔 물건을 떼어오는 요령 등은 경험이 쌓여야만 알 수 있는 부분이지요. 이 부분에 대해 알려주는 사람도 하나쯤은 있어야 합니다.

제 친구는 동대문 밤시장의 도매 가게에서 상품을 책임지고 판매하는 이른바 '메인'이었습니다. 하루 수백, 수천만 원의 매출을 올렸지요. 동대문 도매 시장에서 일어나는 이야기를 들으면 참 재밌습니다. 큰손이 된 중국인 업자들부터 유명 쇼핑몰의 CEO, 모델들의 뒷이야기, 어마어마한 액수의 돈이 거래되는 현실의 화려함과 이면의 어두움…… 저는 제 친구에게 이런 얘기들을 가지고 예비 창업 주부들 대상으로 강연을 해보라고 권했습니다. 말이 강연이지, 지역 인터넷 커뮤니티를 기반으로 몇몇 관심 있는 사람들을 모아 물건을 떼어오는 노하우부터 동대문 시장이 돌아가는 이야기까지 살아있는 현장 경험을 전수해 주는 거지요. 쇼핑몰 창업에 관심 없는 사람도 재미있게 즐길 수 있는 콘텐츠가 아닐 수 없습니다. 내가 사 입는 옷이 내 손에 들어오기까지 보통 사람은 알 수 없는 이면의 숨은 이야기를 듣는 거니까요.

이는 부동산 쪽도 마찬가지입니다. 공인중개사 자격증 시험 후기는 많아도 공인중개사로 처음 일을 시작하는 '초짜 중개인' 이야기는 별로 없습니다. 사람이 살 집이나 방을 거래하는 일인데 얼마나 많은 에피소드가 있을까요? 어쩌면 예비 공인중개사가 진짜 궁금한 이야기는 교재에 나오는 이론이 아니라 현장의 사례일지 모릅니다. 중개인이 부동산 사이트에 올라오는 수많은 중개 매물들을 어떤 경로로 얻는지, 집주인과 관계는 어떻게 유지하는지, 하루에 몇 건의 매물을 사진 찍으러 돌아다니는지, 첫 매물은 어떤 경로로 접하게 되는지, 다른 부동산과의 중복 매물은 어떻게 관리하는지 이런 것들을 잘 정리해 보세요. 경험

많은 사람들에겐 굳이 '말할 필요 없는' 뻔한 일들이 처음 시작한 사람에게는 아주 유익하고 흥미진진하게 다가온답니다.

콘텐츠 제작자 '친절한 혜강 씨'도 회사 업무인 PPT를 제작하다가 PPT 템플릿을 블로그에 올리기 시작한 작은 행동이 '퇴직 후'의 새로운 삶을 위한 첫 삽질이 되었습니다. 그녀는 현재 PPT를 다뤄야 하는 사람이라면 누구나 들어봤음직한 PPT 전문가로 강의와 인터넷 방송, 책으로 대중을 만나고 있습니다.

당장 어떤 재료로 창직을 해야 할지 모르겠다고 해도 좋습니다. 오늘 일어난 일상을 블로그에 기록해 보세요. 많은 창직 아이디어들이 지난날의 기록에서 힌트를 얻고 나옵니다. 신입사원 처세술에 관한 책이 꾸준히 팔리고 '신입 직원 첫 출근'이란 단어가 여전히 연관 검색어에 뜨는 데에는 이유가 있습니다. 나에겐 특별할 것 없는 일상이 된 일이 누군가에게는 처음 시작하는 일이기 때문입니다. 그러니 나에게는 '특별할 것 없어 보이는 일상'의 기록이 누군가에게는 소중한 '팁'이 될 수 있는 겁니다.

꼭 같은 업종의 이야기만 이 같은 콘텐츠로 이어질 수 있는 건 아닙니다. 나와 무관한 업종의 이야기는 오히려 더 재미있을 수 있습니다.

제 친구는 요리 월간지 《이천 원으로 밥상 차리기》 편집장입니다. 어느 날 메신저로 "이게 바로 무에서 유를 창조하는 것"이라며 괴발개발 그린 그림을 제게 보내주었습니다. 알아보지도 못할 이 그림이 잡지에 실릴 요리 사진의 '시안'이랍니다. 이 '개떡' 같은 그림을 보고 푸드 스타일리스트는 '찰떡'같이 알아들어서 사진으로 내놓는다는 겁니다. 이 같은 요리 잡지가 만들어지는 과정의 이야기들은 《이천 원으로 밥상 차리기》 독자들은 물론이고 요리 잡지나 푸드 스타일리스트 등에 관심 있는 일반 사람들에게 재미난 콘텐츠가 될 수 있습니다.

고객 서비스 교육 뒷이야기 중 벌레 잡는 기업 '세스코'의 이야기는 정말 재미있었습니다. 보통 기업에서는 고객과 통화할 때 "고객님, 어떤 점이 불편하셨습니까?" "고객님, 더 필요한 사항은 없으십니까?" 등의 말로 응대하도록 교육받는데, 세스코에서는 "고객님, 벌레가 어디서 나타났습니까?" "벌레가 어떻게 생겼나요?"라고 응대하도록 교육을 받는다고 합니다. "고객보다 먼저 놀라면 안 된다" "언제나 의연하게 대처한다" 같은 고객 응대 원칙도 남다릅니다. 이론 교육 시간엔 잘 듣던 직원들도 막상 실습 현장에선 벌레를 보고 놀라 울거나 도망간다는 이야기를 듣고는 한참을 웃었답니다.

얼마 전 스트링 아트 문화 클래스 강의를 하러 나간 백화점 문화 센터에서 한 콜센터 직원이 제게 묻더군요. 자신도 언젠가는 CS 강사가 되고 싶은데 어떻게 해야 하느냐고요. 그냥 제 이야기를 해주었습니다.

"제가 회사 다닐 때 왜 하지 않았을까 후회하는 게 한 가지 있어요. 기록을 하지 않았다는 거예요. 한 달 두 달만 지나도 기억이 흐려지고, 나중엔 내가 무슨 말을 하고 무슨 일을 했는지 아예 기억 자체가 안 나요. CS 서비스 강사가 되고 싶은데 지금 하는 업무가 고객 클레임 파트라면 무조건 기록을 해야죠. 어떤 사례가 있고 어떻게 대처를 했는지 말이에요. 이게 전부 엄청 특별한 자료가 돼요. 특히 직접 다 겪으신 거잖아요? 그게 다 고객 클레임에 대처하는 살아있는 사례가 되지 않겠어요?"

"모든 일은 하늘이 직접 주시는 거다."

한순간 제 심장에 번개 치듯 꽂힌 마법의 문장입니다. 2016년 가을, 우연히 본 책에 나온 문장인데 생각할 겨를도 없이 무슨 운명의 말처럼 제게 와서 꽂혔습니다. 일을 하다 보면 하기 싫은 일, 귀찮은 일, 번거로운 일, 그리고 보수가 적은 일도 들어오게 마련입니다. 그러다 보면 자신의 '호불호'에 의해 어떤 일을 할지 말지 가리게 되고요. 그런데 모든 일은 하늘이 직접 주는 거라고 생각을 하게 되니 저의 호불호에 따라 일을 가려 받을 수가 없습니다. 하루 새 부산과 군포 강의가 잡혀서 하루 500킬로미터를 운전하기도 하고, 평소 받는 강의료의 반만 받고 가기도 하지요.

일을 '사람'이 주는 거라고 생각했을 때는 일정 때문이든 금액 때문이든 거절했을 강의들이었습니다. 이전에는 내가 잘나서 일이 들어온다고 생각했습니다. 하지만 하늘이 직접 주시는 일이라고 생각이 바뀌니 어떤 일이건 겸손한 마음으로 고맙게 받게 됩니다. 수많은 강사들 중 저에게 그 일이 온 거니까요! "무슨 일이든 감사히 받아들이고 최선을 다하자"고 매번 되뇝니다. 저에게 귀한 인연으로 다가온 작은 일들 하나하나가 앞으로 다가올 사건이나 인연들에 톱니바퀴처럼 절묘하게 맞물릴 거라는 믿음을 갖고 일하면 감사한 일이 더 많아집니다.

일에 대한 제 가치관이 이렇게 바뀌는 과정을 가까이에서 지켜본 절친한 친구가 있습니다. 이 친구가 얼마 전 제게 한 말입니다. "예전에는 회사에서 워크숍 장소 섭외해서 오라고 하면 진짜 하기 싫었어. '내 일도 아닌데 왜 내가 외부에 나가서 이런 일을 해야 해?' 하는 생각이 많이 들었어. 그런데 관점을 바꾸고 나니까 이 일이 나한테 언젠가 도움이 되겠지 하는 생각이 들더라고." 이렇게 사고가 바뀌고 나면 우리는 한편으론 회사에 고용되어 일을 하지만 그와 동시에 자신의 삶을 창조하며 살아가는 사람이 되지 않을까요?

모리카와 아키라의 《심플을 생각한다》라는 책에도 이와 비슷한 이야기가 있습니다. "그래서 나는 확신한다. 일은 주어진 것이 아니라 스스로 만들어내는 것이라고. 이것은 일을 하는 데 근원이 되는 중요한 것이다. '수동적'으로 있는 한 싫은 일들만 하게 된다. 그보다는 스스로 시작해야 한다. 처음에는 작더라도 하고 싶은 일을 해본다."

관점을 디자인하라는 말이 있죠. '크래프팅' 과정은 특별할 것 없는 현재에 가치와 의미를 부여한다는 점에서 일종의 패러다임 전환이라고 할 수 있습니다. '잡 크래프팅'이 현재의 일, 직업에서 창직 재료를 찾는 것이라면, '일상 크래프팅'은 '보통의 날'에서 그 재료를 찾는 겁니다. '살림'을 학문화하고 전문화하여 그것을 가르치는 전문 인력을 양성해 볼까 하고 생각하는 것처럼 말이지요.

잡 크래프팅이나 일상 크래프팅은 모두 '뒤집는 것'이 목적이 아닙니다. 내 일상을 '그냥 보는 것'(see)이 아니라 '의도를 가지고 의식적으로 보는 것'(look), 그것이 크래프팅의 목적입니다. '지금 당장 무언가를 창조해야 돼! 창직해야 돼!'라고 조바심을 내기보다는, '이게 나중에 어떻게 쓰일지는 모르겠지만 일상을 수집해 두자'라는 자세가 필요한 것입니다.

일상이 너무 별게 없어서 기록하고 모으고 수집할 것조차 없다고 생각하시나요? 제가 사는 곳은 제주도를 빼면 제일 작은 지자체인 충청북도입니다. 놀 거리도, 볼 거리도 별로 없습니다. 충청도 하면 떠오르는 음식이 있나요? 관광지는요? 부산과 서울에서만 살았던 저에게 결혼 후 서울 생활을 접고 남편 직장 때문에 내려온 충청북도 진천은 정말 뜬금없는 정착지였습니다. 제 인생에서 충청도는 한 번도 생각해 본 적 없는 삶의 터전이었거든요. 하지만 이 작고 조용하고 심심한 동네, 그래서 내면에 더욱 집중하게 만드는 매력이 있는 동네에 전 마음을 듬뿍 주고 있습니다. 만날 사람도, 갈 곳도 없으니 하도 심심해서 다시 책을 읽고 글을 쓰기 시작했으니까요.

그런데 조용한 곳에 오니 자연에 더 가까운 곳으로 들어가고 싶은 생각이 들기 시작했습니다. 저와 남편은 생각날 때마다 '버려진 농가'를 찾아 진천 군내를 들쑤시고 다녔습니다. 시골집에 살고 싶다는 저의 소망 때문입니다. 남편은 그다지 원하는 것 같지 않은데, 아내가 허구한 날 시골집, 시골집 하니 따라는 다녀줍니다. 확인해 보지 않았지만 동네 이장의 허락만 있으면 버려진 집을 고쳐서 쓸 수 있다고 하더군요. 근처 시골 마을을 돌아다니는데 빈 집이 종종 보입니다. 그런데 저 집이 정말 버려진 집인지, 빈 집이라면 고칠 수는 있는 상태인지, 어떤 권리가 묶여 있는 건 아닌지, 주인은 어떻게 찾을 수 있을지 그저 막막할 뿐이었습니다.

그렇게 무슨 취미 활동 하듯 시골 동네를 돌아다닌 지 1년, 마음에 드는 빈 농가를 드디어 찾았습니다. 버려진 지 오래됐는지 온갖 잡초와 날벌레들이 난무합니다. 혼자 마당에 들어가 보려는데 뒤에서 남편이 외칩니다. "집 귀신 나오겠다. 조심해!"

그 집은 딱 제가 원하는 집이었습니다. 대청마루가 있고 지붕도 서까래가 그대로 드러나 있습니다. 본채 한 채와 별채 한 채, 창고로 보이는 건물까지 규모가 꽤 큽니다. '우리 집이 될 수 있도록 해주세요.' 남편이 조심하라던 집 귀신에게 조용히 기도하고 돌아 나왔습니다.

지자체마다 빈 농가를 정리해 놓는다는데 진천 군청 홈페이지에서는 그런 내용을 찾을 수가 없었습니다. 주말이 지난 월요일, 바로 군청에 전화를 해보았지요. 담당자에게 물으니 그런 일까지는 하고 있지 않다고 합니다. 과연 듣던 대로 그 동네 이장을 찾아가야 한답니다. 인터넷 정보가 아주 틀린 말은 아니구나 싶었습니다.

이즈음 되면 이런 생각이 들 수밖에 없습니다. '괜찮은 시골 빈 집 소개해 주는 사람이 있으면 편하겠다.' 물론 부동산 중개인을 말하는 건 아닙니다. 수수료를 받고 빈 집을 소개해 주는 식의 장사 개념이 아니라 마을 이장이나 동네 어르신을 빈집 소개 인력으로 활용하는 겁니다. 마을 어르신들은 그 집의 역사에 대해 잘 알 겁니다. 빈 집 주인이 있다면 주인과 친분이 있을 가능성도 높습니다. 빈 집을 흉물스럽게 방치해 놓느니, 도시에서 아파트 생활하는 사람들의 주말 별장 등의 용도로 활용하는 것도 한 가지 방법이 될 수 있습니다. 그런 식으로 이용할 때마다 이용료를 지불하는 것도 좋겠고, 빈 집 관리 업무를 원하면 거기에 맞춰 관리 비용을 받게 해야겠지요.

사람이 드나들어야 집에 기운이 돌고, 기운이 돌아야 그 공간이 살아나는 거니까요. 귀찮은 빈 집 조사를 마을 어르신들이 그냥 해줄 수는 없고 그에 따른 비용은 부담해야 할 것입니다. 만약 빈 집을 사겠다는 사람이 나타난다면 빈 집 리모델링, 농가 리모델링 등의 2차 사업도 가능하게 됩니다.

제가 살고 있는 충북의 혁신 도시 진천 인근으로 볼일 보러 갔다가 길을 잃고 말았습니다. 헤매던 중에 뜻밖에도 예쁜 초등학교와 마주쳤지요. 그런데 안타깝게도 사람의 흔적이 없더군요. 사람이 들어가지 못하게 문을 막아놓아 뭔가 가로막힌 느낌만이 그 자리를 대신했습니다. 젊은 부부들이 없는 시골의 학교이다 보니 학생 수가 적어 운영이 어려웠겠지요. 학교 이름을 보니 제가 사는 진천 안에 있는 초등학교와 이름이 같았습니다. 진천으로 이전을 한 것입니다. 낮고 알록달록하던 시골 학교가 웅장하고 고급스러운 신도시 학교로 '환골탈태'한 셈이겠죠?

제가 사는 혁신 도시 안의 초등학교들의 건물 외관은 정말 멋집니다. 세련되고 미래 지향적이죠. 어떤 학교는 마치 우주선을 보고 있는 것 같습니다. 하지만 늘 무언가 빠져 있는 듯한 느낌이었는데, 그걸 바로 우연히 마주친 시골 초등학교에서 보았습니다. 다소 투박하지만 작고 오래된 학교가 주는 편안함, 정겨움 같은 것이 느껴졌던 겁니다.

학생 수가 적어서든 다른 이유에서든 이전, 폐교, 통합 등의 과정을 겪은 작은 학교들이 비단 충북 시골 지역에만 있는 것은 아닐 겁니다. 얼마 전 신문에서 본 어느 초등학교의 '마지막 졸업생' 이야기가 생각납니다. 그 학생이 졸업하고 나면 학교는 잠시 문을 닫는다고 합니다. 다시 문을 여는 때는 그 학생의 동생이 입학할 때라고 하더군요.

제주도에서는 이렇게 학생 수가 적어 폐교되는 것을 막기 위해 '작은 학교 살리기' 운동을 벌이고 있다고 들었습니다. 작은 학교로 아이가 전학을 오면 그 가족에게 빈 집을 무상으로 임대해 주는 겁니다. 다행히도 이 사업 덕분에 작은 학교가 폐교의 위기에서 살아나고 덩달아 마을까지도 살아나고 있다고 합니다.

소도시나 농촌에 사는 분이라면 작은 마을, 작은 학교와 관련된 창직을 한번 생각해 봐도 좋을 듯합니다. 요즘 충청도에서는 자기가 살 집을 직접 짓는 집짓기 프로그램이 몇 군데서 열립니다. 개인부터 단체까지 프로그램을 운영하는 주체도 다양하고, 집 짓는 재료도 흙, 목재 등 여러 가지입니다. '셀프 인테리어 전문가' 정도가 아니라 '셀프 건축가'라니 스케일이 다른 '셀프' 시장입니다.

이렇게 큰 도시가 아닌 지역의 작은 도시나 시골 지역에서도 창직을 위한 콘텐츠의 씨앗을 얼마든지 찾을 수 있습니다. 부산에서 자라고 서울에서 직장 생활을 한 저는 이 두 곳을 뺀 다른 지방은 다 시골인 줄 알았답니다. 서울 사람이 부산을 가리켜 '시골'이라 하면 발끈하던 저도 별반 다를 게 없었던 거지요. 그런데 전주, 대전, 강릉, 사천 등 여러 지역을 다녀보니 정말 예쁘고 살기 좋은 도시가 많더군요! 직접 가보지 않고서는 아무것도 알 수 없다는 것을 새삼 느꼈습니다.

여러 지방을 다녀보면 외지인은 알기 어렵고 그 지방에서 오래 산 주민들만 아는 맛집이나 볼거리가 있습니다. 이런 것들은 그곳에 잘 아는 사람이 있거나 직접 살아보지 않으면 알 수가 없지요. 이와 달리 여러 지방을 돌아다니며 살아본 경험이 있다면 각 지역마다 독특한 점들을 서로 비교해서 기록할 수 있겠지요. 지역마다 다른 '특성'을 알아보고 비교할 수 있는 것은 한 지역만이 아니라 여러 곳을 많이 돌아다니며 살아본 사람만이 가능할 테니까요.

저는 진천이 충북 혁신 도시로 조성될 때 들어와서 이제 4년째 접어들었는데요, 지금도 여전히 아파트와 상가 신축 공사가 한창이고 맛집이나 새로운 가게들도 계속해서 들어오고 있습니다. 이렇게 변화해 가는 소도시의 일상 모습도 SNS에 기록해서 올리면 누군가에게는 도움이 되는 '정보'가 될 수 있겠지요.

이처럼 사는 곳이 어디든 주변에서 벌어지는 일들에 관심을 갖고 그것들을 일상적으로 기록해 두면 그것이 창직으로 이어질 수 있답니다. 예쁜 계단을 좋아하시나요? 놀러 가는 곳마다 계단 사진을 찍어서 기록해 보세요. 시작은 '예쁜 계단 기록가'입니다. 달동네의 야경을 사랑하시나요? 전국의 달동네들에 올라가 그 느낌을 기록했다가 사람들에게 알려주세요. 평범한 일상이 먼지처럼 사라지는 과거가 되느냐 아니면 창직을 위한 콘텐츠가 되느냐는 그 일상을 '기록'해 두느냐 아니냐에서 갈립니다. 기러기 엄마 혹은 기러기 아빠이신가요? 그런 삶의 이야기 역시 기록해 보세요. 예비 기러기 부부, 초보 기러기 부부에겐 그 누구의 이야기보다 실질적인 조언이자 도움이 될 테니까요.

'돈도 안 되는 짓으로 무슨 직업을 만든다는 거야?' 여전히 이런 생각을 하는 분이 있을 거라 예상되는군요. 그런데 한번 생각해 봅시다. 유아교육학과를 나오지 않았어도, 공식적으로 인정되는 경력이나 학위가 없어도, '육아 블로거'가 직업이 되는 세상입니다. 자신의 아이를 키워낸 경험을 책에 담아내기도 하고 강연을 하기도 하지요. 전통적인 아기 포대기 기능을 하면서도 더욱 간편하게 착용할 수 있는 '요술 포대기'를 개발한 엄마도 있고, 어떤 엄마는 '주문형 범퍼 침대'를 제작해서 팔기도 해요. 이런 경우들은 모두 전에는 상상도 할 수 없던 일입니다.

과거에 누가 자신의 육아 경험을 살려 돈을 벌고 일을 할 수 있다고 생각했을까요? 육아란 누구보다 엄마들이 가장 잘 알지요. 그러니 육아 경험을 살려 사회적 활동을 하고 돈을 버는 것도 누구보다 엄마들이 가장 잘할 수 있습니다.

만삭 사진을 찍어주는 것도 그렇습니다. 몇 년 전만 해도 임산부가 만삭인 배를 드러내는 건 상상도 하지 못했습니다. '아기가 들어 있는 배인데 소중하게 다뤄야지. 살도 트고 배꼽도 사라져서 누가 봐도 이상하게 보일 거야'라고 생각했죠. 그런데 어느 순간 만삭 사진을 찍는 것은 임산부의 필수 코스가 되었습니다. 과거에는 점점 부풀어 오르는 배를 임산부라면 으레 겪는 신체적 변화로만 여겼다면, 그 일상을 뒤집어보는 순간 평생 한두 번 있을까 말까 한 특별한 순간으로 보이는 거죠.

육아가 힘든 이유 중 하나는 자고 싶을 때 잘 수 없기 때문입니다. 아기를 낳기 전에는 육아 때문에 잠을 못 자 괴로울 거라는 상상은 해본 적이 없습니다. 그러기에 아기가 제때 잠을 잘 자도록 아기를 '수면 교육'하는 방법을 찾는 것이야말로 저의 숙원 사업이었습니다. 결국 아기 수면 교육의 바이블이라는 《베이비 위스퍼 골드》를 비롯해 시중에 출판된 수면 교육 책들과 인터넷 정보를 '짬뽕'하여 저만의 수면 교육을 시도했고, 생후 60여 일 만에 성공했습니다. 덕분에 만 4세가 된 지금까지 우리 부부의 밤잠은 아주 편안합니다.

《베이비 위스퍼 골드》의 저자 트레이시 호그Tracy Hogg는 최고의 '영유아 수면 교육 전문가'로 '베이비 위스퍼러'라고도 불립니다. 그런데 그녀의 수면 교육 컨설팅비는 상상을 초월합니다. 사실 '수면 교육'이라는 개념이 생겨난 것도 얼마 되지 않은 일입니다. 아기의 배변 교육과 식사 예절 교육이 오래 전부터 이루어진 것에 비해서요. "자는 것까지 교육해야 돼?"라는 부정적인 인식이 있었던 것이죠. 하지만 잠자는 것도 교육해야 합니다. 인간의 기본 욕구인 '잠'을 엄마와 아기 모두 충분히 잘 필요가 있기 때문입니다. 잠만 잘 자도 육아와 관련한 삶의 질이 확연히 달라지지요.

당시에는 수면 교육에 대해 언급하는 사람은 소아과 의사뿐이었습니다. 저는 '우리나라에는 소아과 의사 말고 수면 교육만을 전문적으로 하는 컨설턴트가 없나?' 하는 의문이 들었습니다. 하지만 아기의 수면 교육 방법을 열심히 찾던 2014년 당시 제가 찾은 사람은 한두 분 정도가 고작이었습니다. 그것도 검색에 검색을 하고 나서야 겨우 찾을 수 있을 정도였죠. 컨설팅비가 궁금해서 문의를 해보니 '1박2일+사후 관리'에 150만 원이었습니다. 더 놀라운 것은 비싼 비용에도 불구하고 예약이 쫙 밀려 있어 두 달 이후에나 일정을 잡을 수 있다는 거였습니다. 잠을 자지 못해 괴로운 엄마들로서는 150만 원이라는 적지 않은 비용을 들여서라도 컨설팅을 받고 싶을 만큼 절실했던 겁니다.

최근에 엄마들 사이에서 인기인 '똑게 육아'(똑똑하고 게으르게 힘 빼지 말고 육아하기)의 김준희 씨는 영유아 수면 교육을 일컫는 '꿀잠 프로젝트'를 통해 엄마들에게 '육아 퇴근'을 선사합니다. 김준희 씨는 자신을 '영유아 수면 교육 코치' 혹은 '수면 교육 컨설턴트'라고 부르지 않습니다. 하지만 꿀잠 프로젝트의 내용을 보면 영유아 수면에 대해 교육하고, 필요에 따라 개인 상담도 한다는 걸 알 수 있습니다. 그녀는 의도하지 않았겠지만 이미 창직에 성공한 '어쩌다 창직가'라고 할 수 있습니다.

수면 교육 컨설팅이 어려운 것은 내 아기에게 성공한 방법이라고 해서 다른 아기에게도 똑같이 성공할 수 있는 것이 아니기 때문입니다. 아기의 기질이나 엄마와의 관계, 육아 환경이 다른 아기들에게 각기 다른 방법을 제시해 줘야 하지요. 그러니까 성공할 때까지 아기마다 다양하게 시행착오를 겪게 마련입니다.

"원래 아기는 백일 때까지는 안 자"라고 말하는 어른들, 백일의 기적만을 기다리며 3개월 넘도록 좀비처럼 지내는 엄마들, 엄마는 원래 잠이 부족한 법이니 그냥 감수해야 한다는 사회 일반의 관념, 그런 일상화된 관념을 뒤집은 것이 바로 '수면 교육'입니다. 아기 엄마의 입장에서는 혁명과도 같지요. 무엇보다도 어렵고 비용도 많이 들지만 만족도가 큰 교육이 바로 아기의 수면 교육이라고 많은 엄마들이 이야기하는 이유입니다.

3년 전 제가 써둔 원고들을 들여다보고 가끔 놀랄 때가 있습니다. 그때만 해도 그저 막연한 외침처럼 들렸던 제 주장이 겨우 3년 만에 현실로 일어난 경우를 볼 때입니다. 그중 하나가 정리수납 전문가의 탄생입니다.

> 이사 갈 신혼집의 수납 공간이 부족하여 고민이 되었다. 정리, 수납 노하우를 얻기 위해 정보를 검색하던 중 발견한 한 블로그. 어느 주부가 운영하는 블로그였는데, 일상다반사를 기록한

것들 중에 몇 개의 포스팅이 '정리, 수납'에 대한 이야기였다. 싱크대 안의 냄비나 양념통 위로 남아 있는 빈 공간을 활용하는 방법은 바로 써먹었다. 작은 박스를 싱크대 위쪽 벽에 부착하고 그 안에 위생장갑, 호일, 랩 등을 보관하는 노하우도 활용했다. 옷장 안은 우드락을 이용하여 공간을 나눠 정리하였다.

남편은 나의 정리 기술을 보고 감탄을 하며 폭풍 칭찬을 해주었다. 사실 내 아이디어가 아니라 다른 주부의 지혜를 빌려온 것이었는데 말이다. 그 사람의 블로그 주소를 지인들에게 보내주니 반응도 좋았다.

그 블로거가 주방, 수납 쪽으로 전문화하여 블로그를 운영하면 좋겠다는 바람이 생겼다. 목적이 뚜렷하면 모든 신경과 세포가 그 주제에 대해서만 생각을 하게 된다. 그것이 창조의 시작이다. 이 콘텐츠가 차곡차곡 쌓이면 나중에는 책으로 나와 더 많은 사람들에게 도움을 줄 수도 있을 것이다. 그 주부는 '정리 컨설턴트'라는 이름으로 활발하게 사회 활동을 하게 될지도 모른다. 특히 1인 가구, 2인 가구 등 소가족이 많아지면서 집은 작아지고, 한정된 공간을 효율적으로 활용할 수 있는 정보에 대한 수요가 꾸준히 늘어날 것이다. 이 주부에게는 이 블로그가 자신의 명함이자 포트폴리오가 되는 것이다.

네이버 에디터 '역쟁이'에 관한 글도 마찬가지입니다. '역쟁이'는 말 그대로 지하철역이나 기차역 관련 여행 포스팅을 하는 파워 블로거들로 '여행 에디터'로서 자리 잡은 사람들입니다. 이들 가운데는 '나만의 여행 가이드북 만들기' 등의 주제로 네이버에서 강연을 하는 사람도 있지요.

한 주제에 대해 탐구하는 3년은 나를 준전문가로 만들어준다. '운치 있는 간이역 찾기'를 나의 일로 삼고 싶다면 3년 동안 간이역에 대한 정보를 모으고 포스팅할 것이다. 웹진이나 포털 오픈캐스트 발행도 할 것이다. 처음에는 간이역 풍경만 사진으로 담는다. 간이역 사진만 찍고 홀라당 집에 오긴 아쉬우니 근처를 둘러보기도 한다. 어느 날 용기를 내서 간이역장 인터뷰를 시도해 본다. 시간이 흐를수록 간이역의 역사歷史나 그에 얽힌 이야기, 비하인드 스토리, 근처 맛집, 해당 지역 여행 정보 등으로 범위가 넓어진다. 말 그대로 간이역에 대해서 쫙 꿰고 있는 사람이다.

전국에 '간이역 전문가'가 몇 명이나 되겠는가? 여행 잡지나 드라마, 영화 등을 만들 때 촬영 장소 등에 관한 정보력도 갖춘다. 한 주제에 대해 3년을 파고들었으니, 다른 주제에 접근하기도 용이하다. 정보 수집력과 인터뷰 능력 등의 내공이 키워졌기 때문이다. 이는 학교 생활, 회사 생활을 병행하면서도 할 수 있다. 그러니 당장 3년 후에 "회사 때려치우고 말 거야!" 소리치는 사람으로만 남고 싶지 않으면 당장 시작하라. 부업이 주업이 되는 것은 시간 문제다.

사라지는 골목이나 특색 있는 길을 연구하는 '골목 연구가' '길 연구가' 역시 이와 비슷한 동기에서 출현했습니다. 이것만 봐도 일상과 일의 경계가 사라진다는 말이 더 이상 미래 예측이 아닌 현재 진행형이란 걸 느낄 수 있습니다.

국내 1호 케이크 아티스트 전미경 대표도 일상에서 창직 재료를 찾은 인물입니다. 초보 주부였던 그녀는 손님들에게 뭔가 대접하고 싶다는 생각에 요리책을 보고 요리를 연구했다고 합니다. 쿠키나 간식거리를 만들어 남편 회사 동료나 이웃들에게 맛보게 하기 시작했습니다. 자연스레 음식 맛이 소문이 나며 요리법을 알려달라고 조르는 엄마들 성화에 집에서 요리 교실을 열고 자신이 개발한 레시피와 푸드 스타일링을 가르쳤습니다.

그런데 언젠가부터 가정에서 요리 교실을 운영하는 것에 회의가 들었습니다. 그 대신 그동안 주부로서 해왔던 여러 일들에서 본인이 가장 잘하는 한 가지를 골라 그쪽의 전문가가 되고 싶다는 마음이 들었지요. 건강하고 살이 찌지 않는 케이크를 만들어 가족들과 맛있게 먹었던 기억이 떠올랐습니다. 그러자 단순한 케이크가 아니라 그것에 스토리를 입혀 디자인하는 색다른 케이크를 만들어보면 어떨까 하는 데로 생각이 미쳤습니다. 그것이 케이크 아티스트의 시작이었습니다.

최고급 유기농 재료만 써서 건강하고 맛있는 케이크를 만드는 전미경 씨는 고객이 케이크에 어떤 이야기를 입히고 싶은지 충분히 상담한 후 케이크 디자인에 들어갑니다. 그러다 보면 스노보드를 타는 모습, 혹은 영화 〈스타워즈〉에 나오는 주인공의 모습을 한 케이크가 나오기도 합니다. 그녀는 창직을 하려는 사람들에게 본인에게 생소한 분야가 아니라 한 번이라도 해본 분야, 이왕이면 일상에서 관심을 갖고 재미있게 해본 경험이 있는 분야를 특화해서 해보라고 말합니다.

일상의 창직 재료는 요리만이 아닙니다. 부부싸움을 한 뒤 괴로워하는 친구를 기똥차게 위로해 줄 수 있나요? 어쩌면 이것도 직업이 될 수 있습니다. 미래에는 위로, 치유, 힐링 산업이 뜬다고 하지 않던가요? 부부싸움하고 친구들에게 하소연하는 것도 한두 번, 나중에는 더 이상 하소연할 데가 없습니다. 이럴 때 '부부싸움 위로 전문가'에게 전화를 걸어서 30분이고 한 시간이고 속내를 털어놓고 상담하고 위로를 받는 겁니다. 부부싸움엔 옳고 그름을 따지는 것보다는 공감해 주는 것이 특효약이니까요. 연륜 있는 아줌마의 위로와 공감 능력에 어느 순간 속이 풀린 제 자신을 발견할 것 같습니다.

서울시 인생이모작지원과에서 개최한 '세상을 바꾸는 50+ 일자리' 공모전에 응모한 내용들을 보면 지원자들이 세상에 필요한 일자리를 만들고자 얼마나 많이 고민했는지 알 수 있습니다. 홀로 아이를 키우는 다문화 여성의 친정엄마 역할을 해주는 '다多모母아兒 돌보미', 출입문이 망가지고 배수관이 막혀도 그대로 사는 소외 계층의 불편을 해소해 주는 '맥가이버 활동가', 장애가 있는 아동과 청소년 그리고 가족들을 위해 야외 텃밭에서 작물을 키워주는 '힐링 치유 활동가', 소규모 일터에서 나이 어린 노동자에게 근로기준법과 노동자로서의 권리를 알려주는 '시니어 근로 감독관', 임치 상인인 자영업자의 권리를 지켜주는 상담사 '5060 골목시장 지킴이'……

"남을 도와줄 수 있는가?" "내가 하는 일이 의미 있는 일인가?" 하는 창직가로서의 정신과 고민이 녹아든 출품작들임에 틀림없습니다. 하지만 한편으로는 씁쓸하기도 합니다. 과거에는 공동체 안에서 자연스럽게 해결되었던 일들이 이제는 직업으로 만들어져 일하는 사람들에게 돈을 지불해야만 도움을 받을 수 있는 현실이 된 셈이니까요.

얼마 전 아들을 데리고 '실내 놀이터'에 갔습니다. 아들이 모래놀이를 좋아하거든요. 한 시간이 넘도록 모래놀이에 열중하는 아들을 보면서 이런 생각이 들었습니다. '요즘 애들은 유리벽에 갇혀서, 가짜 모래로, 돈을 주고, 제한 시간 내에 놀아야 하는구나.' 돈을 지불한 뒤 일정 시간 이용권을 '서비스'로 받는 실내 놀이터처럼 사람과의 관계도 이런 수순을 밟아가고 있는 게 아닐까 싶습니다. 우리가 잃어가고 있는 것들, 이 시점에서 한 번쯤 숙고해 보아야 할 문제입니다.

한편으로는 이 또한 다른 형태의 복지라고 생각합니다. 이웃사촌이 사라지고 서로 간에 관심과 소통이 부재한 오늘날, 소외와 무관심의 간극을 메우기 위한 지역 사회의 고민은 깊어질 수밖에 없습니다. 촘촘한 사회 관계망을 구축해 주는 새로운 직업의 출현은 이 같은 사회 문제를 해소하는 하나의 대안이 될 수 있겠지요. 실내 모래 놀이터가 모래놀이에 대한 아이들 욕구를 작게나마 해소해 주듯 말입니다.

4

창직,
어떻게 시작할까?

창직의 영감: 잘게 쪼개기

"한 놈만 팬다."

살벌한 말이긴 하지만 제가 마케팅 강의에서 종종 쓰는 표현입니다. 타깃을 좁힐수록 시장이 넓어진다는 의미입니다. 여드름으로 고민하는 사람은 일반 화장품이 아니라 '여드름용 화장품'을 찾습니다. '여드름 난 사람이 얼마나 된다고 화장품의 판매 타깃을 그렇게 잡아?'라고 생각했다면, 여드름용 화장품의 효시로 불리는 'a솔루션' 같은 제품은 탄생하지 않았을 겁니다. A4 용지를 손바닥으로 치면 구겨질 뿐이지만 송곳으로 찌르면 구멍이 뚫리지요. 이렇게 타깃은 좁아야 뚫립니다.

이 책만 해도 처음에 저는 독자 타깃을 '20~50대'라고 넓게 잡았습니다. 경력 단절 여성에게도, 학부모에게도, 중장년층에게도, 진로 교사에게도, 20대 청년에게도 창직은 도움이 되니까요. 욕심으로는 중·고등학생까지도 이 책의 독자층에 넣고 싶었습니다. 그런데 이렇게 타깃을 설정하고 보니 어느 장단에 맞춰 글을 풀어가야 할지 정신을 차릴 수 없었습니다. 그래서 '청소년 학부모'로 타깃을 압축했습니다. 글이 안 써지기는 마찬가지였죠. 학부모들이 공감할 만한 이야기를 아무리 쥐어짜고 긁어내도 안 나오는 겁니다. 모니터 앞에서 머리 뜯고 괴로워하다 2주간의 휴식을 가졌습니다. 읽지도 쓰지도 않고 지내다 보니 답이 보이더군요. 내가 학부모가 아니니 글감이 없을 수밖에요!

그래서 타깃을 나 같은 경력 단절 여성으로 바꾸었습니다. 타깃만 바꾸었을 뿐인데 원고 속도가 빨라졌습니다. '글빨'이 부족해서 글이 안 써지는 줄 알았는데 그게 아니었습니다. 같은 처지에 놓인 사람과 이야기하면 시간 가는 줄 모르는 것과 같은 이치였던 겁니다. 대기업 다니다가 출산 후 퇴직해서 아이를 키우는 남편 친구의 아내, 아이 하나까지는 그럭저럭 버텼는데 둘 낳고는 '집순이'가 되어버렸다는 운동 센터에서 만난 아줌마, 손재주가 뛰어남에도 "내가 뭘 하겠어?"라며 자기 한탄하는 친구, 임신 6개월인데 벌써부터 복직 후를 걱정하는 지인…… 이들이 나의 독자였습니다.

이들은 모두 경력 단절 여성이라는 공통점을 지니고 있었습니다. 독자 타깃을 30대 여성으로 좁힐 수도 있었겠지만, 30대 여성이라고 해서 처지가 모두 같을 수는 없습니다. 같은 30대 여성이라도 미혼인 여성, 기혼인 여성, 임신중인 여성, 자녀가 있는 여성, 경력 단절 여성, 워킹맘, 싱글맘, 이혼해서 혼자 사는 여성, 학생 신분인 여성, 아들만 둔 엄마, 딸만 둔 엄마 등 실로 다양합니다. 이런 식으로 잘게 잘게 쪼개야 창직의 목표가 더 분명해지고 어떻게 목표를 실현해 나갈지가 더 명확해집니다.

바로 이런 이유로 창직의 첫 번째 원리는 '쪼개기', 즉 세분화입니다.

'미용' 하면 여러분은 무엇이 먼저 떠오르나요? 전 파마가 떠오릅니다. 예전에 미용이라 하면 여성이 파마하는 게 다였죠. 그런데 언젠가부터 머리만이 아니라 신체의 각 부위가 하나둘 미용의 대상이 되기 시작했습니다. 이는 마치 신체를 부위별로, 즉 머리, 피부, 손톱, 발톱, 팔다리, 몸통 등으로 쪼개 미용의 대상으로 삼아나간 것 같은 인상을 줍니다. 아무튼 그 결과 헤어 디자이너, 피부 관리사, 네일 아티스트, 메이크업 전문가, 제모(왁싱) 관리사, 마사지사, 경락 전문가 등이 생겨났지요. 이는 '신체'를 부위별로 쪼갠 결과라고도 볼 수 있습니다. 요즘은 '머리카락' 안에서도 쪼개기가 보입니다. 붙임머리 전문, 극손상 케어 전문, 탈색 전문 등으로 말이지요.

앞서 잠깐 언급했던 '남아 미술 전문가'는 성별을 쪼개기한 것입니다. 여기서 더 응용도 가능하겠군요. 여아 미술 전문가, 실버 미술 전문가 등으로요. '미술'이 다른 영역으로 대체될 수도 있습니다. 예컨대 수학, 음악, 영어, 태권도 등으로 말이지요. 특히 언어 쪽의 뇌기능은 남자와 여자의 발달 순서가 다르다고 하니 더 효과가 있을 것 같습니다.

'모델' 하면 어떤 이미지가 떠오르나요? 깡마르고 44사이즈 옷조차 헐렁한 체형? 플러스 사이즈 모델 김지양 씨는 기존 모델 사이즈, 즉 '44~55 사이즈'를 벗어난 몸매를 가지고 있습니다. 김지양 씨는 국내 1호 플러스 사이즈 모델입니다. 플러스 사이즈 모델이란 기성복의 표준 사이즈보다 큰 몸집을 가진 모델로서 빅 사이즈 모델이라고도 하지요.

창직 사례를 주제로 한 제 강의에서 '모델 세분화'의 사례로 김지양 씨를 처음 소개했을 때가 2015년 4월 즈음인데, 그때는 그저 플러스 사이즈 모델이라는 개념이 신기하다는 반응들이었습니다. 그 후로 여러 해가 지난 지금 그녀는 꽤 많이 알려진 유명 모델이 되었습니다. 창직 강의에서 김지양 씨 사진을 보여주면 "어, 저분 알아요"라는 반응이 꼭 나올 정도죠. 그녀가 짧은 시간 안에 자리를 잡고 성장했다는 것도 기쁘지만, 그녀를 보고 후배 플러스 사이즈 모델들이 나타난 것도 축하할 일입니다.

어느 날 참 가슴 아픈 모습을 보았습니다. 유원지에서 큰 카메라를 어깨에 건 할아버지가 멍하니 관광객들을 바라보고 있는 모습이었습니다. 관광지 사진사였습니다. 관광객들은 너도 나도 디지털 카메라나 스마트폰으로 사진을 찍고 있었습니다. 사라져가는 직업의 명암이 극명하게 드러나는 순간이었죠. 관광지 사진사만이 아니라 동네 사진관도 많이 사라지고 없습니다. '사라질 직업' 리스트에 꼭 들어가는 사진사, 시대의 흐름에 따른 어쩔 수 없는 현상입니다.

하지만 여기서도 사진에 찍히는 피사체를 '쪼개기'해 보면 이야기는 달라집니다. 차별성, 전문성을 띤 사진사들은 오히려 늘어가는 추세임을 볼 수 있지요. 수중 전문 사진작가, 천체 사진작가, 야생동물 사진작가가 그 예입니다. 너무 전문적인 영역들인가요? 일상에서도 사진 피사체의 쪼개기는 쉽게 찾을 수 있습니다. 앞서 언급한 만삭 사진이 대표적입니다. 임산부가 자신의 한껏 부른 배를 사진기 앞에 내놓는 일은 불과 몇 년 되지 않았습니다. 어떤 임산부들은 세미 누드를 찍기도 합니다. 만삭 사진의 자매품이라고 할 '아기 성장 앨범'도 있습니다.

개인 화보 열풍에 힘입어 개개인의 일상을 '스냅 사진'으로 찍어주는 분야도 나날이 성장하고 있습니다. 결혼식, 돌잔치 등 특별한 날에만 '모셨던' 전문 사진작가를 이젠 일상에서도 쉽게 만날 수 있는 겁니다. 20대 청춘남녀의 데이트 스냅, 가족의 일상을 담은 홈 스냅이 그 예입니다. 카메라 렌즈를 의식하지 않고 일상의 모습을 하나하나 사진에 담아내고자 하는 사람들의 욕구를 잘 읽어낸 결과라고 할 수 있습니다. 데이트 스냅 작가와 홈 스냅 작가는 자연스러운 사진을 위해 합법적 파파라치가 됩니다.

가족 사진을 찍는 방식에도 변화가 생겼습니다. 비싼 비용, 커다랗고 무거운 액자 등을 떠올리게 하던 가족 사진이 가벼워지고 있는 겁니다. 덩달아 옷차림도 가벼워집니다. 예전에는 드레스, 턱시도, 한복, 정장 등을 입고 근엄하게 가족 사진을 찍었다면, 이제는 일상복을 입고 찍습니다. 반려 동물이 가족 사진 속에 당당하게 자리 잡는가 하면, 반려 동물만 전문적으로 찍어주는 반려 동물 사진사도 생겼습니다.

부산 국제시장에는 '흑백 사진'만 찍어주는 사진관이 있습니다. 한 장에 5천 원을 내면 사진을 종이 액자에 끼워줄 뿐 아니라 B컷 사진까지 이메일로 보내줍니다. 그 덕분에 독사진, 우정 사진은 물론이고 가족 사진을 찍으려는 사람들까지 1년 내내 북새통입니다. 평생 한 번 찍을까 말까 하던 가족 사진인데, 부담이 적어서인지 이젠 해마다 찍어 흑백 사진 속에 세월의 흔적처럼 간직하겠다는 사람이 많다고 합니다. 이 흑백 사진관은 오픈한 지 한 달 만에 30분 단위로 예약을 해야 할 정도로 성장했습니다.

창직 강의에서 "잘게 쪼개라"는 저의 말을 듣고 백발의 멋쟁이 할머니가 이렇게 말씀하십니다. "저는 인테리어가 참 하고 싶었어요. 하지만 남편의 반대로 일을 못했죠. 이제 나이가 드니까 제가 하고 싶은 일을 더 하고 싶어졌어요. 쪼개기 방법을 들으니 길이 보이네요. 저는 인테리어 중에서도 '문'에 관심이 많거든요. 집의 분위기를 결정짓는 중요한 부분 중 하나가 바로 문과 창문인데, 아직 많은 사람이 문의 매력을 모르는 것 같아요. 아름다운 문, 개성 있는 문, 독특한 문을 집중적으로 다뤄보고 싶어요."

여행 역시 마찬가지입니다. 신혼 여행, 효도 여행은 옛말이고, 이젠 '태교 여행'이 결혼 생활의 기본 옵션처럼 따라붙는 시대입니다. 이 외에도 명상, 대안학교, 출판, 공방 등 여행의 목적을 다양하게 쪼갤 수 있습니다. 여행 플래너가 사라져가는 직업이라고요? 쪼개면 길이 보입니다! 여행을 목적이 아니라 '대상'에 따라 쪼개기해 보아도 좋을 겁니다. 예를 들어 장애인의 여행을 도와주는 여행 플래너가 생긴다면 자연스레 여기에 맞는 관광 가이드와 여행 조력자가 생겨나지 않을까요?

저는 '건축물' 여행에 관심이 갑니다. 역사적으로 유서 깊은 건축물을 찾아다니는 것도 좋지만, '직접 지은 집'을 찾아 전국을 둘러보고 싶습니다. 황토, 목조, 흙부대 등 셀프 건축의 재료는 다양합니다. 저는 그중에서도 '흙부대집' 투어를 하고 싶은데요, 흙부대집이란 흙과 돌멩이, 모래 등을 담은 자루를 쌓아 올려서 짓는 집입니다.

흙부대집은 달에 구조물을 짓기 위해 미국항공우주국 NASA가 실험하고 개발한 공법입니다. 흙부대집은 1인 혹은 가족의 힘만으로도 지을 수 있는 것이어서 저만의 집을 짓고 싶은 저로선 더 관심이 갑니다. 흙부대로 집을 지은 사람들이 모여 자기 집을 소개하고, 함께 탐방하고, 짓는 법을 교육하고 체험하는 프로그램을 제공한다면 '셀프 건축'에 관심 있는 사람들에게 큰 도움이 될 것입니다.

창직의 영감: 붙여보기

늘 붙어 다니는 짝궁이 있으면 여러 모로 참 좋을 때가 많습니다. 음식을 주문할 때도 그렇지요. 물냉면과 비빔냉면 사이에 더 이상 고민할 일이 없습니다. 중국집에 가도 '탕짜면' 대신 짜장면 하나, 탕수육 하나를 온전한 것으로 시킵니다. 그러나 짝궁이 있어서 늘 함께하기란 쉽지 않은 일. 오히려 요즘은 '탕짜면'이나 '반반 냉면'에서 그치지 않고, 커피마저 반반 주문을 받는다고 합니다. 아메리카노 반, 카라멜마키아또 반 이렇게요.

20여 년 전, 중학생인 저에게 엄마가 참 신기하다는 듯 말씀하십니다. "이제는 워크맨이 없어도 음악을 들을 수 있대." 제가 물었죠. "어떻게요?" "아주 작은 기계 안에 음악을 100곡 넘게 넣을 수 있는데, 작고 가벼워서 목에 걸고 운동도 할 수 있대." "100곡이나요?"

바로 MP3를 두고 나눈 대화입니다. 그런데 이 '혁명적인 물건'이 어느덧 중고 거래 타이밍을 놓친 채 제 방의 서랍 속 어딘가에 처박혀 있습니다. 나중에 아들이 크면 이 '원시적인' 물건을 무슨 골동품처럼 보여줄 수도 있겠죠. 비싸게 주고 샀던 디지털 카메라도 아들의 장난감이 된 지 오래입니다. 이제 MP3와 카메라는 모두 스마트폰 안으로 들어와 있지요.

짬짜면, 스마트폰은 두어 가지 영역이나 기능을 하나로 합친 결과물입니다. 이를 세상에서는 '융합'이라고 부릅니다. 예술 쪽에서는 이런 경우를 '콜라보레이션'이라고 부르고요.

신발에 바퀴를 단다는 생각은 이상해 보입니다. 하지만 신발 밑창에 바퀴를 붙이는 순간 롤러스케이트가 탄생했습니다. 신발 밑창의 바퀴를 굴려 훨씬 빠른 속도로 달려갈 수 있게 된 겁니다. 그렇다고 마냥 편리한 것만은 아닙니다. 천천히 걸어야 할 때 롤러스케이트로는 걸을 수가 없지요. 일반 신발로 바꿔 신어야 걸을 수 있습니다. 그러자 이제 아예 바퀴를 접거나 빼는 방법을 고안해 냅니다. 이렇듯 비슷하거나 전혀 다른 영역이 하나로 합쳐지는 경우는 창직에서도 발견됩니다.

가수 이효리 씨의 결혼 소식으로 온 매체들이 떠들썩할 때, 저는 이효리 씨의 웨딩드레스에 눈길이 갔습니다. 여자 연예인 결혼식 뉴스에서 자주 보던 고급 드레스가 아니었거든요. 친환경 드레스라고 했습니다.

보통 드레스는 실크나 합성 섬유로 만들어집니다. 화려한 레이스와 장식 등은 반짝반짝 빛이 나지만 시간이 지나면 빛이 바래죠. 이렇게 유행이 지난 드레스는 소각할 수밖에 없습니다. 웨딩드레스는 석유 제품인 합성 섬유로 만들어 땅에 묻어도 잘 썩지 않기 때문이지요. 문제는 드레스를 소각할 때 발생하는 매연, 유독 가스 등이 환경에 나쁜 영향을 끼친다는 것입니다. 1년에 무려 17만 벌의 드레스가 입고 버려진다고 합니다. 결혼식장을 화려하게 수놓는 장식용 꽃들은 더 심각합니다. 한 해 4억 2,500만 송이의 꽃이 단 30분의 결혼식을 위해 쓰였다가 버려집니다.

이 같은 낭비와 환경 파괴를 줄이고 싶어 친환경 결혼 문화를 고민하는 디자이너가 있습니다. 국내 1호 에코 웨딩드레스 디자이너인 이경재 씨입니다. 그녀는 닥나무, 쐐기풀, 옥수수 원단, 한지 등을 기본 재료로 웨딩드레스를 만듭니다. 입고 땅에 묻으면 단 4주 만에 자연 분해되어 흙으로 돌아가는 재료들로 만든 겁니다. 드레스가 식물의 양분으로 탈바꿈하는 것이죠. 부케도 뿌리가 살아있어 화분에 옮겨 키울 수 있습니다. 식이 끝난 후 하객에게는 장식용 화분을 선물로 줍니다.

이는 주기가 짧고 빠른 소비를 추구하는 패스트 패션 시대에 최신 유행을 디자인에 즉각 반영하는 남다른 행보처럼 보입니다. 결혼식이 생애 한 번뿐인 특별한 날이라는 생각들이 비싸고 화려한 웨딩드레스를 입고 싶다는 충동을 불러일으키는 건지도 모릅니다. 그러기에 더욱이나 환경과 드레스는 어울리지 않는 조합 같아 보이는데, 이처럼 어울리지 않는 두 가지가 합쳐져 에코 드레스, 에코 웨딩으로 창조되었습니다.

로봇테이너 서덕화 씨는 로봇을 이용해 공연 콘텐츠를 만들어내는 공연 기획자입니다. 서울시 주최 창직 세미나에서 처음 만난 서덕화 씨는 창직에 대한 관심이 매우 컸습니다. 사례자로 무대에 선 그는 말로만 듣던 드론 쇼를 몸소 보여주기도 했지요. 로봇, 드론 하니까 전자공학 쪽 경력자인가 했는데 의외로 제과업체에서 일하다 퇴직한 사람이었습니다. 회사 재직 시절에도 꾸준히 로봇에 관심을 갖고 공부하면서 퇴직 후의 인생을 그렸다고 합니다. 그런 노력의 결과 서울시의 창직 세미나에 초청연사로도 초대받고 창직 페스티벌에도 초대받는 등 창직가로서 성공적인 첫걸음을 뗀 걸로 보입니다. 서덕화 로봇테이너의 로봇 공연 영상을 처음 보았는데 어찌나 멋지던지 남편에게 이 직업을 권해주고 싶을 정도였습니다.

기존의 직업들과 엔터테인먼트 간의 만남은 아주 낯설지는 않습니다. '아나테이너'는 아나운서와 엔터테이너를 결합한 단어로 대표적인 인물이 전현무 씨입니다. 단지 정보를 전하고 방송을 진행하던 아나운서의 역할에 오락적 요소를 얹은 거지요. '셰프테이너' 역시 요리사와 엔터테이너의 합성으로 요리 프로그램에서 활약하는 요리사를 가리킵니다. 하지만 여기에서 '엔터테인먼트'는 방송의 예능 프로그램이라는 의미에, 그리고 '엔터테이너'는 예능 프로그램에서 재미와 웃음을 주는 방송인이라는 의미에 가깝습니다. 즉 엔터테이너는 방송에서 활약하는 연예인입니다.

로봇테이너는 이 개념을 확장합니다. 로봇 공연이라는 자신만의 콘텐츠로 방송 밖에서 활약하는 비방송인으로 말입니다. 아나테이너, 셰프테이너 그리고 로봇테이너 등의 활약 덕분에 비방송인도 엔터테이너라고 불리는 시대가 아주 빨리 오리라 생각합니다. 엔터테인먼트와 '무엇'이 융합하느냐에 따라 재미있는 직업이 더 많이 생겨나겠지요.

창직의 영감: 베끼기

Q. 우리나라에서 직업은 몇 개나 될까요? 알고 있는 직업을 적어보세요.

200개? 1,000개? 우리나라에서 집계된 직업명은 1만 6천 개에 가깝습니다. 이렇게 다양한 직업이 있다니 놀라울 뿐입니다. 우린 기껏해야 의사, 변호사, 연예인, 운동 선수 등 몇십 가지를 떠올리는데 말입니다.

그렇다면 미국, 일본 등 선진국의 경우엔 직업명이 몇 개나 될까요? 우리와 비슷할까요? 조금 더 많을까요? 미국은 3만여 개, 일본은 2만 5천여 개라고 합니다. 우리나라와의 격차가 백 단위, 천 단위가 아니라 만 단위가 넘습니다. 물론 경제의 규모, 인구수, 문화 등 다양한 면에서 차이가 나지만, 이들 나라와 우리나라 간에 그 '틈'은 꽤 넓습니다. 이렇게 큰 차이가 난다는 건 우리나라에도 그만큼 많은 직업이 생겨날 가능성이 있다는 의미하기도 합니다.

얼마 전 부산에서 신기한 동물 병원을 보았습니다. 시내 요지에 자리한 그 동물 병원은 '동물 치과 병원'이었습니다. 윗니와 아랫니가 딱 맞물리지 않는 우리 집 개 '비누'의 부정교합 때문에 걱정이 많은 제 눈을 사로잡은 건 당연합니다. 동물 치과 의사는 수의사를 '쪼개서' 탄생한 직업입니다. 동물 치과 의사라고 하면 우리나라에서는 아직 생소하지만 선진국의 경우에는 다릅니다. 미국에는 반려 동물 전문 변호사, 말 치과 의사 등 다양하고 다채로운 동물 관련 직업이 존재하니까요. 이처럼 해외 직업을 참고하면 많은 창직 소스를 얻을 수 있답니다. 바로 베끼기의 한 예입니다.

우리나라 사람들은 집을 팔려면 어디부터 찾아갈까요? 네, 동네 부동산부터 가지요. 한 군데에만 등록해선 집이 쉬 안 나갈 수 있으니 여러 부동산에 내놓습니다. 집이 빨리 나가면 다행인데 매매가 안 되면 정말 속이 탑니다. 그래서 정말 급할 때는 시가보다 싼 가격에 내놓기도 합니다.

미국 사람들은 집을 팔 때 '홈스테이징homestaging 전문가'를 먼저 찾아간다고 합니다. 홈스테이징을 우리말로 풀이하면 '주택 연출'이라고 할 수 있습니다. 따라서 홈 스테이징 전문가라고 하면 '매매를 위한 주택 연출가'쯤으로 부를 수 있습니다. 집 안의 가구와 조명, 소품 등을 버리거나 재배치하여 '보기 좋게' 바꿔 주는 전문가입니다. '같은 공간에서 위치를 바꿔봤자 얼마나 바뀌겠어?' 생각하면 오산입니다. 우리도 기분 전환을 하고 싶으면 침대보를 바꾸거나 가구 위치를 바꿔보지요. 그러면 느낌이 새롭지 않던가요? 아직 우리나라에는 홈스테이징을 해놓은 자료가 많지 않지만 해외의 홈스테이징 샘플 사진들을 보면 정말 놀랍습니다. 꽃무늬 테이블보를 치웠을 뿐인데 주방 분위기가 확 달라집니다.

인테리어가 '내가 살 집을 내 취향에 맞게 채우는 것'이라면, 홈스테이징은 그 반대입니다. 집을 사는 사람이 자기 취향대로 채워나갈 수 있도록 집에 여백을 만들어주는 것입니다. 비우고, 치우고, 정리하는 것이 홈스테이징의 핵심입니다.

가끔 재미로 부동산 사이트를 통해 팔려고 나와 있는 전원주택들을 들여다보곤 합니다. 당장 살 것은 아니어도 언젠가는 이런 집에서 살고 싶다는 마음이 발동해서입니다. '시세가 이 정도 되는구나. 이런 집도 있구나. 이 집은 너무 비싸다' 하면서 구경하는 재미가 쏠쏠합니다. 그런데 매물 사진들을 보다 보면 안타까운 경우가 종종 있습니다. 마당이나 집의 외관은 너무 예쁜데 집 안이 엉망인 거지요. 소파 위에 널려 있는 옷가지들, 정리가 잘 안 되어 있는 주방 싱크대, 공간을 크게 차지하는 가구들이 집 안 분위기를 바꿔버립니다. 모델하우스 정도는 아니라도 집을 좀 더 크게, 환하게, 넓게 보일 필요가 있지 않을까요? 살고 싶은 욕구를 자극하는 것이 성공적인 매매의 첫걸음이라는 생각이 듭니다.

부동산 중개업을 하는 친구를 만나 이런 얘기를 한 적이 있습니다. 부동산 중개업은 이제 다른 업체뿐만 아니라 부동산 어플하고도 경쟁해야 하는 시대가 되었는데, 이런 때에 너만의 차별성을 가질 아이템이 있다고요. 바로 홈스테이징에 대해 알려준 겁니다. 지금 당장은 이걸로 돈을 벌기보다는 매도인에게 '팁'을 알려주는 정도로 '서비스'해 보라는 말도 덧붙였습니다. 부동산 중개인만큼 홈스테이징을 접목해 보기에 좋은 직업이 어디 있을까요?

실제로 홈스테이징을 한 집은 그렇지 않은 집보다 더 비싸게, 더 빨리 팔 수 있다고 합니다. 미국의 실내 장식 전문가 패트 라우는 주택 연출에 대해 이렇게 말합니다. "집이 팔리게 하는 두 가지 요소 중 하나는 가격이고 다른 하나는 '가정 연출'이다. 집을 팔고 사는 것이 인생에서 중요한 투자라고 한다면, 가격을 깎아서 파는 것보다 가정 연출에 투자하는 편이 훨씬 이득이다"라고요.

실제 미국의 통계 자료에 따르면 주택 연출을 해서 팔면 훨씬 빨리 팔 수 있다고 합니다. 가격을 깎아서 파는 것보다 연출을 위한 조금의 투자가 더 이득인 셈입니다. 한 신문 기사에 인용된 부동산 관련 통계 자료에서도 홈스테이징을 할 경우 평균 두 배 정도 더 빨리 집을 파는 것으로 나타납니다.(《LA중앙일보》 2016년 3월 31일자 기사) 첫인상이 좋아야 하는 건 사람만이 아닌 듯합니다.

앞서 우리나라와 선진국 간에 직업의 수가 큰 차이가 난다고 하면서, 그 말은 곧 우리나라에도 그만큼 새로운 직업이 생겨날 가능성이 있다는 뜻이라고 했죠. 청년 사업가들은 미국, 유럽, 일본 등 해외에 가서 새로운 사업 아이템 거리를 찾아오기도 합니다. 벤치마킹을 하는 거지요. 직업 역시 해외의 직업 중에서 참고할 만한 것들이 많이 있습니다. 네일 아티스트, 타투이스트, 디지털 장의사(온라인상의 내 흔적을 지워주는 일을 함) 등은 모두 해외 직업에서 베껴와서 창직한 예들입니다. 앞서 제 이야기를 하면서 언급한 '스트링 아트' 역시 원천은 해외지요.

이처럼 창직의 세 번째 영감 원천은 바로 '베끼기'입니다. 해외의 다양한 직업을 참고하는 방법이지요. 해외의 직업들을 살피다 보면 공부하고 싶은 새로운 분야를 발견할 수 있습니다. 죽음학이나 명상, 요가 등 내적 치유를 도와주는 일이 해외에서 유망한 비즈니스로 발전하고 있는 것을 볼 수도 있고요.

참고할 수 있는 자료가 있다는 것은 행운입니다. 창조의 길과 달리 모방의 길은 쉽고 안전합니다. 글이든 그림이든 모방을 계속 하다 보면 나만의 필체, 나만의 그림체가 만들어지는 경우가 많습니다. 여기에 이제 시작하는 단계의 새로운 직업이기 때문에 시행착오를 줄일 수 있다는 이점도 있습니다. 사실 하늘 아래 새로운 것은 없다고도 하지요. 물론 벤치마킹으로 창직에 성공하기까지는 국내 문화 및 정서에 맞게 붙이고 떼어내는 과정이 꼭 필요합니다. 그러면 이처럼 해외의 직업을 베끼기를 해서 생겨난 창직 사례들을 살펴볼까요?

주세법이 개정되고 수제 맥주 열풍이 불면서 우리나라에 들어온 '브루마스터'는 독일, 체코의 전통적인 직업입니다. 소규모 맥주 양조장에서 맥주 제조의 전 공정을 관리하며 맥주를 만드는 맥주 제조자인데요, 맥주 마이스터, 맥주 양조 기술자, 맥주 양조사라고도 부릅니다. 본고장인 독일에서는 대학에서 양조 분야의 학위를 받은 사람을 뜻한다고 합니다. 우리나라에서는 맥주 선진국인 이들 나라에서 맥주 제조 기술을 배워온 사람 밑에서 도제식으로 브루마스터 교육이 이루어지고 있다고 합니다. 맥주를 사랑하는 분에겐 더할 나위 없이 좋은 직업이라는 생각이 드네요.

수영장에서 초등학생이 익사하는 사고가 연달아 발생한 적이 있습니다. 수영 교실 강습중에 일어난 사고여서 더욱 안타까웠죠. 그런 소식을 연달아 들었을 때 불현듯 '생존 수영'이라는 것이 떠올랐습니다. '영유아 생존 수영'이라는 해외 동영상을 결혼 전인 2012년 무렵에 본 적이 있었거든요.

이제 막 아장아장 걷기 시작한 남자 아기가 수영장 근처를 걷고 있습니다. 아기는 수영장 물에 떠다니는 물체를 잡으려고 가장자리로 가서 손을 뻗습니다. 그러다가 그만 균형을 잃고 얼굴부터 물에 처박힙니다. 심장이 덜컥 내려앉는 광경입니다. 하지만 아기는 이내 몸을 뒤집고 배영을 하며 물에 떠 있습니다.

그 당시엔 그저 "우와, 신기하다. 아기들은 수영하는 능력을 갖고 태어나나 보네" 했지요. 모든 아기가 선천적으로 수영 능력을 타고난다고 생각한 겁니다. 아기를 키워보니 아닌 걸 알았지만요. 사실은 생존 수영을 교육받은 아기만이 이런 놀라운 능력을 보여줄 수 있다고 합니다.

이러한 생존 수영 교육을 받은 생후 7개월 된 여자 아기의 영상 역시 화제입니다. 물이 아기 허리까지 오는 수영장 계단에 앉아 있습니다. 물에 떠다니는 신발을 잡으려 하다가 역시나 머리부터 물에 빠지고 맙니다. 아기가 어떻게 할지 어느 정도 알고 보는 영상이지만, "어머, 어떡해!" 하고 비명이 절로 나옵니다. 예상대로 이 아기 역시 능숙하게 수중에서 몸을 휙 돌리더니 하늘을 보고 물에 둥둥 뜹니다.

바로 케리 모리슨이라는 사람이 올린 영상인데요, 모리슨 부부는 큰아들을 바닷가에서 익사 사고로 잃었다고 합니다. 모리슨 부부가 아기에게 생존 수영 기술이 꼭 필요하다고 여기게 된 이유입니다.

국제적으로 많이 알려진 '영·유아 생존 수영 교육Infant Swimming Resource(ISR)'은 만 6개월에서 12개월 사이의 아기들을 대상으로 하는 교육과 만 1세에서 6세까지의 유아를 대상으로 하는 교육으로 나뉘어져 있습니다. 미국의 한 사설 수영 강습 단체에서는 생후 6개월 전후의 유아들이 생존 수영 강습을 받는데요, 매년 150명 정도가 4주에서 6주간에 걸쳐 교육을 받는다고 합니다.

'생존 수영'이라는 단어가 위험을 지나치게 강조하는 듯이 보이지만, 아기를 키우는 부모의 입장에서는 꼭 필요한 교육이라고 생각할 수도 있습니다. 다만 미국소아과학회에서는 너무 어린 아기들보다는 한 살이 넘은 아기들에게 수영 강습을 시키는 것이 더 효과가 있다고 주장합니다.

2017년, 스트링 아트 수업을 위해 경주의 한 연수원에 갔을 때입니다. 교육원으로 이어져 있는 통로를 지나는데 커다란 창문 너머로 수영장이 보였습니다. 그때 제 눈을 사로잡은 건 바로 '생존 수영 강습'에 대한 안내 현수막이었습니다. 알고 보니 세월호 참사 이후 초등학교 3학년을 중심으로 생존 수영 교육이 의무화되었다고 합니다. 하지만 전국의 초등학생 3학년 39만 명을 모두 교육하기엔 수영장 시설이 턱 없이 부족하고 교육 방법 또한 제각각이라고 합니다. 체계적인 프로그램 개발과 생존 수영 강사 양성이 시급해 보입니다. 영유아부터 청소년까지 꼭 익혀야 할 기술로서 생존 수영이 보급된다면 매년 반복되는 물놀이 사고가 줄지 않을까요?

〈KBS 스페셜〉이라는 한 다큐멘터리 프로그램에서 본 '케어 팜care farm(돌봄 농장)'도 기억에 남습니다. '치유 농장'이라는 의미의 '케어 팜'은 사회적 돌봄과 농업을 합성한 단어입니다. 이 케어 팜에서는 어린이부터 노인까지 모든 연령층을 상대로 농촌 체험을 통해 치유, 돌봄, 건강 증진, 정서 함양 등을 위한 프로그램이 진행됩니다.

네덜란드의 어린이들이 엄마아빠 손을 잡고 아침 일찍 농장으로 갑니다. 스스로 옷을 입는 것도 버거워 보이는 어린아이들이 농장에 도착해서 가장 먼저 하는 일은 작업복으로 갈아입는 것입니다. 그러곤 밖으로 달려 나가 토끼에게 먹이를 주고 닭장에도 들어갑니다. 여물을 젖소에게 힘껏 던져주기도 합니다. 아이들이 가장 좋아하는 시간이 토끼, 닭, 젖소, 돼지에게 먹이를 주는 시간이지요. 이곳은 바로 농장과 유치원을 융합한 케어 팜 '어린이 돌봄 농장'입니다.

네덜란드 당국에서 요구하는 위생과 안전성 기준도 통과했기 때문에 아이들이 위험하지 않을까 걱정할 필요도 없어 보입니다. 흙투성이인 아이들의 얼굴과 작업복…… 하지만 이런 환경이 아이들 면역력을 키우는 데 더없이 좋다고 합니다. 이곳에서 선생님은 아이들의 안전을 돌보고 궁금한 것을 풀어주기 위해 함께할 뿐입니다. 2014년 13명으로 시작한 이 어린이 돌봄 농장의 현재 정원은 173명. 현재 네덜란드에는 60여 개의 어린이 돌봄 농장이 있다고 합니다. 어린이 돌봄 농장은 아이들을 자유롭게 뛰어 놀게 하고 싶지만 그 방법을 잘 몰라 걱정하는 부모들에게 좋은 대안이 될 수 있습니다. 자연 속에서 돼지, 소, 닭, 양, 염소 등 가축을 돌보는 활동 또한 아이들의 정서에 도움을 줍니다.

농장과 유치원을 융합한 케어 팜만 있는 것이 아니라 농업과 의료 시설을 융합한 케어 팜도 있습니다. 가벼운 정신 질환이나 치매를 앓고 있는 사람들이 요양원 대신 선택하는 곳입니다. 이곳에서는 화학적인 치료보다는 농장 일을 거들고 사람들과 어울리면서 병을 완화시킬 수 있도록 도와준다고 합니다. "농장에서 생활하는 것이 다른 요양 보호 시설과의 다른 점입니다. 다른 요양 시설들은 오직 실내 활동만 가능하지만 이곳 케어 팜에서는 농장 활동을 통해 자연과 교감하고 그 과정에서 훨씬 높은 치유 효과를 얻을 수 있습니다." 이곳에서 일하는 케어 팜 치료사의 말입니다.

이렇게 농업과 다른 산업을 융합한 것을 6차 산업이라고 합니다. 1차 산업이 농업이고, 농산물을 제조·가공하는 산업이 2차 산업이며, 농촌 체험·관광 서비스가 3차 산업이라면, 6차 산업은 이를 모두 합친 것(1+2+3+=6)이라는 의미입니다. 위의 다큐멘터리에 출연한 한 케어 팜 관리자는 농업에 대해 이렇게 말합니다. "전통을 지켜나가는 구식의 삶이 도시 사람들을 농촌으로 불러 모으는 이유라니, 그렇다면 과연 농업을 과거의 산업이라 말할 수 있을까요?"

한국고용정보원은 몇 해 전부터 해외의 직업들을 정리해 오고 있습니다. 다음의 표는 국내에서 접목하여 창직해 볼 수 있는 직업의 사례들로, 한국고용정보원에서 발표한 것입니다.

분야	직업명	국가
여행(8)	건축 여행 기획자(Architecture tour guide)	미국, 유럽
	자전거 투어 리더(Cycle tour guide)	영국
	여행 비디오 창작자(Tour video creator)	유럽
	게스트하우스 컨설턴트(Guest house consultant)	미국
	의료 관광 컨시어지(Medical tourism concierge)	싱가포르
	장애인 여행 코디네이터(Reisehelfer/infu)	독일
	오지 여행 기획자(Wild camping planner)	영국
	캠핑 비지니스 전문가(Camping business specialist)	미국
의료/ 복지 (5)	온라인 심리치료사(Online therapist)	유럽
	자폐아동 수중 레크리에이션 강사 (Autistic child aqua recreation instructor)	미국
	치매 생활 코디네이터(Dementia lifestyle coordinator)	미국
	시니어 여가 생활 매니저(Senior activity manager)	프랑스, 일본
	시니어 전화 안부 상담사(Senior telecounselor)	미국, 슬로베니아
농림 어업 식품 (5)	농산물꾸러미 식단 플래너(Local food menu planner)	미국
	기업 식물 관리자(Company plant manager)	오스트레일리아
	치유 농업 전문가(Care farming specialist)	네덜란드
	푸드 애널리스트(Food analyst)	일본
	반려동물 음식 코디네이터 (Companion animal food coordinator)	미국, 일본
교육 (2)	홈스쿨 코디네이터(Homeschool coordinator)	미국
	자기 성장 기간(갭이어) 기획자(Gap year consultant)	영국
문화/ 스포츠 (8)	스토리 코치(Story coach)	미국
	창작자 에이전트(Originator agent)	미국
	스포츠 영상 전문가(Sports video professional)	미국, 유럽
	트리클라이밍 지도사(Lead tree climber)	미국
	스포츠 역사가(Sports historian)	미국

분야	직업명	국가
	쇼닥터(Show doctor)	미국
	상품 스토리텔러(Product story teller)	미국
	스포츠 심리상담사(Sports counselor)	영국
개인 서비스 (2)	유휴 공간 활용 컨설턴트 (Underused space application consultant)	미국
	주택 하자 평가사(Home inspector)	미국

위 도표에서 보듯이 국내·외의 다양한 직업과 창직 사례를 참고하기 위한 사이트는 다음과 같습니다.

해외의 직업 정보처

- **미국:** O*NET(www.onetcenter.org/)
  OOH(www.bls.gov)
- **영국:** NCS(https://nationalcareersservice.direct.gov.uk/)
- **일본:** 헬로우워크(http://www.hellowork.go.jp/)
- **독일:** BERUFENET
  (https://berufenet.arbeitsagentur.de/berufenet/faces/index)

국내 창직 참고 사이트

- **워크넷**(http://www.work.go.kr/seekWantedMain.do): 한국 직업 정보 시스템, 한국 직업 전망, 신생 및 이색 직업, 창직 등을 살펴볼 수 있다.
- **통계청**(http://kostat.go.kr/portal/korea/index.action): 사회 변화와 관련된 각종 통계 자료를 볼 수 있다.

창직의 영감: 동사 바꾸기

'동사 바꾸기'는 우리 머릿속에 '창직 뉴런'을 연결해 나가는 데 도움을 주고자 창직 강의 때 자주 소개하는 방법입니다. 자녀들이 장차 자기가 하고 싶은 일들을 창조적으로 생각해 보기를 바란다면, 자녀들과 평소에 일종의 '창직 게임'으로 이를 활용해 보는 것도 좋습니다. 창직력을 키워주기엔 더 없이 재미있는 방법이니까요.

첫째로, 동사 카드를 만듭니다.

보다, 버리다, 입다, 쓰다, 먹다, 지키다, 바꾸다, 찍다, 쓰다, 기록하다, 만들다, 촬영하다……

둘째, 명사 카드를 만듭니다.

사진, 강아지, 음식, 옷, 결혼, 지갑, 휴대폰, 게임, 청소……

카드 대신 포스트잇으로 준비해도 좋습니다.

카드 이용시

1. 명사 카드와 동사 카드를 준비합니다.
2. 명사 카드와 동사 카드 모두 뒷면이 보이게 놓습니다.
3. 명사 카드에서 한 장, 동사 카드에서 한 장만 뒤집습니다.
4. 그렇게 나온 명사와 동사를 합쳐 '황당하고 어이없고 말도 안 되는' 직업을 상상해 봅니다.

포스트잇 이용시

1. 명사 포스트잇을 벽에 주루룩 붙여놓습니다.
2. 눈을 감은 채, 동사 포스트잇 한 장을 명사 포스트잇 근처에 붙입니다.
3. 눈을 뜨고 가장 가까이 있는 동사와 명사 포스트잇을 조합하여 직업을 상상해 봅니다.

셋째, 게임이 끝난 후 이처럼 동사를 바꿔봄으로써 기존에 없던 직업을 만들어낸 사례를 말해줍니다.

커피	만들다	바리스타
	감정하다	큐그레이더
	테스트하다	커퍼, 테이스터
	볶다	로스터
	섞다	블렌더

게임	하다	게이머
	만들다	게임 제작자, 게임 프로듀서
	방송하다	게임 크리에이터
	치료하다	게임 중독 치료사
	소개하다	게임 자키

아이의 관심사(강아지, 뷰티, 축구 등) 카드와 동사 카드를 조합하는 방법은 '나만의 직업'을 만드는 데 한 발 더 가까이 가게 해 줍니다. 학교에서 가끔 "제가 하고 싶은 직업이 사라질 직업이래요. 전 어떡하죠?" 울상을 짓는 아이들이 있다고 합니다. 직업에는 저마다 고유한 성격이 있습니다. 보살피고, 가르치고, 연구하고, 치료하는 등의 직무 말이죠. 이러한 직무가 활용될 미래의 직업을 함께 찾아보는 것도 자기가 생각하는 직업이 사라지지 않을까 걱정하는 아이들을 위한 진로 교육의 한 방법이 될 수 있습니다.

예를 들어 '글 쓰는 직업'이라고 하면 기존에는 작가나 방송작가 등에 국한되었지만 이제는 게임 스토리 작가, 웹툰 스토리 작가, 상품 스토리텔러, 스토리 코치 등 다양한 영역에서 그 일을 하고 있습니다. 그만큼 '글 쓰는 직업'의 범위가 넓어진 것입니다. 어느 아홉 살 어린이는 자신의 관심사인 '초콜릿'과 '3D 프린트'를 융합하여 '3D 프린트 쇼콜라티에'를 만들어냈습니다. 아이가 만들어내는 창직이 현실에서 실제로 가능한지 아닌지는 그다지 중요하지 않습니다. 직업에 대한 상상력을 키우고 개념을 넓혀주는 연습과 훈련이 중요한 것이지요.

성장 환경이 바뀌면서 사용하는 동사들의 개념도 급속도로 바뀌고 있습니다. 예를 들어 30대 이상에게 '쓰다'라는 동사에 대한 이미지를 물으면 '종이에 쓰다' '글씨를 쓰다' 같은 이미지를 떠올립니다. 펜으로 종이에 쓰는 것이 쓴다는 행위에 가장 가깝다고 생각하지요. 하지만 요즘 아이들은 모니터를 보고 키보드를 두드리는 것을 '쓴다'고 말합니다. 연령대가 낮아질수록 '디지털화'되는 속도가 더 빠릅니다.

두 살짜리 아들이 숨겨놓은 유튜브 어플을 찾아 동영상을 선택해서 보는 일은 이제 그다지 특별한 일도 아닙니다. 한 강연장에서 만난 어떤 강사의 이야기가 떠오릅니다. 자녀가 네 살인데 아이에게 스케치북을 펴고 "그림 그리자"고 하니, 아이가 색연필로 스케치북 여백을 '톡, 톡' 치더라는 겁니다. 아이들에게 '터치'는 이제 너무 당연한 일이 되었습니다.

'방송하다'라는 동사는 어떤가요? 방송인이라고 하면 대개 연예인, 아나운서, 쇼호스트 등을 떠올립니다. 지상파나 종편, 케이블 방송 등에 나와야 방송하는 사람이라고 보통 생각하지요. 하지만 이제는 그런 거대한 방송국 없이도 방송을 하고 싶은 사람은 누구나 할 수 있는 시대입니다. 유튜브, 아프리카TV 등 1인 방송국을 손쉽게 차려서 방송국 대표가 되는 겁니다. 이렇게 1인 채널을 통해 콘텐츠를 만들고 방송하는 사람을 '크리에이터'라고 부릅니다.

만약 자녀가 "엄마, 나 먹방(먹는 모습을 방송하는 인터넷 BJ)할래요"라고 했을 때 흔쾌히 "꿈을 찾았구나! 그렇게 하거라!"라고 할 수 있는 부모가 몇이나 될까요? 우리가 '옛날 사람'이라서 이해를 못하는 걸까요? 세대 차이를 어느 정도 인정할 수밖에 없습니다. 누구나 아는 직업이 장차 먹고살아 가는 데 걱정 없는 안전한 직업이라고 생각하니까요. 시대와 함께 아이들 또한 변화해 가고 있다는 사실을 머리로는 인정하면서도 받아들이긴 쉽지 않습니다. 어느덧 우리도 엄마 세대처럼 "엄마는 알지도 못하면서"라는 소리를 듣는 세대가 된 건 아닐까요?

이런 소리를 듣지 않으려면 우리 또한 동사 바꾸기 게임을 통해 '아하, 이런 것도 직업이 될 수 있겠구나' 하고 상상해 볼 필요가 있습니다. 우리나라에만 1만 6천 개의 직업명이 있다는데, 내가 아는 세상의 크기는 딱 내가 아는 직업의 범위만큼일지도 모릅니다. 그런데 이런 단순한 동사 바꾸기 게임을 통해서 우리는 그 세계를 더 넓힐 수가 있습니다. 단어 조합을 통해 '똥을 테스트하다'라는 엉뚱한 결과가 나와도 '혹시나' 하는 마음으로 그런 직업이 가능할지 상상해 보고 혹시 누군가 시작하고 있는지 찾아보세요. '설마'가 '세상에!'라고 바뀌는 일이 생길 수도 있으니까요.

그런데 똥을 테스트하는 직업은 실제로 있습니다. 아기 똥 사진을 보고 아기의 건강 상태를 진단하여 엄마에게 알려주는

'아기 변성 진단가'입니다. 가령 검은색과 빨간색이 섞인 혈변이나 피가 묻어나오면 식중독과 같은 세균성 장염을, 쌀뜨물 같은 하얀 설사가 계속되면 로타 바이러스성 설사증을 의심해 볼 수 있습니다. 모유와 분유, 이유식을 먹는 아기들의 똥은 색깔, 농도, 냄새 등 변성이 다르기 때문에 똥을 분석하는 연구가 많이 이루어집니다.

건강한 똥은 성인 기준으로 황금색을 띠고, 2센티미터 남짓 굵은 바나나 모양으로 냄새가 지독하지 않으며 휴지가 필요 없을 정도로 깔끔하게 처리될 정도를 말합니다. 하지만 아기 똥은 아기의 월령, 수유 방식, 이유식 여부, 배변 횟수, 모유와 분유의 혼합 수유 여부 등에 따라 변화무쌍하지요. 아기 변성 진단가는 엄마들이 주는 정보를 취합하여 진단할 뿐 아니라 아기에게 좋은 음식을 추천하기도 합니다. 아기 똥은 넓게 보면 먹는 것과 연결이 되기 때문이지요.

초등학교, 중학교 창직 강의 현장에 가서 동사 바꾸기 게임을 해보면 아이들은 정말 놀라운 직업을 만들어냅니다. 학교 강의에서는 아이들의 아이디어 확장을 위해 낱말로 된 카드보다는 사진 같은 이미지를 많이 활용합니다. 낱말 카드는 지시하는 바가 명확하여 그 단어에 갇히고 말지만, 이미지 카드의 경우 같은 이미지를 보고도 각자 생각하는 것이 다르거든요. 마이크를 든 여성 사진을 보면 우리는 '방송하다' '연설하다'를 떠올리지만, 아이들은 '전달하다'는 의미로 그 개념을 확장합니다. 이런 방식으로 나온 직업들을 살펴볼까요? 다시 한 번 강조하지만 이는 초등학교 6학년, 중학교 1학년 학생들이 이런 과정을 통해 상상해 낸 직업들입니다.

> 아기 울음 통역사, 고민 삭제 연구원, VR 여행 체험 기획자, 나노과학 장기 청소원, 산소 배달원, 빅데이터 상황 분석 판매원, 빅데이터 심리 치료사, 스포츠 빅데이터 전문가, 반려동물 댄스 교육자, 무인 자동차 퍼레이드 기획자, 자동차 면허 VR 면허사, VR 비상훈련 교육가, 우주정거장 디자이너, 로봇 고민 컨설턴트, 무중력 스포츠 제작자, VR 호텔 체험 개발자 등

아이들과 함께 창직 게임을 하며 진로에 대해 알아보다가 강의가 마무리될 때쯤 아이들에게 하는 말이 있습니다.

"선생님이 중학교 다닐 때 장래 희망 적는 난에 웹툰 작가, 네일 아티스트, 뷰티 유튜버 적는 친구는 한 명도 없었어요. 그때는 이런 직업이 아예 없었거든요. 지금 중학생인 우리 친구들이 10년 후, 15년 후 일을 하게 될 때면 지금은 없는 직업이 그땐 생겼을지 몰라요. 그러니 '장래' 희망보다 더 중요한 건 '지금' 희망이에요. 지금 내가 뭘 좋아하는지, 지금 내가 뭘 잘하는지 찾아보세요."

실제로 '앞으로 사라질 직업'에 대한 기사는 다음과 같이 미래 예측 기사의 단골 아이템입니다.

- **2016년 스위스 다보스 포럼**
  4차 산업 혁명으로 5년간 700만 개의 일자리가 사라질 것이다.
  20년 안에 기존 일자리 3개 중 1개가 없어진다.
  현재 7세 어린이 중 65%는 현재 존재하지 않는 일자리를 갖는다.

- **영국 옥스퍼드대 마이클 A. 오즈본, 칼 B. 프레이 '고용의 미래' 보고서**
  10~20년 뒤 미국 총 고용자 중 47%가 로봇 등으로 대체된다.

- **미국 듀크대 케시 데이비스 교수**
  오늘날 학생들의 65%는 아직 생기지도 않은 직업을 갖게 될 것이다.

- **토마스 프레이(다빈치 연구소장, 구글이 선정한 최고의 미래학자)**
  10년 후에 존재할 일자리의 60%는 아직 탄생하지도 않았다.
  2030년까지 전 세계에서 일자리 20억 개가 사라질 것이다.

이렇게 급변하는 기류에도 불구하고, 아이들을 상대로 실시하는 적성 검사나 진로 검사의 결과지에는 여전히 교사, 의사, 회계사 등 '앞으로 사라질 직업'이 적성에 맞는 직업, 추천하는 직업으로 제시됩니다.

이제는 미래 환경에서 아이들이 자신의 적성이나 능력에 맞는 직업을 찾거나 직접 만들어갈 수 있도록 이끌어주어야 한다고 생각합니다. 변화해 가는 직업 환경에 맞춰 아이들이 역량을 온전히 키워갈 수 있는 구체적인 행동지침을 말이지요. 예를 들면 "어울리는 직업: 방송국 PD"처럼 단순히 현재 있는 직업을 제시해 주는 것이 아니라, "친구들의 이야기를 하나의 주제로 기획해 보세요. 스마트폰으로 영상을 찍어서 짧은 프로그램을 만들어보세요"처럼 아이가 자질과 역량을 키워서 어떤 직업으로든 꽃피울 수 있도록 코칭해 주는 방식으로 접근해야 합니다. 또 수학이나 과학을 잘한다고 "너는 이과로 가서 의사를 하면 되겠다"라고 하기보다는 "너의 능력으로 타인에게 어떤 도움을 줄 수 있을까?"라는 식으로 큰 비전을 갖도록 이끌어주는 것이 진정한 진로 교육이 아닐까요? 물론 이는 아이들만이 아니라 성인의 경우에도 마찬가지로 필요한 부분입니다.

앞서 우리는 '커피'라는 명사에 여러 동사들을 붙여보았는데요, '춤'이라는 명사 뒤에는 어떠한 동사를 붙일 수 있을까요? 생각도 하기 전에 '추다'라는 동사가 먼저 떠오르지는 않았나요? '춤'이라는 명사와 '추다'라는 동사를 결합시키는 것은 거의 반사적인 연상 작용의 결과라고 할 수 있습니다. 오랫동안 습관적으로 결합시켜 사용했기 때문에 이제는 우리의 무의식에 일종의 상식처럼 저장된 것입니다. '사람들이 보통 알고 있거나 알아야 하는 지식'이라는 뜻의 상식 말입니다.

아인슈타인은 "상식이란 19살까지 축적한 편견의 집합체이다"라고 유명한 말을 남겼습니다. 창직을 고민하는 사람이라면 깊이 새겨볼 만한 말이 아닐까요?

아이와 함께 하면 좋을 활동

준비물: 신문

주제 1. 신문에 나오는 직업 찾아보기

활동

1. 제한시간(10~15분 내외) 내 신문에 나오는 직업을 빈 노트에 적는다.
2. 잘 알지 못하는 직업을 꼽아보고 무슨 일을 하는지 찾아본다.
3. 사라질 것 같은 직업과 그 이유를 적어본다.
4. 중요해질 것 같은 직업과 그 이유를 적어본다.

주제 2. 토론 "인공지능의 발전, 인간에게 기회인가 위기인가?"

활동

1. 인공지능의 등장으로 인한 일자리의 생성 및 소멸에 대해 알려준다.
2. '기회', '위기'라고 적은 쪽지를 접은 후 제비뽑기를 한다.
   (자신의 실제 견해와 상관없이 제비뽑기 결과에 따라 입장을 나눈다.)
3. 자신의 입장(기회/위기)을 뒷받침할 수 있는 신문 기사를 찾는다.
4. 각자 기사를 스크랩한 후 토론을 한다.

토론 후

1. 자신의 입장과 반대되는 제비를 뽑은 아이가 있다면, 소감을 물어본다.
2. 토론 후 자신의 입장이 바뀌었는지, 바뀌었다면 그 이유가 뭔지 물어본다.

'창직 뉴런' 만들기

어찌된 영문인지 머리를 한번 잘랐더니 더 짧게 자르고 싶어집니다. 그때부터 저의 '숏커트 병'이 시작되었습니다. 숏커트란 숏커트는 다 찾아보고 어떤 스타일이 나에게 잘 어울릴 것인지 살펴보는 일로 나날을 보냅니다. 어차피 자랄 머리카락인데 잘라보면 될 것을, 결단에 걸리는 시간은 부지하세월입니다. 텔레비전을 켜도, 길거리를 지나가도, 인터넷 뉴스를 봐도 여자들 헤어스타일만 눈에 들어옵니다. 이른바 '관심의 인식'이 시작된 거지요. 새 신발을 사야 할 때가 되면 세상의 온갖 신발만 눈에 보이고, 관심 있는 차가 생기면 도로에서 그 차종만 눈에 띄는 것처럼 말입니다. 마치 세상이 온통 그 물건만 제 눈앞에 가져다주는 것 같습니다. 옛다, 여기도 있으니 실컷 구경해라, 이렇게요.

마치 레이더에 목표물이 잡히듯 나의 관심의 촉수가 뻗치는 범위만큼 세상이 보입니다. 창직 강의를 주로 하는 저에게는 세상이 온통 창직 자료들로 보입니다. 마치 나에게 창직 더듬이라도 생긴 것처럼요. 어떤 창직 주제에 꽂히면 텔레비전을 볼 때에도 나에게 필요한 정보가 제 발로 찾아오는 신기한 현상이 벌어집니다. 텔레비전에서 무언가를 얻으려고 의식적으로 보는 것도 아닌데 후다닥 메모할 일이 생깁니다. 그렇게 순간적으로 한 메모는 자산이 됩니다. 잡지, 웹툰, 책, 광고, 신문, 길거리 간판 등이 모두 자료이자 정보가 됩니다. 똑같은 것을 봐도 관심사에 따라 다른 정보로 저장됩니다. 똑같은 에코 웨딩드레스라도 예비 신부에게는 새로운 드레스로, 한복 디자이너에게는 신소재 아이디어로, 창직 컨설턴트에게는 창직 사례로 다가오는 것과 같은 이치입니다.

세계 최대 생활용품 제조업체로 알려진 P&G의 '아이보리' 비누 이야기는 위기를 기회로 바꾼 경영 사례로 자주 회자됩니다. 하지만 저는 내게 필요한 힌트를 순간적으로 알아채는 이른바 '낚아채는 뇌'에 대해 말하고자 이 사례를 소개합니다. 1878년 이 회사에서 비누 원료 배합 기계를 담당하는 직원의 실수로 엉뚱한 비누가 만들어졌습니다. 기계 스위치를 깜빡하고 끄지 않은 바람에 비누에 너무 많은 공기가 들어간 겁니다. 만들어진 비누는 이전의 비누들과는 달리 물에 뜨는 문제를 보였습니다. 직원은 자신의 실수가 탄로날까봐 두려워 아무에게도 말하지 않고 그대로 비누를 시중에 내보내고 맙니다. 그런데 이 불량품은 "욕조에 빠트려도 찾기 쉽다"는 사람들의 입소문을 타고 대히트 상품이 되었고, 그 후 무려 한 세기가 넘도록 최고의 비누 제품으로 각광받았습니다. 여기까지는 평범한 전화위복의 일화입니다.

그런데 과연 '아이보리'라는 브랜드 이름은 어떻게 만들어졌을까요? 당시 이 회사의 사장이었던 프록터는 히트 상품이 된 이 '물에 뜨는 비누'의 새 이름을 짓지 못해 고민이 많았습니다. 어느 날 교회에 예배를 드리러 갔는데, 목사의 설교 중 한 문구가 그의 뇌에 와서 꽂힙니다. "상아(아이보리) 색깔의 탑에서……" 물에 뜨는 이 비누는 실제로 상아색을 띠고 있었지요.

'아이보리'는 기존의 '하얀 비누'보다 고객층의 눈길을 끄는 데도 성공했습니다. 상아처럼 단단한 지속력과 색감을 내세운 '아이보리 비누'라는 브랜드는 소비자에게 순수하고 고급스러운 이미지로 각인되었지요. 목사의 일상적인 설교가 프록터에게 특별한 의미로 다가간 이유는 프록터가 브랜드 이름에 대해 줄곧 고민했기 때문입니다. 그러기에 그 문구가 들리는 순간 '낚아채는 뇌'가 가동된 것이지요. 다른 사람에게는 특별한 것 없는 일상의 일이 나에게 영감으로 작용하는 것은 바로 관심 분야에 대한 나의 '인식'의 힘 덕분입니다.

우리의 뇌는 참 신비롭습니다. 대개 뇌는 청소년기 때 비약적으로 성장하고 성인이 된 뒤로는 성장이 멈춘다고 알고 있습니다. 하지만 최근 연구에서는 뇌가 평생 동안 변화해 간다는 사실이 속속 발견되고 있습니다. 이를 '뇌 가소성'이라고 하는데요, 뇌는 한번 그 기능이 완성되었다고 해서 평생 그대로 유지되는 것이 아니라 반복적인 학습이나 경험, 자극에 의해 역동적으로 변한다는 겁니다.

한 예로 택시 기사의 '해마'는 일반인에 비해 크다고 합니다. 해마는 학습과 기억을 담당하는 부위입니다. 적어도 한 도시의 도로망과 사정을 다 기억하고 있어야 하기 때문이죠. 영국 런던의 택시 기사는 면허증을 취득하려면 약 2만 5천 개의 도로와 수천 곳의 광장, 4만여 개의 거리 이름을 외워야 한다고 합니다. 내비게이션 없이도 런던의 골목골목을 다녀야 하는 것이죠. 신경학자들이 이 택시 기사들의 뇌 속 해마가 3~4년 후에 어떤 변화를 보였는지 연구했다고 합니다. 런던 택시 기사의 해마 크기는 비교 집단에 비해 엄청 증대했다는 결과가 나왔습니다. 더 놀라운 것은 기억의 저장고인 해마의 크기가 근무 기간과 비례하여 성장한 점입니다. 새로운 자극에 노출되는 빈도가 잦을수록 해마는 크기가 더 커진 것입니다. 1만 시간의 법칙을 뇌 과학으로 설명한 사례가 아닐까 싶습니다.

뇌는 위치별로 받아들이는 신체 감각이 다른데, 이를 시각적으로 나타낸 것이 '호문쿨루스Homunculus'입니다. 각 신체 부분을 담당하는 뇌 부위의 크기에 따라 인체를 재구성해 본 것인데요, 우리의 모습과 달리 몸통은 작고 손이나 입 부위가 굉장히 큰, 마치 난쟁이 같은 이상한 모습입니다. 중세 연금술사들이 믿었던 작은 인조 인간, 즉 호문쿨루스와 비슷하다고 해서 그런 이름을 붙였다고 해요.

사람의 감각과 뇌의 관계는 피아노 건반과 건반에 연결된 해머의 관계와 비슷합니다. 그래서 예컨대 피아노 건반의 '미'를 누르면 '미' 건반에 연결된 해머가 현을 때려 '미'에 맞는 소리를 냅니다. 피아노의 건반과 해머는 이렇게 대응하는 짝으로 이루어져 있습니다. 이와 유사하게 둘째손가락이 가시에 찔려 아픔을 느낄 때 뇌를 촬영해 보면, 둘째손가락에 대응하는 뇌 부위에 변화가 생긴 것을 볼 수 있습니다. 거꾸로 둘째손가락과 대응하는 뇌에 자극을 주면 둘째손가락에 감각이 느껴지겠죠.

그런데 어떤 사람이 불의의 사고로 손가락이 절단되었다면 그에 대응하는 뇌 부위는 어떻게 될까요? 절단된 손가락을 담당하는 뇌 부위는 할 일이 없어지겠죠. 피아노 건반 '도'가 없다면 도에 해당하는 해머가 소리를 내고 싶어도 낼 수가 없는 것처럼요. 두드려줄 건반이 없으니까요. 건반이 없는 피아노는 사용할 수 없는 피아노나 다름없습니다.

하지만 사람은 다릅니다. 절단된 손가락을 담당하는 뇌 부위는 마냥 쉬고 있지 않습니다. 할 수 있는 다른 일을 찾지요. 바로 온전한 다른 손가락의 감각 기능을 돕습니다. 그래서 다른 손가락을 담당하는 대뇌피질의 영역이 그만큼 늘어나게 되면, 그 손가락의 감각은 한층 더 예민해지고 활발해집니다. 그렇기 때문에 사람은 한 가지 감각을 잃어도 다른 감각이 민감해져 살아가는 데 큰 도움을 받습니다. 눈이 안 보이면 촉각이 발달하고, 귀가 안 들리면 시각이 발달하는 것도 마찬가지 이유입니다. 상호 작용하기 시작한 두 영역의 크기는 단순한 부분의 합보다 큽니다. 단순한 합 이상으로 새로운 전체를 형성하지요.

뇌는 신체의 어느 기관보다 유연하고 창조적입니다. 내가 정확히 지시를 내리기만 하면 그 누구보다 똑똑한 비서 역할, 보좌관 역할을 합니다. 나의 관심사에 따라 필요한 자료들을 받아들일 뿐 아니라, 외부 자극에 따라 유연하게 변화하고 성장해 갑니다. 그러므로 우리는 이 같은 뇌에 새로운 뉴런, 즉 창직의 지도를 넓혀갈 수 있다는 것 또한 알 수 있습니다.

새로운 것을 조합해 보고, 기존의 관념을 바꿔보고, '이런 일이 있으면 어떨까?' 상상해 보는 겁니다. 가령 '왜 텔레비전은 집집마다 거실 중앙에 떡하니 자리하고 있을까? 가장 큰 방은 꼭 부부가 써야 하는 걸까?' 의문을 가져보는 거지요. 예전에야 텔레비전이 귀한 물건이었으니 온 가족이 다 볼 수 있는 거실 중앙에 놔뒀다지만, 왜 지금껏 텔레비전 자리는 그대로일까요? 거실에서 텔레비전을 치우고 그곳을 서재로 쓴다는 사람이 늘고 있는데, 이는 어쩌면 이런 의문에서 시작되었을지도 모릅니다.

창직의 뉴런을 만들어나가는 일이 거창해야 할 이유는 없습니다. 이 책을 여기까지 읽었다면, 뇌의 한 영역에 이미 '창직'이라는 단어가 새겨져 있을 겁니다. 이다음부터는 창직 더듬이가 알아서 할 것입니다. 당신 뇌 속의 창직 더듬이들이 창직의 재료들을 톡톡 물어다 놓는 모습을 지켜보세요.

창직의 실패: 망해볼터?

현재 제가 하고 있는 스트링 아트 강의는 한 번의 실패 후 보완된 '버전 2'입니다. 물론 지금도 계속하여 수정하고 보완해 나가고 있습니다. 베타 버전이 정식 버전으로 되어가는 과정은 참 흥미롭습니다.

혼자서 취미로 시작했던 스트링 아트가 나만의 직업으로 세상에 나오게 된 계기는 서울시에서 주최한 '창직 체험 페스티벌' 덕분입니다. 청소년 창직 체험 프로그램에서 창직 사례로 참가해 줄 수 있느냐는 의뢰가 들어온 겁니다. 마침 스트링 아트의 매력에 빠져서 그것을 혼자서만 즐기기엔 아깝다는 생각을 하던 때였습니다.

의뢰를 받자마자 바로 스트링 아트를 활용한 창직 구상에 들어갔습니다. 당시 제가 재료로 사용했던 나무판은 전원 주택 공사장에서 얻어온 '폐목재'였습니다. 이런 폐목재를 처리하려면 엄청난 비용과 매연이 발생한다고 합니다. 스트링 아트를 '폐목재 활용'과 '환경 보호'를 연결한 창직으로 발전시킬 수 있겠다는 생각이 들었습니다. 필요 이상의 나무를 베어냄으로써 환경이 파괴되는 문제에서부터 공사 현장에서 목재 등 자원이 너무

쉽게 낭비되는 문제, 또 이것을 처리하기 위해 추가로 들어가는 비용 문제 등을, 심각한 환경 강의가 아니라 스트링 아트라는 재미있는 놀이를 직접 해보면서 깨닫게 하는 것입니다. 이를테면 폐목재를 가지고 스트링 아트를 시작하는 아이들에게 이렇게 말해주는 거죠. "얘들아, 이것들은 집이 되어야 하는데 집이 되지 못하고 버려진 가엾은 나무토막들이란다. 이제 너희가 이 나무토막들에 새로운 가치를 부여해 주렴."

놀이를 하면서 환경 교육도 하는 '에코 에듀테이너'가 그렇게 탄생했습니다. 바로 '에코eco+에듀케이션education+엔터테이너entertainer'가 융합한 새로운 창직 아이템이 탄생한 것입니다.

2015년 겨울, 집이 되지 못한 채 버려진 엄청난 무게의 나무토막 스무 개를 질질 끌고 가 아이들을 만났습니다. 그런데 웬걸, 분명 참여 연령이 청소년이라고 들었는데 어린 초등학생들이 엄마 손을 잡고 행사장을 찾은 겁니다. 스트링 아트는 기본적으로 망치질을 해야 하는 공예인데, 초등학교 저학년에게 망치질이 가당키나 할까요? 그래도 해보겠다고 앉은 아이들이 반가워서 차근차근 알려주기 시작했습니다. 남자아이나 고학년 아이들은 어설프지만 망치질이 가능했습니다. 하지만 어린 여자아이들은 역시나 무리였지요.

두 시간 동안 얼마나 많은 망치질을 했는지 모릅니다. 한겨울이었음에도 불구하고 저는 머리끝에서 발끝까지 땀 샤워를 했고, 수천, 수만 번의 망치질로 손톱은 벌어져 있었습니다. 여기저기서 도움을 요청하는 아이들로 사진 한 장 남길 시간이 없었지요. 그런 분위기에서 환경 교육은 뒷전이고, 그저 망치질하고 실매듭 매어주는 데만도 몸이 모자랄 지경이었습니다. 제가 망치질하는 모습을 보던 아이들이 "우와, 내가 본 사람 중에서 망치질을 제일 잘해요" "남자보다 더 잘하는 것 같아요"라고 말한 걸 보면, 저의 망치질은 거의 신들린 모습이었을 것 같습니다. 제가 봐주지 못하는 아이들에겐 엄마나 아빠, 진행요원이 붙어서 '밀착 체킹'을 해주어야 했습니다. 그날 이후 '에코 에듀테이너'는 사라졌습니다.

에코 에듀테이너가 사라진 이유는 단지 힘들었던 '첫 개시' 때문만이 아닙니다. 무거운 나무판, 시끄러운 망치질 소리, 참여 연령 등의 문제는 어떻게든 해결할 수 있는 사안입니다. 하지만 에코 에듀테이너가 그때가 처음이자 마지막이 된 데에는 다른 결정적인 이유가 있었습니다. 창직의 가장 중요한 요인, 바로 '내가 좋아하고 관심 있는 일'이 아니었다는 것입니다.

부끄럽지만 저는 환경에 그리 관심이 많은 편이 아닙니다. 평소 아껴 쓰고 절약하는 편이지만 그렇다고 해서 다른 사람들에게 환경 문제에 대해 알려줄 만큼 지식이나 신념으로 가득한 사람은 아닌 거지요. 만일 환경 문제에 대한 인식을 바꾸겠다는 '신념'이 있었다면 이야기는 완전히 달라졌을 겁니다. 그날의 시행착오를 바탕으로 에코 에듀테이너를 더 발전시켜 나갔겠지요.

그에 반해 스트링 아트 수업 자체의 문제점은 계속해서 고민하고 있는 제 자신이 보였습니다. 누가 시키지 않아도 스스로 해결책을 찾고 있었던 겁니다. 그 동기는 단 하나, 스트링 아트가 '내가 좋아하는 일'이었기 때문입니다. 그날 저는 창직을 소개하는 사람으로서 정말 중요한 경험을 한 셈입니다. 아무튼 나도 모르게 계속 고민하면서 해결책을 찾아간 것은 이런 것들입니다.

첫째, 나무판의 옹이가 있는 부분은 아무리 망치질을 해도 못이 들어가지 않는다는 사실을 알게 되었습니다. 혼자 작업할 때는 몰랐던 점이었죠. 못을 거의 다 박았는데 마지막 즈음에 위치한 옹이 때문에 버린 나무판이 두 개 정도 되었습니다. 열심히 못을 박은 아이도, 어떻게든 못을 박아보려고 '수퍼 파워'를 낸 저도 허탈했었죠.

두 번째는 너무나 기본적인 사항인데, 스트링 아트를 할 수 있는 연령층이 최소 초등학교 고학년 이상이 되어야 한다는 것을 몸소 체험한 것입니다.

세 번째는 재료 준비에 대한 것입니다. 행사 담당자가 바쁜 나머지 고무망치나 실 등 제가 요청한 재료를 미리 준비하지 못한 겁니다. 문방구나 대형 마트 같은 오프라인 가게에서 이런 재료를 손쉽게 구할 수 있을 거라고 안이하게 생각했던 담당자가 행사가 코앞에 닥쳐서야 대량 구입이 어렵다는 사실을 깨닫고 뒤늦게 온 상점을 뒤져 망치 스무 개를 구해온 겁니다. 하지만 제가 바란 가벼운 스텐 손잡이의 고무망치가 아니라 무거운 나무 망치였기 때문에 아이들이 더 힘들어 한 요인이 되었습니다.

넷째는, 나무판입니다. 제가 준비한 나무판은 건축 자재였기 때문에 두께가 5센티미터가 넘고 아주 무겁습니다. 폐목재를 재활용한다는 의미는 있었지만, 수업에서는 가볍고 얇아서 다루기 좋은 집성목을 써야 한다는 걸 깨달았습니다.

이제는 스트링 아트 수업에 필요한 위의 네 가지 팁 정도는 알려줄 정도가 되었습니다. 제 블로그에서 스트링 아트 제작 방법을 묻는 분들에게는 제가 직접 촬영한 스트링 아트 제작 영상과 도안을 이메일로 보내드리기도 합니다. 제 스트링 아트 수업에 참여한 학교 교사로부터 "선생님 덕분에 아이들과 수업 잘했다"는 감사 메시지를 받기도 하고, 저의 스트링 아트 강의가 아이들이 가장 좋아하는 수업으로 뽑히기도 하지요. 그 결과 2016년에는 영재 페스티벌에 참여 부스로 선정되기도 했습니다. 다 몹시 고생했던 첫 수업 덕분입니다. 비록 에코 에듀테이너로는 성공하지 못했지만, 그 실패 덕분에 많은 이들에게 도움을 주는 스트링 아트 강사로는 성공한 셈입니다.

저는 제 실패 사례를 강의 때 꼭 이야기합니다. 창직을 보완하고 발전시키기 위해서는 관심과 몰입이 필요하고, 시행착오 없는 창조는 없다는 말도 꼭 덧붙입니다. 창직에 성공하기 위해서는 처음부터 완벽을 추구하기보다 지속적으로 실험하고 피드백 받는 과정이 아주 중요합니다. 시행착오라는 경험 자산을 얻는 좋은 방법에는 '무료 강의' '재능 기부' '스터디' '체험단 모집' 등이 있습니다.

이 책에서 제가 소개하는 창직가들은 공통점이 있습니다. 관심 있는 것, 좋아하는 것으로 자신만의 일을 시작했다는 점입니다. 외부의 조건이 아니라 내면의 소리에 따르다 보니 어느 순간 창직 1세대가 된 사람들입니다.

경험, 경력, 흥미, 관심사, 적성, 취미, 특기, 꿈, 소망, 목표 등을 통틀어 저는 꿈을 만드는 틀, 즉 '꿈틀'이라고 부릅니다. 저의 실패는 자신의 '꿈틀'에 기반하지 않은 창직, 다시 말해 '타의에 의한 기획 창직'의 결과가 어떤지를 잘 보여줍니다. 저는 강의에서 늘 창직은 반드시 자신만의 꿈틀에서 시작되어야 한다고 강조합니다. 자신이 좋아하고 관심이 있는 것이어야만 꾸준히 발전시킬 수 있기 때문입니다. 모든 창직의 뿌리는 '나'에서 시작해야 합니다. 창직에 도전하는 일은 나의 정체성을 찾는 일이라고 말하고 싶습니다. 저의 첫 번째 창직인 에코 에듀테이너를 실패 사례로 강조하는 것도 그 때문입니다.

20세기 초 스위스의 사상가인 칼 힐티Carl Hilty는 《행복론》에서 "행복해지려면 계속해서 할 수 있는 일을 찾아라. 삶에서 가장 행복한 때는 온 정신을 다 기울여 일에 열중할 때다. 행복해지고 싶으면 일을 먼저 찾아라"라고 말했습니다. 일을 먼저 찾으라는 말이 단순히 취업의 문을 열심히 두드리라는 의미는 아닐 거라 생각합니다. 대부분의 사람들은 일이란 힘든 것, 고단한 것, 어쩔 수 없이 해야 하는 것이라는 부정적 프레임에 걸려 있습니다. 그렇기 때문에 "제 일이 너무 좋아요!" "일하는 게 참 재미있답니다"라고 말하는 사람은 일중독자 아니면 이상한 사람 정도로 치부됩니다. 일인지 놀이인지, 노동인지 여가인지 모를 정도의 경지까진 아니더라도, 일과 여가의 이분법이 희미해질수록 우리의 삶은 더 행복해지지 않을까요?

창직에 도전하는 일이 나의 정체성을 찾는 것과 연결된다고 말하는 이유가 여기에 있습니다. 평생을 두고 즐겁게 할 수 있는 일을 찾는 것이야말로 내 삶의 진정한 의미를 찾고 그것을 위해 도전하는 일일 테니까요.

"시야를 넓게 가지고 그 일에 도전하는 기간을 평생으로 잡으세요. 다른 것을 하면서 조금씩 계속 꾸준히 하세요. 이것에는 못 당합니다. 평생을 걸고 즐기겠다고 하면 돼요." 소설가 이외수 씨가 독자들과 만난 자리에서 들려준 이 이야기는 칼 힐티가 말한 '일'의 의미에 조금 더 가까이 다가서게 해줍니다.

인생에 흥미를 가진 만큼 흥미 있는 인생이 된다지요? 내가 '할 수 있는' 일이 있다고 믿고 그것을 찾아나가는 것만으로도 사는 것이 훨씬 재미있고 의미 있어집니다. 그래서 저는 잡 크리에이터는 곧 '라이프 크리에이터life creator'라고 믿습니다.

왜 창직인가?: 나에게 맞는 일 찾기

"노하우know how가 아닌 노와이know why를 아는 직원이 되겠습니다." 2007년 제가 입사한 증권사에 제출했던 자기소개서의 마지막 문장입니다. 그때 쓴 것처럼 저는 과연 회사 일을 하면서 내가 '왜 이 일을 하는지' 알고 일을 했는지 새삼 묻지 않을 수 없습니다.

강의 도중 교육생들에게 "왜 일을 하나요?" 물으면 열에 아홉은 '돈을 벌려고' 혹은 '먹고살기 위해서'라고 대답합니다. 놀라운 것은 대학생, 주부, 학부모, 은퇴 예정자 등 세대를 막론하고 다 같이 그렇게 대답한다는 것입니다. 전 세대를 통틀어 왜 공부를 하고, 왜 대학에 가며, 왜 일을 하는가에 대한 근본적인 질문이 없다는 반증이 아닐까요? 만약 '돈을 벌고' '먹고사는 것'이 일을 하는 근본 목적이라면 우리가 하는 일을 인공 지능과 로봇에게 빼앗기고 나면 우리는 일하는 목적을 잃고, 따라서 삶의 목적도 잃어버릴 것이 뻔합니다. 이제야말로 정말로 왜 일을 하는지 돌아볼 때입니다. 돈은 일의 목적이 아니라 일에 대한 다양한 보상 중 하나일 뿐이라는 점을 상기하면서 말이죠.

누군가는 평생을 바칠 일, 즉 소명이나 천직을 찾으라고 말합니다. 왠지 마음을 무겁게 하는 조언입니다. 소명이니 천직이니 하는 단어에서 책임감, 사명감 같은 의미가 연상되기 때문일까요? 평생 할 수 있는 일이 되려면 '내가 해야 하는 일'이기보다는 '내가 하고 싶은 일'이어야 할 것입니다. 그런 면에서 저는 내면이 편안해지는 일을 하려고 합니다. 내면이 편안하다는 것은 그 일이 하늘이 준 나의 본성과 맞는다는 의미일 것입니다.

사람은 저마다 타고난 본성이 다릅니다. 같은 요리를 해도 한식이 좋은 사람이 있고, 양식이 좋은 사람이 있습니다. 받는 것이 편한 사람이 있고, 주는 것이 편한 사람도 있습니다. 혼자 있어야 에너지가 충전되는 사람이 있고, 사람들 사이에 있어야 에너지가 충전되는 사람도 있고요. 이는 맞고 틀리고, 좋고 나쁘고의 문제가 아닙니다. 세상과 주파수를 맞춰가는 자신만의 방식일 뿐입니다.

내가 어떤 상황에 반응하는지 아는 것도 자신의 성격을 살피는 데 도움이 됩니다. 누군가 자기 사업을 한다, 대학 교수가 되었다, 돈을 많이 번다는 얘길 들었을 때 별 감흥이 없으면 그런 삶에는 별로 끌리지 않는다는 의미입니다. 그 반면 누가 지방에서 복합 문화 공간을 만들었거나, 농가 주택을 개조하여 산다는 소식에 마음이 동하면 그런 일이 나의 본성과 가까운 일입니다. 그런 것이 내가 속하고 싶은 공동체이고 내가 살고 싶은 삶이기 때문입니다.

문제는 내가 나 자신에게 속을 때가 있다는 것입니다. 그래서 계속해서 자신의 본성에 깨어 있어야 합니다. 자신의 본성에 깨어 있어야 본성에서 어긋났을 때 이를 알 수 있기 때문입니다. 어떤 목소리가 자신의 본성에서 나오는 목소리인지 알아채기 가장 쉬운 방법은 바로 그 목소리를 들었을 때의 '느낌'을 보는 것입니다.

막연하게 예전부터 어떤 일을 해보고 싶다거나, 오랜 시간에 걸쳐 꾸준히 알아보고 검색하게 되는 주제가 있나요? 내 머리는 그 쪽을 향하지 않고 있는데 자꾸 가슴 쪽에서 '가라, 가라' 속삭이는 것이 있나요? 왠지 모르지만 자꾸 끌리는 그 무엇 말이에요. 그렇다면 그 목소리는 내 안의 깊숙한 곳에 있는 나의 본성에서 나오는 목소리일 가능성이 큽니다. 그 내면의 목소리는 '느낌'을 통해서 나를 안내합니다. 좋은 느낌이 들거나 그 느낌에 자꾸 끌린다면 그 느낌을 따라가면 됩니다. 하지만 이와 달리 '불편함' '꺼림칙함' 같은 느낌이 든다면 거기서 멈추라는 신호로 받아들이는 것이 좋습니다.

만약 "나는 왜 일을 하는가? 나는 누구인가?"와 같은 질문이 어렵게 느껴진다면 이렇게 한번 물어보세요. "나는 어떻게 살고 싶지?"

저는 농가 주택을 사서 본채는 우리가 사는 집, 별채는 손님이 와서 머무는 사랑방, 창고는 복합 문화 공간 및 작업실로 꾸미고 싶습니다. 때마다 사람들을 초대하여 살아온 이야기도 나누고, 자신만의 경험을 선물처럼 들려주기도 하고, 그러면서 바비큐 요리를 먹고 함께 술을 마시는 '홈 강연 파티'를 열고 싶습니다. 그러면서 나를 이끄는 큰 흐름에 나를 내어맡기는 삶이 가능한지 함께 묻고 실험하고 공유하며 살고 싶습니다. 나의 경험이 다른 사람에게도 큰 도움이 된다는 것을 알려주고 싶기도 하고, 자연 속에 머물면서 마음이 편해지고 인생에 너그러워지는 느낌을 맛보게 해주고도 싶습니다. 자연과 사람과 이야기와 술이 어우러진 공간, 집단 지성을 믿고 자연스러운 삶을 꿈꾸는 사람들이 모이는 커뮤니티를 만들고 싶습니다.

어느 청년 사업가는 제 꿈에 대해 듣고 이렇게 말하더군요. "서울 아니고는 사람이 안 모여요. 일을 제대로 하려면 서울로 올라와야 할 거예요." 마치 스트링 아트를 하는 저에게 "돈 안 되는 것만 하시네요?" 하고 말할 때랑 비슷한 느낌이었습니다. 전 속으로 생각했지요. '사람들이 찾아오게 하면 되지.' 방법이요? 아직은 잘 모르겠습니다. 하지만 그 꿈을 품고 있는 것이 저에겐 중요합니다. 마틴 루터 킹 목사도 나에겐 꿈이 있다고 했지 계획이 있다곤 안 했으니까요.

처음에 충청도에 왔을 땐 문화 생활을 할 만한 공간이 너무 없어서 불만이었습니다. 서울에서는 크고 작은 강연이 하루에도 수십 개가 열리는데 여기는 너무 조용합니다. 서울과 지방의 문화 차이라는 것이 이런 거구나, 서울로 아니, 경기도로라도 가고 싶다는 생각이 들었습니다. 하지만 5년이 지난 지금은 이곳의 좋은 점들이 눈에 보입니다. 시설 좋은 서울의 강연장도 좋지만, 시골의 마당 강연장도 좋습니다. 모두 같은 방향을 바라보는 강연도 좋지만, 둥글게 모여앉아 대화를 나눌 수 있는 강연도 좋고요. 얼른 듣고 오는 강연도 좋지만, 놀고먹고 쉬며 '따로 또 함께' 시간을 보내는 강연도 좋습니다.

아프리카에서 신발 사업이 어떨지 알아보러 다녀온 두 조사원의 이야기가 생각납니다. A 회사의 조사원은 아무도 신발을 신고 있지 않은 아프리카 사람들을 보고 이렇게 보고를 했다죠. "아프리카에서는 사업 전망이 없어요! 아무도 신발을 신고 있지 않아요." 비슷한 시기, 비슷한 시장 조사를 한 B 회사의 조사원은 이런 보고를 합니다. "아프리카 사업은 가능성이 많아요! 아무도 신발을 신고 있지 않아요."

본성에 맞는 일이란 간단히 말하면 자신이 하고 싶은 일, 자신에게 소중한 일입니다. 내가 중요하다고 생각하는 것을 '일'을 통해 풀어내는 것입니다. '일'이 중요한 이유는 그것이 인생의 대부분을 차지하기 때문만이 아닙니다. 일이란 곧 나를 표현하는 통로이기도 하기 때문입니다. 옷이나 화장, 인테리어보다 나를 잘 표현해 주는 강력한 도구가 바로 일입니다.

돈과 상관없이 스스로 하고 싶어서 하는 일이 있나요? 하던 것을 잠깐 멈추고 돈이나 명예, 체면 등 외적인 것과 상관없이 마음에서 우러나 자발적으로 하는 생각, 공부, 일상이 무엇인지 한번 돌이켜보세요.

내가 좋아하는 일을 찾아 나만의 직업을 만드는 창직가들은 다음과 같은 특징을 보입니다.

첫째, 주도적인 삶을 중시합니다. 내가 원하는 방향으로 인생을 이끌고 나아간다는 것은, 내가 중요하게 여기는 가치가 무엇이고, 내가 흥미를 느끼는 것이 무엇인지 안다는 의미입니다. 가족, 건강, 성취, 성장, 재미 등등 말이지요. 내가 소중히 여기고 흥미를 느끼는 것이 일을 하는 데 가장 중요한 요소이자 동기입니다.

둘째, 전문성을 키우려고 합니다. 나에게 의미 있는 일을 더 잘하고 싶은 욕망이 있기 때문입니다. 그렇기 때문에 이들은 나이에 상관없이 계속해서 공부하고, 자신이 추구하는 이상을 이미 이루어낸 사람을 연구하거나 그들과 함께 하고자 합니다.

셋째, 목적이 분명합니다. 이들은 무엇이 '되고' 싶다는 말보다 어떤 일을 '하고' 싶다고 말합니다. '교수가 되고 싶다' '작가가 되고 싶다'는 것이 무언가 되고 싶다는 것이라면, '우리나라 전통 교육을 체계적으로 연구해서 알리고 싶다' '대안 교육을 해보고 싶다'는 것은 어떤 일을 하고 싶다는 의미입니다. '무엇이 되고 싶다'가 직업 쪽을 가리킨다면, '어떤 일을 하고 싶다'는 일의 비전 쪽에 가깝습니다. '어떤 일을 하고 싶다'고 말하는 사람들은 단순히 자신이 일할 직업을 찾는다기보다는, 나뿐만 아니라 다른 사람들, 더 나아가 사회에 도움이 되기를 원합니다.

그래서인지 창직가들은 자신의 일에 대한 만족감과 자부심이 큽니다. 자신이 선택한 창직의 주제를 스스로 찾아서 연구하고 자신만의 일로 발전시켜 가는 재미가 크기 때문이지요. 평생에 걸쳐 이 일을 발전시켜 가고 싶다는 생각 덕분에 꾸준히 지속하는 힘이 상대적으로 큽니다. 사람이건 일이건 나와 맞지 않은데 오랜 시간 함께 보내야 하는 것은 고역입니다. 일은 누구에게나 인생 대부분을 차지합니다. 반려자를 고를 때는 나와 맞는 사람인지 아닌지 찬찬히 따지면서, 반려자만큼이나 아니 그 이상으로 많은 영향을 끼치는 '나의 일'에 대해서는 왜 그런 수고를 들이지 않는 걸까요? 나의 일 역시 나와 함께 해로할 수 있는 '반려'가 될 때 우리의 행복지수는 더 올라가지 않을까요?

창직을 고민하다 보면 자연스레 일과 돈의 진정한 의미에 대해서도 다시 한 번 생각해 보게 됩니다. 우리 사회에서는 공부를 하려면 누군가를 찾아가서 돈을 내고 배워야 한다는 생각이 지배적입니다. 돈과 배움을 교환해야 하는 분야도 분명 있습니다. 문제는 교환 수단이 '돈'만 있다는 착각입니다. 불과 반세기 전까지만 해도 우리 사회에는 물물교환이나 품앗이 같은 돈 외의 다른 교환 방법이 공존했습니다.

얼마 전 집 안 정리를 대대적으로 했습니다. 아까워서 못 버리던 옷들도 옷장에서 모두 빼냈지요. 그냥 버리기엔 상태가 좋아서 단 얼마라도 받고 팔까 잠깐 고민하다가, 그냥 무료로 지역 커뮤니티에 내놓았습니다. 그런데 옷을 받아가러 온 분들이 저마다 손에 무언가를 들고 오신 겁니다. 고구마 농사를 짓는 분은 고구마를, 어떤 분은 집에 많아서 좀 가져왔다며 단감을, 또 어떤 분은 사과를 말이죠.

두고두고 먹으며 생각했습니다. 화폐의 개념도 이렇게 바꿀 수 있겠구나. 공개 강연을 연다면 '참가비: 1만 원'이 아닌 '참가비: 각자 줄 수 있는 것'으로 해봐야겠다는 생각을 했습니다. 농산물, 책, 먹을 것, 음반 등 얼마나 다채로울까요?

노동과 노동을 맞바꾸는 것도 좋겠지요. 디자인을 하는 분이라면 명함을 디자인해 줄 수 있고, 음식점을 하는 분이라면 김치찌개 한 그릇을 제공할 수도 있겠죠. 연주가라면 아름다운 음악을 들려줄 수도 있을 테고요. 이러한 다양한 시도는 이제 막 시작하는 창직가가 해볼 수 있는 신나는 도전이 되겠죠. 경험 자산을 얻기 위해 '특강'이나 '컨설팅' 등을 진행할 때 화폐 대신 적용할 수 있을 테니까요.

그렇다면 이제 '창직가들 인터뷰'를 통해 창직에 대한 살아 있는 이야기를 들어보고자 합니다. 그들의 이야기가 여러분이 자신만의 일을 찾는 데 1퍼센트의 영감이라도 준다면 더할 나위 없이 기쁘겠습니다.

5

창직가들을 만나다

길 위에서 살다

☆ 아름다운 길 연구가 김성주 씨
☆ 기차 여행 전문가 박준규 씨
☆ 메시지 필름 제작자 김동하·이성아 씨
☆ 아트 가이드 전아름 씨
☆ 소상공인 VMD 이랑주 씨
☆ 한국 문화 기획꾼 문현우 씨

2016년 가을, 제주도로 여행을 갔습니다. 다음날 아침 세수도 하지 않은 얼굴로 슬리퍼를 끌고 숙소 밖으로 산책을 나섰습니다. 새 소리만 드문드문 들리는 돌담길 사이를 걷는데, "아, 행복하다"라는 말이 나도 모르게 새어나오면서 두 눈에 눈물이 고였습니다. 상상도 못한 일이었죠. 한 순간 깊은 행복감에 젖어 눈물을 흘린 겁니다. 고요한 아침, 바람과 햇살을 동무삼아 돌담길을 산책하는 사이 제 가슴은 뭔지 모를 충만함으로 가득해졌지요. 그러면서 문득 하늘 한 번 쳐다보지 않고 산 지가 꽤 오래되었다는 사실을 깨달았습니다.

우리는 살면서 수없이 많은 길들을 지나쳐 왔습니다. 찻길, 흙길, 꽃길, 산길, 골목길, 굽은 길…… 그중에는 그날의 제주도 돌담길이 저에게 그랬던 것처럼 우리 마음을 움직이는 길도 있었을 겁니다. 이렇게 우리 마음을 움직이기에 충분한 정취와 풍광을 지닌 멋진 길들을 찾아서 걸어보도록 도와주는 사람이 있습니다. '아름다운 길 연구가'(이하 '길 연구가') 김성주 씨입니다.

지금까지 그가 걸어본 길만 수만 곳입니다. 이런 길들 가운데 그가 느린 여행을 지향하는 사람들과 함께 걷는 여행 코스로 개발한 곳도 꽤 많아서, 서울의 숨어 있는 길들을 포함해 꽃길, 숲길, 바닷가길, 산책길 등 100여 곳에 이를 정도입니다. 김성주 씨는 느리고 게으른 여행을 권합니다. 자가용보다 대중 교통, 대중 교통도 고속버스보다 시외버스, 시외버스보다 시골 버스, 시골 버스보다 걷는 것, 그리고 걷는 것보다 한 자리에 머물며 오래 보는 여행을 권하고, 시간에 쫓겨 후루룩 훑고 지나가는 관광이 아니라 길 위에서 느끼고 생각하고 쉬어가는 여행을 권하지요.

길 연구가는 단순히 길에 대한 지식을 소개하고 여행을 안내하는 직업이 아닙니다. 아름다운 길을 사람들과 함께 걷고 그 느낌을 나누면서 '사람의 길', '변화의 길' 같은 인문학적 주제를 놓고 함께 이야기를 나눕니다. 답사 코스를 따라 해설을 해주는 여행 전문가는 많습니다. 그러나 김성주 씨는 '길'을 테마로, 그 길에 인문학을 입히기 위해 노력합니다. 그가 그럴 수 있는 것은 나무나 숲 등 자연 생태에 관련한 책은 물론이고 문학, 철학 등 다양한 인문학 분야의 책을 읽고 3,000편이 넘는 다양한 주제의 영화를 본 덕분이기도 합니다. 숨어 있는 아름다운 길을 찾아 전국을 다니며 답사하는 것은 기본입니다. 어마어마한 메모가 들어 있는 지도책 속에는 자신만의 콘텐츠가 차곡차곡 쌓이고 있습니다.

길 연구가 김성주 씨의 원래 꿈은 변호사였습니다. 대학에서 법학을 전공하고 수년간 사법고시를 준비하다가 한 법무법인에 취업했지요. 각종 소송 관련 서류를 작성하고 법원을 오가는 일상이 그의 삶이 되었습니다. 그러는 와중에도 틈만 나면 낯선 길 위에 서기 위해 여행을 떠났습니다. 대학 시절부터 그의 가슴속에는 뭔지 모를 허기와 갈증이 있었다고 합니다. 그때마다 그는 지도를 펴고 전국 곳곳의 낯선 길들을 찾아다녔는데, 그때 느끼던 설렘과 행복감으로 그 허기와 갈증을 달랠 수 있었다고 합니다. 그는 작은 읍면까지 안 가본 곳이 없을 정도로 전국을 다 헤집고 다녔지만 이미 개발된 여행지보다는 알려지지 않은 길과 풍경에 관심이 많았고, 또 그런 곳들을 찾아다니면서 삶을 성찰해 보고 싶었다고 합니다.

"오랜 시간 길 위를 떠돌면서 나의 진짜 꿈은 여행가라는 사실을 깨달았어요. 마흔을 코앞에 두고 회사를 그만두었습니다. 물론 쉽지 않은 결정이었죠. '여행과 길에 인문학을 입히는 나만의 방식이 과연 한국에서 성공할 수 있을까?' '안정적인 회사를 그만두는 것이 잘하는 선택일까?' 불안했죠." 하지만 그를 믿어주는 주변 사람들의 격려와 지지 덕분에 그는 길 연구가로 나설 수 있었습니다.

그는 인터넷 카페 '김성주여행연구소'를 개설하고 동호회를 꾸려서 '서울 여행 프로그램'을 매주 토요일마다 진행하기 시작했습니다. '서울 여행'에 주목하는 사람이 없을 때여서 기대 이상의 호응이 있었지요. 그러면서 "우연히 여행 탐방 프로그램을 진행해 달라는 의뢰를 받고 여행 프로그램 개발에 온 마음을 쏟게 됐습니다. 참가자들의 그날 행복을 책임진다는 마음으로요. 그렇게 의뢰받은 여행 탐방 프로그램을 한 건 한 건 완성해 나간 것이 또 다른 여행 탐방의 추천으로 이어지면서 지금까지 왔습니다."

길 연구가로서 그의 주된 수입원은 여행의 기획·진행과 여행 인문학 강의입니다. 그간 걸어본 길들과 자신의 여행 강의를 결합해 매년 진행해 온 '공공도서관 길 위의 인문학' 프로그램도 더 심화시킬 계획입니다. 여행 인문학을 콘텐츠로 '여행 인문학 지도사' 양성 프로그램도 개설할 계획이고요. 또 청소년들이 여행을 통해 인성과 인문학적 소양을 기를 수 있는 프로그램도 기획할 작정입니다. 김성주 씨는 자신이 하는 일이 '창직'이라는 일의 형태인 줄 모르고 시작한 '어쩌다 창직가'입니다.

"그저 새롭게 하자, 다르게 하자는 마음뿐이었어요. 저는 평소에 책, 영화, 문화에 관심이 많았고, 그 중에서도 가장 관심이 큰 것은 여행이었습니다. 나중에 보니 읽고 듣고 느끼고 써본 모든 경험을 '인문학적 체험'이라고 표현하더군요. 그 다양한 관심과 기웃거림이 창직의 굳건한 토대가 되어준 셈입니다."

김성주 씨는 이른바 '여행 5적'을 피하고 '여행 5벗'을 찾아갑니다. 여행 5적이란 사람, 소음, 주차장·매표소·식당가, 인공구조물, 시멘트입니다. 여행 5벗이란 여백, 바람, 풍경, 흙길, 자연입니다. 이제야 제가 왜 제주도 돌담길에서 행복해서 눈물이 났는지 알 것 같습니다. 여행 5벗이 모두 존재한 그 순간, 화학 작용이 일어난 겁니다. 제게 그 경험은 지금까지도 강렬하게 남아 있습니다.

김성주 씨는 말합니다. "내 인생에서 가장 안타까운 일은 변호사가 되기 위해 사법시험 준비에 매달렸던 것입니다. 가장 잘한 일은 그 욕망에서 벗어난 것이고요. 내 심장은 법전을 볼 때가 아니라 지도책을 볼 때 제일 세차게 뜁니다. 내 마음은 법원에 갈 때가 아니라 낯선 길을 찾아갈 때 가장 설렙니다. 생이 다할 때까지 하고 싶은 일을 꿈이 아닌 직업으로 가졌습니다. 앞으로 내 인생에 다른 직업은 없을 것 같습니다."

안 가본 길이 없는 길 연구가도 있지만, 안 타본 기차가 없는 '기차 여행 전문가'도 있습니다. 바로 박준규 씨입니다. 처음 그에게 인터뷰를 청했을 때 그는 자신의 직업이 특별할 게 없다는 이유로 만나기를 거절했습니다. 하지만 특별하지 않은 일상을 직업으로 만드는 것, 즉 일상 크래프팅이 바로 창직의 한 모습이라고 했던 말 기억하시나요?

기차 여행 전문가는 이러한 '일상 크래프팅'과 '세분화'의 융합으로 탄생한 창직의 예라고 할 수 있습니다. 여행 갈 때 으레 이용하는 이동 수단인 '기차'에 주목했다는 점(일상 크래프팅), 여행의 '수단'을 세분화해 그중 기차만을 전문적으로 다루고 있다는 점(세분화)에서 말이에요. 말 그대로 기차 여행 전문가는 기차 여행의 모든 것을 알려주는 사람입니다. "어떤 곳이 여행하기 좋다는 것을 감성적으로 소개하는 책은 많지만, 정작 대중 교통으로 여행지까지 어떻게 갈 수 있는지 구체적인 방법을 제대로 알려주는 책은 거의 없었어요. 대중 교통으로 1박 2일 걸릴 여행을 자동차로 가면 당일로 갔다 올 수 있기 때문이겠죠." 그의 말입니다.

여행 책을 보면 버스 노선이 개편되었는데도 옛날 버스 번호가 그대로 실려 있다거나, 인터넷에 올라와 있는 잘못된 교통 정보를 그대로 옮겨놓은 듯한 것들이 제법 많습니다. 박준규 씨는 "내가 직접 타보고 나서 정확한 교통 정보를 알려주고 싶다"는 마음에서 기차 여행 전문가로 나서게 됩니다. 그동안 다닌 여행지마다 사진을 찍어놓고 직접 이용해 본 최신 교통 정보를 정리해 둔 것이 기차 여행 전문가로 창직하는 데 큰 도움이 되었습니다. 현재 그는 자타공인 대한민국 최고의 기차 여행 전문가입니다. 열차 사진을 코레일보다 많이 소장하고 있고, 기차 여행 상품 기획이나 기사를 쓰려면 그의 열차 사진이 꼭 필요할 정도라고 합니다.

박준규 씨는 직장 생활을 해야 한다는 부모의 압력에 못 이겨 건설사에서 3년 동안 근무했습니다. 결국 기차 여행을 잊지 못해 여행사로 이직을 했는데, 웬걸 "여행은커녕 은행 업무와 기차표 예약, 숙소 예약, 음식점 예약 등 여행 상담만 실컷 하는" 겁니다. 그는 결국 1년 만에 프리랜서 여행 가이드로 나섭니다.

그가 거친 '이력'들은 특이합니다. 그는 KTX 1호 고객에, 3년간 강원도 동해시의 망상역 명예역장을 맡았고, 고객 중심 경영의 일환으로 2012년부터 운영되고 있는 코레일 고객 대표로도 7년이나 활동했습니다. 그는 기관사의 열차 시간표 보는 법, 무전 송수신법, 선로 변환법 등 기차와 관련한 지식도 전문가 못지않게 가지고 있습니다. 1년에 300일 넘게 기차를 타고 돌아다니면서 기관사들과 친해지다 보니 얻게 된 지식들입니다.

어쩌다가 그는 이렇게 기차 사랑에 빠지게 된 걸까요? 그의 대답입니다. "초등학교 때 대구 집에서 문경 외갓집으로 기차를 타고 갔었어요. 비둘기호를 타고 천천히 주평역에서 가은역까지 갔는데, 시골 풍경이 정말 좋았어요. 그때 그 좋았던 기억이 여기까지 오게 만든 것 같아요."

기차 여행 전문가는 여행 작가와는 하는 일이 전혀 다릅니다. 자유롭게 여행을 다니면서 글을 쓰는 사람이 여행 작가라면, 기차 여행 전문가는 기차 여행에 대한 총괄 기획자라고 할 수 있습니다. 열차 시간부터 운행 코스, 환승 시간, 숙소와 연계 교통편, 서비스 등 사람들이 편하게 기차 여행을 할 수 있도록 온갖 정보를 제공합니다. 그는 "한밤중에도 기차가 어디쯤 가고 있는지, 다음 역이 어디인지 분간할 수 있어요. 엔진 소리만으로도 기차 종류를 구분할 수 있고요"라고 말합니다.

기차 여행 전문가는 가이드, 강의, 원고 작성(사보, 블로그, 온라인 신문 등), 책 출간 등이 주된 수입원입니다. 박준규 씨는 자신의 블로그를 통해 꾸준히 기차 여행 정보를 올리고 기차 여행을 주제로 한 인터넷 카페도 운영하면서 자연스레 자신이 하는 일 또한 홍보가 되었다고 말합니다. 그는 이 일을 시작한 지 벌써 10년이 넘었다고 합니다.

그렇게 오래 이 일을 해온 박준규 씨가 '내 마음의 역'으로 꼽는 곳은 어디일까요? 맨 처음으로 꼽은 곳은 영동선의 정동진역입니다. 일출 모습과 기차역이 어우러진 바닷가 풍경이 드라마 등을 통해 이미 유명해진 곳이죠. 태백선의 영월역은 한옥으로 지어진 역사가 인상적이라고 하네요. 영동선의 양원역은 역무원이 근무하지 않는 자그마한 간이역인데, 경북 봉화군 최북단의 첩첩산중에 위치해 있어서 기차로만 갈 수 있는 곳입니다. 지역적인 특성 때문에 대한민국 최초로 주민이 직접 철도청(현 코레일)에 요구해서 기차역을 만든 사연이 있지요. 영동선의 승부역 역시 대한민국 '최고의 오지 역'으로 인기를 끌고 있는데요, 1960년대 승부역에서 근무하던 역무원이 썼다는 다음의 시처럼 작은 간이역입니다.

하늘도 세평이요
꽃밭도 세평이나
영동의 심장이요
수송의 동맥이다.

그저 목적지까지 가는 데 필요한 수단 정도로만 여겼던 기차와 역에서 그 이상의 새로운 가치를 발견한 이가 바로 창직가 박준규 씨입니다. 창조란 없는 것을 만들어내는 것이 아니라 이미 있던 것을 발견해 내는 것이라는 말의 뜻을 알 것 같습니다.

오랜만에 강연을 하는 사람이 아닌 듣는 사람으로서 강연장에 갔습니다. 일반 시민들이 돌아가며 자신의 이야기를 자유롭게 하는 자리였습니다. 한 강연자가 이런 말을 합니다. "아버지가 돌아가시고 가장 슬픈 일은 시간이 지날수록 아버지 목소리가 기억이 안 난다는 점입니다. 내 이름을 불러주던 그 목소리를 아무리 되살려보려 해도 가물가물해요. 아버지 목소리가 너무 그립습니다."

눈물을 찍어내던 그 와중에도 저는 '메시지 필름 제작자'로서 함께 일하고 있는 김동하 씨와 이성아 씨가 생각났습니다. 만약 저 강연자가 아버지를 떠나보낼 당시 이런 사람들이 있어서 아버지의 목소리를 영상에 담아놓을 수 있었다면, 지금 이렇게 슬퍼하지는 않을 거라는 아쉬움 때문이었죠.

김동하 씨와 이성아 씨가 처음 '유언 동영상'을 촬영하기 시작한 2013년, 자신들의 명함에 새긴 첫 창직명은 '메시지 필름 제작자'가 아니라 '유언 동영상 제작자'였습니다. 웰다잉이 확산되어 가는 요즘이지만 죽음을 떠올리게 하는 단어를 직업명으로 쓰는 건 시기상조였던 걸까요? 주 고객층인 어르신들의 거부반응이 예상외로 심했다고 합니다. '유언 동영상'이라는 단어가 마치 죽음을 재촉하는 듯한 느낌을 주었을지도 모릅니다. 결국 이들은 창직명을 '메시지 필름 제작자'로 바꾸게 되었지요.

대학에서 국문학을 전공한 뒤 기자로 활동하던 김동하 씨와 영상 제작 쪽 일을 해오던 이성아 씨는 어릴 때부터 친구로 지내오던 사이였습니다. 이성아 씨는 우연히 웰다잉 프로그램을 촬영하게 되었는데, 이것이 계기가 되어 '죽음'이라는 문제에 대해 진지하게 고민하기 시작했다고 합니다. 모든 일에는 시작과 끝이 있습니다. 이는 우리의 삶도 마찬가지죠. 태어나면 누구나 반드시 죽습니다. 그런데 우리 사회는 장례 절차 등 격식에만 신경을 쓰고 정작 삶을 제대로 마무리하는 웰다잉에는 관심이 없다는 것을 이때 새삼 깨닫게 된 겁니다.

두 사람은 웰다잉에 관심을 가지면서 관련된 책을 읽고 인터넷 자료를 살피는 등 삶과 죽음에 대한 공부를 해나가기 시작했습니다. '죽음 준비 지도사' 과정 등 웰다잉 교육 프로그램도 수소문해서 찾아다녔지요. 시간이 지나면서 실제 죽음의 문턱에 선 사람들을 직접 만나봐야겠다는 생각이 들었습니다. 그때부터 무작정 호스피스 병원과 호스피스 단체에서 봉사 활동을 하기 시작했다고 합니다. 이를 통해 500명 이상의 환자들을 만나고 전문 호스피스들, 자원 봉사자들도 만났다고 해요. 그리고 이들의 이야기를 들으면서 죽어가는 사람이나 그 가족들을 위해 자신들이 할 수 있는 일이 무엇인지 점점 더 방향을 잡아나가게 됩니다. 누구나 행복하게 삶을 마무리하려면 죽음을 현실로 받아들이고 죽음을 준비하는 시간이 필요하다는 것, 그리고 자신들이 해오던 영상 작업이 그 일에 아주 유용하다는 걸 재삼 확인하게 된 겁니다.

이들이 보여준 사진 한 장에 유독 눈길이 갔습니다. 사진 속에는 환자복을 입고 병상에 앉은 채 고개를 떨군 아빠와, 그 아빠의 목을 끌어안고 있는 예닐곱 살쯤 되어 보이는 여자아이가 있었습니다. 그 사진의 스토리를 듣고 저는 가슴이 먹먹해졌습니다.

암환자인 아버지는 죽음을 앞두고 메시지 필름 촬영을 결심했다고 합니다. 의연하려고 노력했지만 메시지 필름 제작자가 병실에 들어선 순간, 아버지는 그만 저승사자라도 만난 듯 가슴이 철렁 내려앉으며 무너지고 맙니다. 제가 그 입장이 되어보지 않는 이상 그 심정은 결코 모를 것입니다. 사진 속 장면은, 곁에 있던 어린 딸아이가 울음이 터진 아버지를 안아주며 위로하던 순간을 찍은 것이라고 합니다.

그들은 많은 의뢰인들이 이런 모습을 보인다고 말합니다.

가끔은 자신들의 등장에 와르르 무너지는 의뢰인들의 모습을 보며 자신들이 마치 '저승사자'라도 된 것 같은 기분이 들어 씁쓸할 때도 있다고 합니다. 하지만 입장을 바꿔놓고 생각해 보면 삶의 마지막 순간이 가까워졌다고 느낄 때에는 누구나 예민해질 수밖에 없을 겁니다. 많은 사람들이 죽음이 임박해서도 이를 받아들이기보다는 거부하기 십상입니다. 죽음 앞에 초연한 경우는 오히려 예외적이라고 할 수 있을 겁니다.

그런 이유로 이들은 충분한 대화를 통해 의뢰인의 현재 감정 상태나 심리 상태를 파악하고 의뢰인이 안정을 찾은 후에 촬영을 진행한다고 합니다. 사람을 직접 상대하면서 하는 일이 대개 다 그렇지만 이들에게는 특히 의뢰인의 심정을 이해하고 공감하고 수용하는 능력과 자질이 아주 중요합니다. 이런 까닭에 유언 동영상을 만드는 일은 굉장한 정신적 노동을 요합니다. 그럼에도 이들이 이 힘든 일을 계속 할 수 있는 건 돌아가신 분과 남겨진 가족들이 다음과 같이 두고두고 마음을 교환할 수 있는 일종의 통로 같은 걸 만들어주었다는 뿌듯함 덕분이라고 합니다.

> 힘든 일이 있으면 납골당에 가서 생전에 어머니께서 남기신 메시지 필름을 꺼내어보곤 합니다. 안치함 가족 사진 옆에 놓아둔 전자 액자에서 어머니의 모습을 보고 목소리를 들으면 고되고 지친 삶에 큰 위로와 새로운 힘을 얻거든요. 쉽지 않으셨

을 텐데 저를 생각해 유언을 영상으로 남기신 어머니. 당신의 사랑을 생생히 느끼며 살아갑니다. 정말 감사하고, 사랑합니다.

20살이 된 나의 아들 ○○야. 아빠다. 아마도 이 영상은 10년 후 성인이 된 너에게 보여지고 있겠지. 군 입대하는 늠름한 내 아들 등도 한 번 두들겨주고 싶고, 결혼하는 너의 모습도 보고 싶고, 옆에서 든든한 지원자가 되어주고 싶었는데…… 아들아, 참 많이 미안하다. 비록 아빠가 너와 함께하지 못했지만 멀리서 너를 응원하고 있고 앞으로도 계속 그럴 거다. 매순간 네가 성장하는 그 순간순간을 응원하고 축하한단다.

어린 아이들을 두고 몇 개월 후면 죽는다는 사실을 도저히 믿을 수 없어서 눈물로 시간을 보냈습니다. 마음이 어느 정도 가라앉은 후 남은 시간 동안 내가 할 수 있는 일을 찾다가 '메시지 필름'을 알게 되었고, 아이들을 위해 이 못난 엄마의 모습과 마지막 말을 영상으로 남기게 되었습니다. 영상이 아이들에게 전해질 때 저는 이미 이 세상에 없겠지만 아이들이 이 엄마의 모습을 평생 간직하며 함께해 줄 생각을 하니 그래도 마음이 한결 놓이네요.

유언 동영상은 이 같은 통로 역할 말고 또 다른 역할도 합니다. 유산 상속과 분할 등 재산과 관련한 고인의 발언은 법적

효력을 지니기 때문입니다. 유산 상속 등에 관한 유언 없이 부모가 갑작스럽게 죽음으로 해서 자식들 간에 갈등이 일어나는 경우를 심심찮게 봅니다. 실제로 60대의 한 의뢰인은 딸 둘과 아들 하나를 두었는데, 행여나 재산 분배 문제로 자식들이 싸울까봐 걱정이 되었다고 합니다. 세 자녀에게 똑같이 재산을 분배해 주면 좋겠지만 상대적으로 형편이 어려운 둘째가 마음에 걸렸대요. 아픈 손가락을 치료해야 나머지 손가락들도 안 아프다는 결론을 내렸고, 둘째에게 유산을 조금 더 준다는 내용을 영상으로 남겼습니다. 그러고 나니 한결 마음이 편해졌다고 합니다. 동영상에는 아버지의 표정, 말투, 눈빛이 생생히 담겨 있기 때문에 글로만 유언을 남기는 것보다 아버지의 마음을 훨씬 잘 전달할 수 있었을 것입니다.

메시지 필름 제작자는 동영상 기획, 상담, 연출, 촬영, 편집 등 기술적인 역량만이 아니라, 사람의 심리와 죽음에 대한 전반적인 지식이 필요합니다. 김동하 씨와 이성아 씨는 이 같은 기술과 지식을 체계화하여 전문적인 인력을 양성할 계획을 가지고 있습니다. 둘만으로는 일손이 부족하기 때문입니다. 앞으로 웰다잉 문화가 더 안착되면 이들 같은 메시지 필름 제작자들이 더 필요해질 테지요.

"창직이 가치를 가지는 것은 새로운 일자리를 창출하고 새로운 노동 시장을 개척하기 때문입니다. 자신의 창직 아이디어를 시장에 안착시키는 것도 중요하지만 계속하여 뒤를 이어줄 전문적인 인력 양성도 고려해야 하지요." 두 사람은 메시지 필름 제작자로서 죽음에 대한 사람들의 부정적인 인식을 꾸준히 개선해 오고 있습니다. 무연고자 장례를 지원하는 '나눔과 나눔재단'을 통해 독거노인들의 메시지 필름도 만듭니다. 새로운 웰다잉 문화, 장례 문화를 위해 이들은 오늘도 땀방울을 흘리고 있습니다.

얼마 전 꾼 꿈의 한 장면이 문득 생각나는군요. 컬러와 디자인이 다양하고 화려한 관棺들이 많이 있었는데, 제가 들어갈 관을 직접 고르고 사람들에게 자랑하는 장면이었습니다. 요즘은 매장보다는 화장이 느는 추세죠. 꿈속대로라면 제가 죽으면 관보다는 납골함을 직접 고르게 될지도 모르겠네요. 관이든 납골함이든 자신이 묻힐 데를 직접 고르는 것은 죽기 전 자신의 메시지를 남기는 것과 마찬가지로 자신이 죽는다는 사실을 받아들이지 않고는 어려운 일일 것입니다. 그런데 자신의 목소리로 메시지를 남기는 것은 여기에서 한 걸음 더 나아가 자신을 그리워할 가족들에게 살아생전 줄 수 있는 마지막 선물이 될 수도 있겠다는 생각이 듭니다.

혹시 그림을 그리거나 감상하는 것을 좋아하시나요? 미술관 혹은 갤러리를 떠올리면 어떤 느낌이 드나요? 저 같은 경우엔 그림은 가까이 하고 싶어도 왠지 어려운 것이라는 느낌이 듭니다. 한 번은 어느 도시에 놀러 갔다가 우연히 그곳에 있는 한 갤러리에 들른 적이 있는데, 그림이 있는 분위기는 좋은데 도통 그림의 의미를 알 수 없어 대충 보고 나온 기억이 납니다.

그런데 저처럼 그림을 좋아하면서도 뭔지 모를 거리감을 느끼는 사람들을 위하여 갤러리에서 그림과 친해질 수 있도록 도와주는 직업이 있습니다. '2016 창직 포럼'에서 처음 만난 20대 젊은 여성 전아름 씨가 창직한 '아트 가이드'가 바로 그런 직업입니다. 아트 가이드는 북촌, 청담동, 경복궁 등 서울 도심에 있는 갤러리들을 돌며 그림을 감상하는 프로그램의 진행자로, 문화·예술에 관심이 많은 사람들 사이에 이미 널리 알려져 있습니다.

아트 가이드가 제 눈길을 사로잡은 데에는 이것이 훌륭한 창직 사례라는 점 말고도 이 분야에 관심이나 지식이 있는 경력단절 여성들이 파트타임으로 할 수 있는 좋은 일자리를 제공한다는 측면도 크게 작용했습니다. 현재 국내에서는 전아름 씨 외에도 여러 명의 아트 가이드들이 활동중입니다.

전아름 씨의 경우, 처음부터 창직을 염두에 두고 아트 가이드를 시작한 것은 아닙니다. '써니사이드업'이라는 문화 벤처 기업을 설립해 '컬처 워크'라는 갤러리 투어 프로그램을 기획하였는데, 이는 90분 동안 갤러리 세 곳을 돌아다니며 작품을 설명해 주는 프로그램이었습니다. 이 역할을 하는 사람을 뭐라고 부르면 좋을까 고민하다가 '도슨트'와 '여행 가이드'의 개념을 융합하여 아트 가이드로 이름을 지었다고 합니다. 아트 가이드는 미술관의 도슨트나 큐레이터와는 다릅니다. 큐레이터가 전시를 기획하고 작가를 섭외하고 전시 디스플레이를 하는 일을 한다면, 도슨트는 작품을 설명해 주는 일을 하지요. 이에 반해 아트 가이드는 도슨트와 가이드의 중간 지점에 있는 사람으로 갤러리 세 군데를 돌아다니며 전시 설명 및 가이드를 합니다.

아트 가이드는 현재 대부분 미술 전공자나 미술 작가들이 하고 있습니다. 전아름 씨는 창업한 회사에서 아트 가이드를 양성·교육하고 있는데요, 이곳에서 일하는 아트 가이드들은 정식 입사한 정규직 직원부터 프리랜서까지 형태가 다양합니다. 대개 하루 두세 시간 정도 일을 하면 되기 때문에 풀타임으로 일하는 데 제약이 있는 전업 주부나 아이가 있는 여성에게는 더할 나위 없이 매력적인 일자리입니다. 꼭 미술 전공자나 작가가 아니더라도 미술에 관심이 많은 사람이라면 도전해 볼 수 있습니다. 다만 작품 전시 주기가 짧은 갤러리 특성상 빠른 시일 내에 작품을 익히고 설명할 수 있는 능력이 있어야 합니다.

전아름 씨는 원래 문화 마케팅 쪽 일을 했는데 그림에도 관심이 많았다고 합니다. 그렇지만 그림을 관람하러 갤러리를 찾고 싶어도, 왠지 갤러리 하면 돈 있는 사람, 다시 말해 작품을 살 만한 사람만 들어가는 공간이라는 생각이 들어 매번 입장할 때마다 노크를 한다든가 입장료를 물어본다거나 했습니다. 머뭇거리며 입장을 해도 막상 마주친 작품들은 난해한 현대 미술이라 어렵게 느껴졌고요.

전아름 씨는 언젠가 유럽 여행에서 본 광경이 떠올랐습니다

다. 유럽 사람들은 갤러리나 박물관에 누구나 편안하게 들락날락할 뿐 아니라, 계단에 서서 자유롭게 대화를 나누는 모습도 흔히 볼 수 있었습니다. 그 순간 생각이 스쳤습니다. '사람들이 심리적 장벽을 느끼는 갤러리에 함께 들어가서 작품을 설명해 주는 사람이 있다면 얼마나 좋을까?'

전아름 씨는 말합니다. 그냥 자기가 좋아서 하는 일이든 사회적으로 가치가 있어서 하는 일이든 자원 봉사가 아닌 한은 수익성을 잘 따져보는 것이 좋습니다. 수익성이 있어야 본인도 생활이 되고 그 일을 하려는 사람도 늘어납니다. 그러다 보면 자연스레 시장이 생기고, 수익성이 없다면 사람도 안 모이고 당연히 시장도 생길 리 없겠죠."

아트 가이드의 수익 구조는 간단합니다. 아트 가이드 인건비만 지급하면 되니 마진율이 높은 편입니다. 전아름 씨는 2012년에 처음 '컬처 워크' 프로그램을 만들었는데, 만든 지 한 달 만에 갤러리 50곳을 섭외할 수 있었다고 합니다. 그녀는 말합니다.

"50군데 가운데 절반은 '이 같은 아이디어가 나오기를 너무 기다렸다'며 반색을 했고, 나머지 반은 '오든지 말든지 하라'는 뜨뜻미지근한 반응이었어요. 그런데 날이 갈수록 아트 가이드 활동이 늘어나자 처음에 거절했던 갤러리들에서도 점점 와달라는 연락이 오기 시작했어요."

전아름 씨는 처음에 소셜 사이트인 티켓몬스터에서 갤러리 투어 상품을 판매했는데, 판매를 시작한 지 5일 만에 500장이 팔렸다고 합니다. 점차 백화점 문화 센터 등으로 유통 채널을 확장하며 고객 수를 늘려갔습니다. 활동을 시작한 2013년부터 지금까지 아트 가이드를 찾는 고객들은 개인부터 기업 및 단체까지 다양합니다. 특히 기업의 회식 문화가 술자리를 갖는 것에서 문화 생활을 즐기는 쪽으로 변해가는 것도 고객 유치에 도움이 되었다고 합니다.

갤러리 투어로 시작한 아트 가이드는 현재 궁 투어, 한옥마을 투어, 박물관 투어 등으로 확장되었습니다. 한번 찾은 고객이 또 찾아오거나 주변의 소개로 찾아왔다는 사람이 느는 것이 무엇보다 감사하다고 전아름 씨는 말합니다. 이제는 고객들이 역제안을 하기도 합니다. "커피 마시는 투어를 하자" "맛집 투어를 하자" 하는 식으로요. 전아름 씨는 처음에는 아트 가이드의 '아트'를 예술에만 초점을 맞추었다고 말합니다. 그래서 고객들의 그런 제안을 모두 거절했습니다. 그러다가 어느 순간 깨달았다고 해요. '고객들이 원하면 그게 예술, 아트, 문화인 거지. 순수 예술만 문화라고 생각한 것은 나만의 편견이나 아집이 아닐까?'

이 같은 생각의 전환을 통해 전아름 씨는 이제 더욱 다양한 콘텐츠를 발굴해서 복합 문화 투어로 사업을 확장시킬 생각입니다.

사야 할 물건이 있어서 한 백화점에 들렀습니다. 에스컬레이터에서 내리는 순간 눈앞에 형형색색의 과일 진열대가 펼쳐집니다. 살 것도 아닌데 눈길이 절로 갑니다. 색깔별로 가지런히 과일 탑을 쌓아놓은 모습이 단순한 좌판이 아니라 예술 작품으로 보일 정도입니다. 전통 시장에서도 비슷한 경험을 한 적이 있습니다. 같은 과일 가게인데도 무언가 더 특별해 보이는 가게가 있었어요. 다른 과일 가게는 소쿠리에 그냥 사과를 담아놓았는데, 그 가게는 초록색 나뭇잎을 깔고 그 위에 사과를 담아놓은 걸 발견했지요. 사소하지만 큰 차이였습니다.

이처럼 더 맛있게 보이고 더 좋아 보이도록 상품을 진열해 주는 직업이 따로 있다는 걸 아시나요? 시각적인 효과가 판매 촉진으로 이어지는 놀라운 마법, 바로 VMD(비주얼 머천다이징)입니다. VMD로 국내에서 처음 박사 학위를 받은 비주얼 머천다이저는 이랑주 씨입니다.

이랑주 씨는 백화점, 마트, 명품관 등에서 10년간 VMD로 일을 하다가 그만두고 돌연 전통 시장을 무대삼아 그 일을 하기로 마음먹었습니다. "동네 전통 시장을 찾았는데 좋은 상품들이 엉망으로 진열되어 있는 모습이 너무나 안타까웠어요. 전통 시장에 VMD를 접목해 보자는 생각을 했죠." 그녀의 말입니다.

그렇게 안정적인 회사를 그만두고 '이랑주VMD연구소'라는 소상공인들을 위한 VMD 회사를 설립했습니다. 처음에는 시장 상인들뿐 아니라 업계의 반응까지 냉담했습니다. 백화점이나 대형 마트가 아닌 전통 시장에서 VMD라니, 어떤 상인이 하려고 들겠냐는 거였지요. 하지만 그녀는 생각이 달랐습니다. 다른 사람들이 다 안 된다고 하니까, 아무도 하지 않으니까, 더더욱 전통 시장에 VMD가 필요하다고요.

그래서 먼저 상인들의 이야기를 듣는 시간을 많이 가지면서 그들의 상황과 입장을 이해하고 그들과 눈높이를 맞추고자 노력했습니다. 그 결과 상인들의 마음이 열리기 시작했습니다. 전통 시장의 특성에 맞는 진열 방법을 연구하고 그렇게 했을 때 어떤 매출 효과가 날지도 조사해서 알려주자 VMD에 부정적이거나 어려움을 느끼던 상인들이 한번 해보자는 쪽으로 돌아서기 시작한 겁니다. 실제로 VMD를 통해 물건마다 그 장점과 가치가 제대로 표현되도록 하자 매출이 늘기 시작했습니다. 상인들은 이제 그녀의 든든한 지지자가 되었지요. 그녀가 국내 1호 '소상공인 맞춤 비주얼 머천다이저'라고 인정받은 힘은 바로 이들, 전통 시장 상인들로부터 나온 것입니다.

이랑주 씨는 컨설팅비를 낼 돈이 없는 상인들을 위해 무료로 컨설팅을 해주기도 하고, VMD를 하고 난 뒤 매출이 얼마나 상승했는지 그 결과를 담아낸 논문을 써서 정부에 전통 시장 활성화 방안을 제안하기도 했습니다. 이처럼 전통 시장의 활성화를 위해 열심히 일을 했음에도, 변두리에 있는 작은 전통 시장들은 시대의 변화에 적응하지 못하고 점점 사라져갔습니다. 노력과 정성만으로도 안 되는 일이 있다는 생각에 그녀는 자괴감에 빠졌지요.

"그렇다면 전 세계적으로 100년 이상 살아남은 시장들은 그 비결이 뭔지 궁금했어요. 전 세계의 전통 시장들을 연구하기로 결심했지요." 그렇게 그녀는 20년간 해오던 일과 회사를 접고 1여 년 동안 40개국의 150여개 시장을 돌아보았습니다. "그리스 생선 가게에서는 생선이 세워져 있더라고요. 우리는 왜 그동안 생선을 세워볼 생각을 못했을까요? 본 적이 없기 때문이에요. 진열을 하는 방법은 정말 무궁무진했어요."

세계의 전통 시장들을 탐방해 보자고 처음 생각했을 때만 해도 이들 전통 시장의 형태나 규모, 마케팅 기법, 상품 진열 등을 주로 살펴볼 계획이었습니다. 우수한 마케팅 전략이 돋보이는 시장, 도시의 랜드마크가 될 정도로 멋지게 리모델링한 시장, 독특한 진열로 눈길을 끈 시장도 분명 있었습니다. 그런데 여전히 잘되고 있는 전통 시장들은 공통적으로 이런 외형적 변화보다도 바른 먹을거리와 좋은 품질, 즉 원형과 본질을 온전히 유지한다는 사실이 새삼 눈에 띄었습니다.

"사실 그전까지는 외형적인 것에만 주목했어요. 포장이나 홍보, 고객 쉼터, 아케이드 공사 같은 것들 말이에요. 전통 시장 활성화란 명목 아래 진행되는 사업들 대부분이 그랬습니다. 그런데 제가 컨설팅해서 매출이 올랐다는 상점을 가보면 결국은 본질이더라고요. 시장의 본질은 품질이었어요. 그런 본질이 있어야 VMD도 효과가 있다는 걸 알았어요."

품질이 우선되어야 자신의 작업이 빛을 발한다는 걸 깨달은 겁니다. 아무리 VMD를 잘해도 본질이 받쳐주지 않으면 매출로 이어지지 않더라는 말이다. 한복집의 원단을 색깔별·명도별로 다시 재배열한 것만으로 매출이 오른 것도, 빨간 바구니에 담긴 홍시에 초록색 비닐을 깔아준 것만으로 두 달 후 사장님이 트럭을 바꿀 정도로 장사가 잘된 것도 모두 본질인 품질이 우선이 된 상태에서 그것들이 눈에 잘 들어오도록 진열한 덕분입니다. 그러나 아무리 품질이 우수해도 그것을 표현해 내는 방법이 미숙하다면 사람들 눈에 잘 띌 리 없고, 당연히 매출이 저조할 수밖에 없겠죠. 이런 점에서 그녀는 전통 시장이야말로 진짜 VMD가 필요한 곳이라는 생각을 다시금 하게 됩니다.

"대기업에 다닌다고 마냥 행복하지만은 않았어요. 전통 시장에 와서야, 내가 가진 재주가 이렇게 많은 곳에 도움을 줄 수 있구나, 전통 시장이야말로 진짜 VMD가 필요한 곳이구나 깨달았죠. 보람이 있더라고요. 진열을 바꾸는 시간은 2분이었지만, 생각을 바꾸는 데는 20년이 걸렸어요."

그녀는 창조적인 일을 하는 사람은 평소에 늘 가는 곳만 가서는 안 된다고 말합니다. 다시 말해 '단골 가게'를 만들지 말라고 합니다. 다른 곳에도 가보고 익숙하지 않은 메뉴도 접해봐야 자극을 받고 더 좋은 생각도 할 수 있습니다. 단골 가게에서 매일 똑같은 아메리카노만 시켜서 먹는다면, 예컨대 생선을 세워서 진열하는 것 같은 창조적인 아이디어는 낼 수 없겠죠.

상품의 진열, 조명, 컬러 등을 어떻게 하면 좋을지 자문을 구해온 한 남성화 매장 사장님께 이랑주 씨는 대답 대신 이렇게 묻습니다. "당신의 매장에 무엇을 담고 싶으신가요?" 매장이란 점포를 운영하는 사람의 생각과 철학이 담기는 그릇입니다. 먼저 어떤 철학으로 장사할 것인지를 결정해야, 그 다음에 VMD를 통해 시각적으로 그 철학을 표현할 수 있다는 말입니다. 본질이 우선되지 않으면 VMD는 한갓 겉치장에 불과하다는 말에 다름 아닙니다.

그녀는 현재 한국VMD협동조합의 이사장을 맡고 있습니다. 전국 곳곳에서 한국VMD협동조합과 손을 잡고 VMD 전문가 양성 과정을 진행합니다. 이들이 VMD 전문가로 성장하여 수익을 창출할 수 있도록 도와주고 있지요. 그녀는 이렇게 백화점에서 전통 시장으로, 이랑주VMD연구소에서 VMD협동조합으로 자신의 일터를 옮겨가고 있습니다. 그녀는 왜 이처럼 자꾸 쉽지 않은 길로 가려고 하는 걸까요? 2016년《좋아 보이는 것들의 비밀》이란 책을 출간한 후 한 매체와 인터뷰한 기사에서 이랑주 씨는 이렇게 이야기합니다.

"몇 해 전 돌아가신 시아버지가 이런 말씀을 해주셨어요. 사람이 너무 바쁘면 성품이 고약해진다고요. 그 말씀을 듣고 제 재능을 돈으로만 환산하면 슬플 것 같다는 생각이 들더군요. 사실 협동조합을 운영해서는 이익이 거의 발생하지 않아요. 돈 안 되는 일만 골라서 하고 있죠.(웃음) 세계일주를 떠나기 전까지만 해도 돈을 많이 벌어야겠다는 생각이 컸어요. 그렇게 살아오기도 했고요. 이제는 돈이라는 것에 묶이지 않고 세상을 이롭게 하는 일에 재능을 조금씩 나누고 싶어요."

아리랑 청년 문현우 씨를 처음 만난 곳은 제가 사는 충북 진천의 한 공립 유치원에서였습니다. 그 유치원에서 특강이 있다는 소식을 듣고 우리 아이가 다니는 유치원이 아님에도 달려간 데에는 이유가 있었습니다. 강연 제목이 '문화로 직업을 창조하는 방법'이었거든요. 강연자에 대한 아무런 배경 지식 없이 우연히 참석한 자리였지만 그 자리가 끝나갈 무렵 저는 그의 팬이 되어 있었지요.

2012년 그는, 오늘날의 중국 국경 안에서 전개된 역사는 모두 자국 역사로 편입하려는 중국의 동북공정東北工程 프로젝트로 인해 우리의 전통 민요 〈아리랑〉이 중국에 빼앗길 위기에 처했다는 소식을 접했습니다. 중국이 〈아리랑〉을 자신들의 국가 무형문화재라고 유네스코에 지정 신청을 한 겁니다. 그 소식을 접하면서 그는 초등학교 3학년 때 말레이시아로 조기 유학을 떠나 향수병을 앓던 기억이 떠올랐지요. 우리나라 축구 국가 대표팀의 경기 때 그곳 한인들과 함께 부르며 위로받고 향수병을 달랬던 노래가 바로 〈아리랑〉이었습니다. 그는 이 〈아리랑〉을 지켜야겠다는 사명감을 느낍니다.

"세계를 돌면서 〈아리랑〉이 대한민국 유산이라는 걸 알리자 싶었어요. 그러려면 국악 전공자가 필요했지요. 그런데 전 국악과 전혀 상관없는 사람이거든요. 무작정 국악과가 있는 모든 대학교에 전화를 돌렸죠."

그의 말을 끝까지 듣고 거절하면 그나마 다행, 중간에 전화를 끊어버리는 학교가 많았습니다. 아리랑 세계일주를 포기해야 하나 싶은 생각이 들 무렵, 한 학교로부터 전화가 걸려옵니다. 서울대학교 국악과였습니다. 취지에 공감한다며 두 명의 국악과 학생을 추천해 주었지요. "국악이라는 게 세팅된 무대 위에서 하는 공연이잖아요. 처음에는 국악과 학생들이 길거리 버스킹을 받아들이지 못했어요. 하지만 외국인과 가장 쉽게 소통하는 방법은 이것밖에 없었어요. 설득 끝에 결국 성사가 됐지요. 그런데 조건이 붙더라고요. '돈은 받지 말자. 마지막 자존심이다'라고요."

국악을 시작으로 서예를 하는 학생, 타악을 하는 학생이 더 모여 모두 여섯 명이 함께 '아리랑 유랑단'을 창단했습니다. 하지만 기쁨도 잠시, 그의 계획대로 세계일주를 하려면 자그마치 1억 원의 자금이 필요했습니다. 그는 이번에는 기업들에 제안서를 돌렸습니다. 놀랍게도 한 대기업에서 그들을 위해 거액의 후원금을 투척했지요. 이렇게 해서 '아리랑 유랑단'은 117일간 전 세계 17개국 33개 도시를 유랑하며 우리나라 문화를 알렸습니다. 외국인들로부터 "한국을 보았다" "한국이 통째로 왔다"는 말을 들을 정도로 반응이 좋았다고 합니다.

하지만 아픈 이야기도 들었습니다. 아르헨티나에 갔을 때입니다. 재외동포 2세들이 모여 풍물패를 꾸렸는데 장구가 없어 박스로 연습을 했다는 겁니다.

"정작 국내에선 외면받는 국악이 지구 반대편의 재외동포들에게는 사랑받고 있는 것을 보며 많은 생각을 하게 되더라고요 한국 문화 홍보는 관광청을 비롯해서 많은 기업이나 단체에서도 하고 있잖아요. 그런데 저는 정부와 기업의 중간 지점에서 할 수 있는 일이 있다고 믿었어요. 그래서 창직한 것이 바로 '한국 문화 기획꾼'이에요. 잊혀져가는 우리 전통 문화를 많은 사람이 쉽게 이해하고 즐길 수 있도록 공연이나 체험 프로그램을 기획하고 운영하죠."

현재 그는 가야금, 해금, 장구, 서예, 한국화, 한국 무용 등 우리나라 문화를 배울 수 있는 아리랑 스쿨을 운영하고 있습니다. 해외로 나가 한국 전통 문화를 알리던 아리랑 유랑단이 씨앗이 되어 청춘과 전통을 잇는 한국 문화 체험 아카데미인 아리랑 스쿨로 싹을 틔운 셈이지요. 그의 행보를 보자면 '타고난 기획꾼'이라는 생각이 듭니다. 그런데 문현우 씨는 좀 다르게 이야기합니다.

"저는 악보 하나 볼 줄 모르는, 음악과는 거리가 먼 사람이에요. 하지만 내가 재능이 없다면 재능이 있는 사람들로 판을 짜면 돼요. 나는 그 판을 이끄는 사람이 되고요. 저는 경기대학교를 나왔어요. '인 서울'이 아니라는 이유만으로 제 동기들이 학교를 부끄러워하더라고요. 평소보다 성적이 안 나와서 여기를 왔다, 이런 친구도 있었고요. 저는 절실함으로 온 학교거든요.

명문대가 명문대인 이유는 학생들이 모교를 자랑스러워하기 때문이잖아요. 내가 내 학교를 자랑스러워하지 않으면 어떻게 우리 학교가 명문대가 될 수 있겠어요?"

내가 있는 자리, 내가 있는 곳에 가치를 부여하는 사람은 결국 '나'라는 이야기는 너무나 뻔한 이야기입니다. 하지만 많은 사람들이 잊고 사는 이야기이기도 하지요. 우리가 잊고 사는 것이 또 있습니다. 아무것도 하지 않으면 아무 일도 일어나지 않는다는 진리입니다.

"진짜 여행의 시작은 티켓을 사는 것에서부터 시작됩니다. 하지만 많은 사람들이 '하고 싶다' '할 것이다'라는 말만 해요. 티켓부터 사세요. 그러면 그 다음 단계로는 저절로 흘러가니까요."

말레이시아에서 조기 유학을 끝내고 돌아와 중학생이 되었을 때 그의 앞에는 생각지도 못한 삶이 펼쳐집니다. 아버지가 사업에 실패하면서 부모님이 이혼을 하고, 그는 어머니와 함께 고시원 생활을 시작한 것입니다. 금방 벗어날 줄 알았던 고시원 생활은 3년 동안이나 지속되었습니다. "저는 요즘 흔히 말하는 흙수저의 삶을 살았어요." 흙에 강한 불을 쬐면 도자기가 되지요. 흙수저 인생도 큰 시련을 겪고 나면 도자기 수저 인생으로 바뀔 수 있다는 걸 그가 보여줍니다.

그는 꾸준히 '한국 문화 기획꾼 양성 과정'을 운영하고 있습니다. 전공생뿐 아니라 우리 전통을 사랑하는 일반 청년들과 함께 유랑단을 꾸려 2017년 뉴욕을 시작으로 이탈리아 토리노,

베트남 호치민, 칠레 산티아고 등 각 나라의 이름을 딴 '○○ 프로젝트'를 이어가고 있지요. 2018년 9월에는 '이탈리아-프랑스 유럽 프로젝트'가 시작되었습니다. 그는 궁극적으로 우리의 전통 예술 대안 학교를 전 세계에 세우는 것이 꿈이라고 합니다. 현재의 예술 학교들이 실기에만 집중하는 것과 달리 학생들이 연주 등 실기는 물론 직접 문화 기획을 하고 홍보까지 할 수 있도록 가르치는 학교를 꿈꿉니다.

문현우 씨처럼 우리의 전통 문화를 대중화시키려는 시도들이 여기저기서 많이 일어나고 있습니다. SNS 한국화 화가 김현정 씨는 '내숭' 시리즈로 많은 관심을 받고 있는데요, SNS를 많이 하는 분들은 김현정 작가의 작품을 한 번쯤 본 적이 있을 겁니다. 젊은 여성이 시스루 한복을 입은 채 버너에 라면을 끓여 먹거나 우체국 택배 박스를 식탁삼아 배달 음식 먹는 모습을 담은 그림 말이에요. 김현정 작가의 작품을 보고 있자면 '현대판 풍속화'라는 생각이 듭니다. SNS를 통해 자신의 작품을 '전시'하고 꾸준히 대중과 소통하려고 노력한 그녀 덕분에 교과서에서만 보던 한국화가 훨씬 친숙하게 다가옵니다.

그녀는 세계적인 잡지 《포브스》에 '아시아에서 가장 영향력 있는 30세 이하 30인' 중 한 명으로 선정되었으며, '아이돌 한국화 화가'라는 애칭도 가지고 있지요. 대중이 미술에 관심이 없었던 것이 아니라 예술가들이 대중들로부터 멀어지고 있었다는 걸 깨달았다는 그녀는 앞으로도 한국화가 대중에게 더 가까이 갈 수 있는 방법을 연구하겠다고 밝힙니다.

20대가 한복을 입고 거리를 활보하는 문화를 만드는 데 기여한《나는 한복 입고 홍대 간다》의 황이슬 한복 디자이너, 국악으로 밥 벌어먹고 살고 싶다는 염원 아래 국내외를 다니며 널리 국악을 알리고 있는 국악 버스킹 그룹 '국밥'도 있고요. 구태의연하다, 다가가기 어렵다 등 우리 전통 문화에 대한 고정관념을 깨뜨리고 자신만의 독특한 방식으로 대중과 소통하고자 하는 그들, 이제는 세상이 그들을 바라보기 시작합니다.

육아에서 찾다

☆ 난독증 전문가 김은희 씨
☆ 캐릭터 도시락 전문가 이수정 씨
☆ 폼패브릭 레터 디자이너 이은경 씨
☆ 영유아 수면 교육 코치 김준희 씨

만약 아이가 다음과 같은 문제를 가지고 있다면 여러분은 아이한테 어떤 문제가 있다고 생각할 것 같습니까?

- 학습 거부/ 독서 거부가 심하다.
- 만화나 그림이 많은 책만 선호한다.
- 소리 내어 읽기를 매우 싫어한다.
- 작문 숙제를 매우 힘들어한다.
- 어제 학습한 것을 기억하지 못한다.
- 단어를 소리 나는 대로 못 읽는다.(예를 들어 국물을 [궁물]로 못 읽고 글자 그대로 [국물]로 읽음)

아이가 이렇다 보니 당연히 공부를 잘할 리 없습니다. 그리고 공부를 못하는 아이를 보면 보통은 머리가 나쁘거나 자기 주도적으로 공부하는 습관이 들어 있지 않다고 생각합니다. 하지만 위의 사례는 '난독증' 학생들이 보이는 주요 증상이라고 합니다. 난독증이란, 듣고 말하는 데에는 어려움이 없지만 글자를 읽거나 인식하는 데에는 어려움을 느끼는 학습 장애의 한 유형으로 읽기 장애라고도 합니다. 국내에는 생소한 난독증에 대해 사람들이 제대로 인식할 수 있도록 노력해 온 사람이 있습니다. 바로 '난독증 전문가' 김은희 씨입니다.

김은희 씨는 '아파트 평수 늘리는 것'이 무엇보다 최우선 과제였던 보통의 아줌마였습니다. 대학 졸업 후 바로 결혼을 해서 1남 1녀를 낳아 기르고 있었는데, 어느 날 모처럼 옛 친구가 찾아왔고, 그 친구에게 시댁과 자식 이야기, 아파트나 부동산 투자 같은 재테크 이야기, 그러면서도 왠지 사는 게 우울하고 화가 많이 난다는 이야기를 쏟아내듯 하게 되었답니다. 이야기를 듣고 있던 친구가 그녀의 손을 꼭 잡고 이렇게 말을 했다고 해요. "은희야, 너는 이런 애가 아니었어. 너는 이렇게 살 친구가 아니야." 진심으로 안타까워하는 친구를 보며 그녀는 순간 부끄러움이 확 몰려오는 것을 느꼈다고 합니다.

그날부터 그녀는 "나는 누구일까? 나의 예전 모습은 어땠을까? 현재의 내 모습이 내가 나이 들어서도 만족스러울까?" 등등 스스로에게 많은 질문을 던지게 됩니다. '아이들이 이제 네 살, 여덟 살인데 내가 뭘 할 수 있지? 뭘 해보려고 해도 돈도 없고…… 남편도 오직 살림에만 충실하기를 바라는데……'

이런 생각을 되풀이하던 1994년 무렵 어느 날 그녀는 신문에서 작은 기사를 하나 발견합니다. 발달 장애아들을 치료하는 언어 치료사 이야기였습니다. 미국에는 이런 일을 하는 사람들이 많은데 우리나라에는 별로 없다는 기사였지요. 순간 머릿속에서 뭔가가 반짝였습니다. "그래, 이거야! 내가 언어에는 좀 소질이 있잖아. 대학 다닐 때 그렇게 소외 계층을 위해 살아야 한다느니 어쩌느니 했는데, 이런 소외받는 장애아들 치료에 도움되는 일을 하면 좋겠다. 아직 이런 일을 하는 사람도 별로 없다고 하니 내가 해봐야겠어."

그러곤 마침내 한 평생교육원에서 개설한 발달장애아치료 전문가 과정에 입학을 결심합니다. 하지만 남편의 반대가 극심했죠. "일주일에 두 번, 하루 종일 학교에 가 있어야 되는데 애들은 어쩔 거야? 정 하고 싶으면 아이들 큰 다음에 해." 하지만 김은희 씨는 이 기회를 놓치면 안 될 것 같아 고집을 부렸고, 수없이 남편을 설득한 결과 드디어 공부를 시작하게 됩니다.

그녀는 과정을 잘 마치고 마침내 언어 치료사로서 발달 장애 아동이나 학습 장애 아동들을 치료하고 학습을 도와주는 일을 하기 시작했습니다. 하지만 아무리 노력을 기울여도 치료에 진전이 없거나 읽기를 어려워하는 아이들이 있었답니다. 딱히 지능이 떨어지지도 않고, 가정 환경에도 문제가 없는, 게다가 본인도 열심히 하려는 마음이 있는 아이들이었는데도 말이지요. 나아지는 게 없으니 아이들 역시 좌절할 수밖에요. 김은희 씨는 이런 아이들을 치료하는 데에는 기존 방식에 한계가 있다는 사실을 직면하게 되었습니다. '나의 노력과 정성이 부족해서일까? 왜 아이들이 책 보는 것을 어려워할까? 핵심적인 문제가 뭘까?' 수없이 많이 묻고 답을 찾다가 마침내 난독증이라는 개념을 듣게 되고, 이러한 난독증은 신경생리학적인 문제이며, 아무리 노력해도 기존의 언어 치료 방식으로는 한계가 있다는 사실도 알게 됩니다.

미국의 경우 주 단위 등으로 난독증 센터가 있고, 난독증 치료에 지원을 받을 수 있도록 규정해 놓은 법률이 있다고 합니다. 각 학교에는 난독증 전문 치료사가 있는데 이들은 특별 교육 과정을 이수하고 자격증을 취득한 교사들입니다. 미국은 전체 아동의 15~20퍼센트가 난독증이라고 추정하고 있고, 이를 '질환'이 아닌 자연스러운 '상태'로 인식하고 있습니다.

그녀는 미국의 사례를 접하면서 우리나라에도 난독증 전문가가 꼭 있어야 한다는 생각을 하게 되지요. 그러나 국내엔 난독증 여부를 조기에 가려내고 지원하기 위해 실시하는 '난독증 선별 조사'조차 이루어지지 않아서 난독증 아이들이 얼마나 있는지 전혀 파악이 안 되어 있는 실정이었죠. 그러니 난독증 환자들에 대한 체계적인 지원 대책이 마련되어 있을 리 없었습니다. 김은희 씨는 이러한 국내 현실에 굴하지 않고 교육 관련 전문가들을 찾아가 난독증과 관련해 다양한 이야기를 들으려는 노력을 계속했습니다.

교육 담당자나 지자체 공무원들이 인식 부족으로 난독증 학생들을 단순히 학습이 부진한 아이들로 규정할 때엔 좌절감마저 느꼈습니다. 어떤 교육청 담당자는 "예산을 일반 학생에게 써야지 몇 명 안 되는 이런 아이들에게 어떻게 배정하느냐?"는 말도 했습니다. "교육 예산을 경제적 효율성만 가지고 분배하려는 인식에 그저 황당할 따름이었죠." 김은희 씨는 이렇게 그 당시를 회상합니다.

엄마들의 인식도 문제였습니다. 자기 아이가 단지 공부를 못하는 것일 뿐인데 '장애아'라고 못 박는 것은 아닌지, 이름도 생소한 '난독증'이라는 낙인이 찍히는 것은 아닌지 걱정하며 치료를 거부하는 엄마들이 많았다고 합니다. 실제로 한 초등학교 1학년 아이는 난독증에 대한 부모의 인식 부족으로 인해 치료를 받지 못한 안타까운 일도 있었습니다. 이 아이의 우뇌는 '영재' 수준이었습니다. 기존의 지능 검사와는 달리 일반적인 인지 능력과 더불어 개인의 성격까지 반영하는 웩슬러 지능 검사 결과 그 아이는 동작성 지능이 144, 언어성 지능이 107로 전체 지능이 132인 수재였지요. 하지만 좌뇌의 언어 학습 능력이 많이 떨어지는 게 문제였습니다. 난독증이 의심되는 경우였습니다. 아이의 난독증 치료를 여러 차례 권했지만 부모는 모두 거부했습니다. 부모는 아이의 정서적 측면만 염려하고 놀이 치료만 받게 했는데, 이 일은 그녀가 난독증 전문가가 필요하다는 생각을 더욱더 굳히게 된 계기가 되었습니다.

이런 난독증 학생들은 주로 취약 계층에 많다고 합니다. 치료 비용이 만만치 않다 보니 취약 계층의 아이들은 꾸준히 치료를 받기가 힘들기 때문입니다. 이들을 어떻게 도울 것인가 고민하던 김은희 씨는 교육청을 찾아다니며 난독증에 대한 이해와 대책을 촉구하는 강의를 하고, 난독증 지원을 위한 조례 제정 공청회에도 참여하는 등 3년여에 걸쳐 노력을 기울이게 됩니다. 그리고 마침내 2014년 난독증 지원에 대한 조례가 경기도에 처음으로 제정되지요.

김은희 씨는 앞으로 난독증의 검사 및 치료를 담당할 전문가가 부족할 것이라 판단하고, 이를 위한 전문적인 인력을 양성할 필요를 느낍니다. 그리하여 이듬해인 2015년 1월, 그녀는 안양시와 함께 전국 최초로 난독증 전문가 양성 과정을 엽니다. 언어치료사, 청소년 상담사, 문제 청소년 센터 교사, 학습 장애 아동 학부모 등이 이 전문가 과정에 참여하였고, 경력 단절 여성들 또한 이 교육을 받고 난독증 전문가로서 활동하기에 이릅니다. 지금은 대학에 관련 전공이 생기고, 교육청마다 직무 연수 교육 같은 형태로 난독증에 대한 인식 교육이 이루어지고 있으며, 난독증 지원을 위한 조례를 제정하는 지자체들도 늘어나고 있습니다.

김은희 씨는 말합니다. "그래도 가장 뿌듯한 건 다시 일을 시작한 엄마들을 볼 때에요. 장애아 또는 문제 청소년을 가진 부모들이 난독증 전문가로 다시 태어나 활동하게 되는 거니까요. 진단 검사, 부모 코칭, 학습 코칭 등 현장에서 바로 적용할 수 있도록 실무 중심의 교육을 받고 학교로, 지자체로, 가정으로 내보내는데, 엄마들의 표정이 처음과는 완전 달라져 있어요. 너무나 열심히 하고 인생이 긍정적으로 변화하는 것을 보면 제 직업에 긍지를 느낀답니다."

김은희 씨는 자신과 같은 주부들에게 꼭 하고 싶은 말이 있다고 합니다. 자신처럼 평범한 주부가 다시 공부를 시작하고 세상에 나와 일하는 모습을 보면서 다른 많은 주부들도 용기를 낼 수 있었으면 좋겠다고요. 그러면서 한마디 덧붙입니다. "내가 선택하는 순간 비로소 그것이 현실로 이루어진다는 긍정적 마인드로 열정을 가지시길 바랍니다. 그리고 내 개인적 성취가 사회적으로도 도움이 될 수 있는 일을 찾는다면 더욱 좋겠지요."

며칠 전 어린이집에 다니는 아이가 가을 소풍을 갔습니다. 언제나처럼 유부초밥에 참치마요네즈주먹밥, 제철 과일을 싸서 보냈습니다. 사실 아이의 첫 소풍 때는 도시락 때문에 골머리를 앓았답니다. 그때 친구들이 SNS에 아이들 소풍 때 어떤 도시락을 해서 보냈는지 올려놓은 것들을 보면서 저는 죄인 엄마가 된 기분이었지요. 메추리알에 당근으로 날개를 달고 까만 참깨가루로 눈을 찍어 만드는 '메추리 병아리' 정도는 기본인 그들의 솜씨! 선생님이 어린이집 사진첩에 올린 아이의 소풍 사진을 보는데 같은 반 아이들의 도시락을 유심히 보게 되더라고요. 다행히

'기본 옵션'인 도시락이 대부분이었습니다. 여하튼 SNS상의 엄마들은 대체 어디서 보고 캐릭터 도시락을 만들어내는지 궁금하기 짝이 없었습니다. 그 경로를 탐색해 본 결과 마침내 그 주인공을 찾았습니다. '캐릭터 도시락 전문가' 이수정 씨입니다.

이수정 씨는 대형 마트의 문화 센터에서 '편식 잡는 캐릭터 밥상'이라는 제목으로 요리 강의를 하는 푸드 아트 강사입니다. 그녀는 결혼 후 일을 그만두었는데 언제든 복귀가 가능한 전문직이 아니었던지라 아이를 키우고 난 후 무엇을 할까 고민이 많았다고 합니다. 그러던 중 지인의 소개로 프랜차이즈 본사 사무실에서 파트타임으로 일을 하게 되었답니다. 아이가 어린이집에 가 있는 동안 간단한 회사 업무를 봐주고 용돈 정도 되는 월급을 받은 겁니다. 물론 이 일이 적성에도 맞지 않고, 창의적이지도 않았으며, 답답한 사무실 공간은 더욱 싫었지만, 그냥 노는 것보다는 낫겠지 하는 마음으로 일을 했습니다.

그러던 그녀의 인생을 바꾼 건 아이의 소풍 도시락이었습니다. 우연히 인터넷에서 곰돌이 푸, 피카추 등 캐릭터 모양으로 식재료를 꾸민 도시락을 보고 자기도 캐릭터 도시락을 만들어 보았는데, 너무나 재미있어서 매일 아이에게 만들어주게 되었답니다. 그렇게 만든 자신의 '작품'들을 SNS에 올렸는데, 그러다 보니 남이 만들어놓은 것을 따라하는 게 아니라 스스로 자신만의 캐릭터 도시락을 만들고 싶다는 욕심이 생겼습니다. 그리고 그렇게 만든 것들도 똑같이 자신의 SNS에 올렸습니다.

어디서도 볼 수 없는 그녀만의 독특한 캐릭터 식단을 보고 많은 분들이 신기해하고 배우고 싶어 했습니다. 생각보다 큰 반응에 얼떨떨했지만, 많은 엄마들이 아이의 편식이나 음식 거부로 인해 힘들어한다는 사실과, 그걸 해결하는 한 가지 방법으로 캐릭터 식단을 만들어보고 싶어 한다는 사실을 알게 되었지요. 그래서 요리 과정을 동영상으로 제작해 SNS에 올리기도 하고, 요리하는 모습을 라이브로 방송하기도 했습니다. 그럼에도 직접 배우고 싶어 하는 엄마들이 많아, 그녀는 집 근처 대형 마트에 강의 계획서를 제출했고, 그렇게 해서 캐릭터 도시락 강사로 첫 출발을 하게 됩니다.

이수정 씨는 아이 이유식을 시작한 뒤부터 매끼가 아이와의 전쟁이었다고 말합니다. 음식이 조금만 식어도 아이가 먹기를 거부하고, 아무리 맛있게 이유식을 만들어주어도 도리질 치기 일쑤였다고요. 두 돌이 다 되도록 달걀, 김, 카레 같은 덮밥 종류가 아이의 식단이었습니다. 그러다가 아이가 어린이집을 가게 되었고 이후에도 한동안은 밥 때문에 애를 많이 먹었습니다. 그런데 시간이 지나면서 아이가 안 먹던 반찬들을 조금씩 먹는 등 그녀로서는 상상도 못할 변화를 보이기 시작했습니다. "채소는 물론이고, 늘 뱉어내던 고기도 먹는 거예요. 그때 알았죠. 어떠한 방식으로든 지속적으로 음식을 접하게 하면 긍정적인 효과를 불러일으키는구나."

그녀는 손으로 무언가 만드는 것을 좋아했습니다. 점토로 예술 작품을 만드는 클레이 아트, 쿠키 반죽을 이용한 쿠키 클레이, 네일 아트, 그리고 틈틈이 그리던 그림 등 모든 것이 지금의 캐릭터 푸드를 만드는 데 큰 도움이 되었습니다. 그녀는 아이에게는 멋진 엄마, 남편에게는 멋진 아내가 되고 싶었습니다. 큰 돈을 벌지는 않아도 자신만의 일을 하는 당당한 여성이 되고 싶었죠. 그런 그녀의 꿈을 이루게 한 것이 바로 캐릭터 도시락이었습니다. "처음에는 정말 취미로 했어요. 그저 아이가 좋아하면 그만이라고 여기고 캐릭터 식단을 만들었던 건데, 그런 취미 생활이 수입과 연결되니 얼마나 뿌듯한지 몰라요. 가족들도 그런 저를 많이 자랑스러워하죠."

물론 어려운 점도 있습니다. "아무래도 캐릭터 도시락은 창의적인 게 가장 중요하거든요. 추상적인 레시피를 구체화하는 게 힘들었어요. 우선 제가 만든 캐릭터 식단들을 다시 문장으로 풀어서 문서화하는 게 첫 번째 작업이었죠. 말로 설명하기 어려운 것들을 말로 풀어내는 것이 만만치가 않더군요."

그녀는 이 일을 하면서 속상한 적도 있었다고 합니다. "출처를 밝히지 않고 말없이 제 레시피를 자기 것인 양 갖다 쓰는 게 속상하더라고요. 시간이 지나고 나니 모든 엄마들이 내 아이 밥 잘 먹이고 싶어서, 아이를 기쁘게 해주고 싶어서 한 건데 굳이 나쁘게 생각할 필요가 있을까 싶더군요."

SNS로 매일, 꾸준히 그리고 진심으로 사람들과 소통하다 보니 그녀가 새로운 요리를 올리기를 기다리는 팬도 생기고, 그

팬들의 한마디에 큰 힘을 얻기도 하면서 그녀는 자신만의 커리어를 쌓고 있습니다. 매일 먹는 밥을 이왕이면 즐겁게 먹이고 싶어 하는 엄마들, 매년 돌아오는 아이의 소풍 때 뭔가 특별한 도시락을 만들어주고 싶은 엄마들에게, 이수정 씨는 조금이라도 창조적인 영감을 줄 수 있는 사람이 되고 싶어 합니다. 이런 그녀의 다음 목표는 캐릭터 밥상 강의를 할 수 있는 홈 클래스나 푸드 스튜디오를 오픈하는 것이라고 합니다.

"세상이 만들어낸 '경단녀'라는 틀에 스스로를 가두고, 아이가 나의 발목을 잡는다고 생각하면 아무것도 할 수 없어요. 오히려 육아를 하고 엄마의 역할을 하면서 새롭게 드러나는 나의 다른 모습들을 찬찬히 돌아보면 답이 보일 겁니다." 그녀의 씩씩한 목소리에서, 그동안 자신의 '한계'라고 여기고 스스로를 구속하던 '틀'에서 벗어날 때 삶이 얼마나 즐겁고 풍성해지는지 보게 됩니다.

아이의 돌이 다가올 즈음이면 엄마의 마음은 바쁠 수밖에 없습니다. "우리 아이 이만큼 컸답니다" 하고 세상에 알리는 돌잔치가 기다리고 있기 때문이지요. 요즘은 가족 여행을 간다거나 소규모로 돌잔치를 한다든지 돌잔치의 형태가 조금씩 달라지고는 있지만, 그래도 돌잔치는 집안의 중요한 행사 중 하나입니다.

여전히 돌잔치에 손님들을 초대하는 경우가 많고, 행사장

입구에는 손님들을 배려한 특별한 테이블이 준비되기도 하지요. 바로 한 해 동안 아이의 모습을 담은 사진들과 답례품 등을 전시하는 공간입니다. 그런데 사진과 답례품만 덜렁 올려놓을 순 없고 이 테이블을 예쁘게 꾸미고 싶은데 어떻게 하면 좋을지 엄마에게는 큰 고민거리입니다. 장식할 거리는 부족하고 그렇다고 그냥 두기에는 어딘가 테이블이 허전해 보이죠. 이런 엄마들의 고민을 해결해 주는 해결사가 바로 그 이름도 생소한 '폼 패브릭 레터form fabric letter'입니다.

POP에 써 넣는 예쁜 손 글씨, 아시나요? 상품 진열대 위로 "모든 메뉴 포장 가능" "10% 세일 판매" 같은 내용의 글씨판이 세워져 있는 것이나 "휴게실" "회원 모집" "게시판" 등의 문구를 동글동글한 손 글씨로 써서 벽에 붙여놓은 포스터를 다들 본 적이 있을 거예요. 프린트한 기계 글씨에 비해 훨씬 자연스럽고 친근한 느낌을 주지요. 매장에 부착한 포스터, 가격표, 메뉴 등에 주로 이런 손 글씨가 많이 쓰이는데, 캘리그라피의 시초라고 할 수 있겠네요.

판판한 평면에 물감으로 예쁘게 그린 손 글씨를 POP라고 한다면, 스티로폼을 가공하여 만든 입체에 채색을 입힌 것을 폼 아트라고 합니다. 그런데 '폼 패브릭'이란 '폼 아트'와 '패브릭'을 합친 새로운 공예를 가리킵니다. 오랫동안 '스티로폼+채색'으로 굳혀진 폼 아트 세계에 폼 패브릭이라는 돌멩이를 새로 던진 이는 이은경 씨입니다.

"처음엔 POP를 배우고 자격증을 받았어요. 그리고 폼 아트라는 기법을 또 배우려고 하는데 기존 폼 아트 작품들이 영 제 마음에 들지 않는 거예요. 대부분 원색에 가까운 컬러들이라 좀 유치하고, 심지어 저렴해 보이기까지 하더라고요."

좀 더 고급스러웠으면 좋겠다는 생각에 폼 아트를 독학으로 공부하기 시작했습니다. 판매되는 물감들을 섞어서 예쁜 색을 만들고 채색한 것이 마르면 그 위에 무늬 등을 넣어가며 기존의 폼 아트와 차별화를 시도합니다. 그러나 물감만으로는 주재료인 스티로폼의 값싼 느낌을 벗어나기 어려웠습니다. "그래서 생각한 것이 패브릭이었어요. 스티로폼에 원단을 붙여보는 것으로 시작해 연구에 연구를 거듭했죠. 그게 지금의 폼 패브릭 작품들이에요. 그중에서도 주로 이름이나 상호, 문구 이니셜을 제작하는 '패브릭 레터'와 나비 모양 스티로폼에 원단을 붙여 포인트 소품으로 사용하는 '패브릭 나비'를 만들고 있습니다."

단순히 취미로 배웠던 퀼트, 리본 아트, 뜨개질 등이 그녀의 창작에 도움이 되었고, 많은 사람들이 멋지다고 입을 모으는 예쁜 색감이나 원단의 조합은 대학에서 배운 디자인 수업이 큰 역할을 했습니다. 이은경 씨는 대학 졸업 후 대기업에서 디자인 일을 했습니다. 그 후 결혼을 하고 3년 동안 프리랜서로 디자인 일을 계속했지만, 남편 회사가 지방으로 내려가면서 프리랜서 일마저 접게 됩니다. 그 후 10여 년간은 아무런 경제 활동도 하지 않았죠. 말하자면 '경단녀'가 된 것입니다.

그녀는 어떻게 10년 만에 다시 일을 시작할 수 있었을까요? "처음에는 네이버의 한 카페를 통해 POP를 배웠어요. 처음 POP 일을 시작할 때 저도 홍보를 위해 네이버 카페를 개설했지요. 원래 운영하던 블로그와 병행하며 카페를 운영했어요. 카페나 블로그에 올린 작품 사진을 보고 주문이 들어오면 제작했는데, 처음 작품들을 올렸을 때부터 반응이 뜨거웠어요."

그 후 폼 패브릭 활동은 이같이 주문 제작만 하던 것에서 취미로 작품을 만들고 싶어 하는 사람들을 위한 '원데이 클래스', 수익 창출을 하고 싶어 하는 사람들을 위한 '자격증 반'을 개설하는 등 다양한 커리큘럼으로 발전하게 됩니다. 지난 9년 동안 그녀를 거쳐간 후배 강사들도 많습니다. 지금은 쇼핑몰까지 운영하며 굉장히 바쁜 나날을 보내고 있습니다.

폼 패브릭 레터는 글자 개수에 따라 가격이 붙고, 나비는 크기에 따라 각각 가격이 붙습니다. 의뢰하는 사람의 이름이나 이니셜의 문구가 길다면 그만큼 주문 금액이 커지는데 그 금액이 만만치 않습니다. 하지만 아이의 돌잔치가 끝나고 나면 이것들은 버리지 않고 아이의 방을 꾸미는 데 쓰입니다. 내 아이만을 위한 특별한 이니셜 소품이기에 가능한 일입니다. 엄마들 사이에서 꾸준한 입소문과 추천에 힘입어 긴 시간 동안 자신만의 영역을 구축한 폼 패브릭만큼이나 그녀의 행보는 꾸준하고 활기에 차 보입니다.

"잘하고 있는 후배 강사들을 볼 때 보람을 느껴요. 주문한 분들이 받아보곤 돈이 아깝지 않다고 칭찬해 주실 때, 대량 주문이 들어와서 다른 강사님들과 협동 작업을 할 때 참 행복합니다." 기존의 것을 배울 때 우리는 그것을 그냥 따르고 답습하는 경향이 있습니다. 그러나 거기에 정말 딱 하나만 더하거나 빼기만 해도 새로운 창조가 이루어질 수 있습니다. 폼 아트의 스티로폼에 똑같이 물감을 칠하기만 하는 대신 천을 입혀보는 것처럼 말이죠.

제가 처음 창직 강의를 들을 때 자기가 하고 싶은 창직 사례로서 발표한 것이 '아기 수면 컨설턴트'였습니다. 아기가 잠을 잘 잘 수 있도록 하는 것도 교육이 필요하다는 저의 설명에 강의장에 있던 사람들이 고개는 끄덕였지만 진심으로 이해했다는 느낌은 들지 않았습니다. 하지만 아기를 키워본 엄마들은 알지요. 아기가 잠을 잘 자느냐 아니냐가 엄마의 삶의 질을 결정한다는 것을요.

저는 일찍이 제 아기의 수면 교육에 성공하고 '저녁 있는 삶'을 누렸는데요, 한 유명 '맘 카페'에 올린 제 글이 추천 게시물로 지정되고 많은 분들이 댓글로 질문을 단 것들을 보면서 갓난 아기를 둔 엄마들이 잠 부족으로 얼마나 힘들어하는지 엿볼 수 있었습니다. 갓 엄마 세계에 입문한 '번데기 엄마'들에게 도움을 주었던 그때의 강렬한 경험이 '아기 수면 컨설턴트'라는 창직 발표로 이어졌던 것입니다. 하지만 저는 계획에 그쳤고, 이를 현실로 만든 사람이 있습니다. 앞서 언급한 '똑게(똑똑하고 게으르게) 육아'의 김준희 씨입니다.

김준희 씨가 운영하는 네이버 카페의 회원 수는 7만 명이 넘었고, 그녀가 쓴 책《똑게 육아》는 베스트셀러가 되었으며, 현재 그녀는 여기저기 강연을 다니느라 매우 바쁜 나날을 보냅니다. 더 놀라운 것은 그녀가 아이 둘의 육아 휴직을 끝내고 은행에 복직한 워킹맘이라는 사실입니다. 어디서 이런 에너지가 나오는 것일까요?

2011년 첫딸을 낳고 어느 날 그녀는 울음이 왈칵 터졌다고 합니다. '내 딸도 나중에 결혼하고 아이를 키우게 되면 나처럼 고생하겠구나' 하는 생각이 불현듯 들었기 때문입니다. 이 딸아이를 위해서라도 '엄마의 육아서'를 만들고 싶다는 생각이 들었답니다. 아이가 커서 결혼하고 아이를 낳았을 때 자신과 비슷한 상황에서 엄마가 쓴 기록을 보며 도움을 받으라고요.

처음에 시작은 블로그에서 했습니다. 익명으로 운영한 블로그였기에 육아에 대해 공부한 내용뿐 아니라 초보 엄마로서 맛보는 온갖 감정들까지 가감 없이 토해낼 수 있었습니다. 비슷한 또래의 엄마들이 그녀의 글을 읽으면서 육아 정보를 얻는 것은 물론 위로와 치유를 받기까지 하면서 그녀의 포스트는 한 달 만에 6천 명의 구독자를 갖게 됩니다. 비슷한 고민을 하던 엄마들의 상담 요청이 쇄도하면서 그녀는 인터넷 카페까지 만들었습니다. 그녀도 이렇게 일이 커질 줄은 몰랐다고 합니다.

"처음에는 재미있어서 카페를 운영했는데 시간이 갈수록 힘이 들었어요. 일대일 코멘트를 달아주다 보니 서너 명에게 답글을 다는 데만 서너 시간이 걸리더라고요. 문단을 쪼개서 문단마다 일일이 코멘트를 달고, 누웠다가도 추가할 내용이 생각나면 일어나 답글을 수정하고, 이렇다 보니 한도 끝도 없는 거죠. 아이 두 명을 돌보면서 포스트까지 발행하고 카페까지 운영하려고 하니 너무나 힘들었어요. 이러다가 삶이 파탄 날 것 같다는 생각이 들어 '답글은 그만!' 하고 외쳤습니다."

정작 내 아이들은 팽개쳐놓고 다른 집 아이들에게만 신경 쓰는, 주객이 전도된 상황이 된 거죠. 무엇보다 체력적으로 너무 힘이 들어 내려놓을 수밖에 없었다고 합니다. 그런데도 카페는 돌아갔습니다. 초창기 일대일 밀착 코칭을 받았던 엄마들이 어느덧 '선배 엄마'가 되어 신입회원들의 질문에 답글을 달아주기 시작한 겁니다. '육아 동지'로 거듭난 전우애라고 해야 할까요? 카페는 안정적으로 굴러갔고, 회원 수는 점점 더 늘어갔습니다. 글을 읽을 시간조차 없는 엄마들을 위해서 김준희 씨는 녹음 방송인 '팟캐스트'까지 운영합니다.

김준희 씨는 '똑게 육아'가 다른 육아법과 근본적으로 다른 점은 없다고 말합니다. 사실 육아라는 건 정답을 논할 수가 없는 문제이기도 합니다. 게다가 얼마나 많은 육아 정보가 난무하나요? 그럼에도 똑게 육아가 다른 육아법과 어떤 점이 다르냐고 질문을 받는다면 자신 있게 말할 수 있다고도 합니다. "국내외

서적, 논문 등 관련 자료는 정말 다 봤어요."

그녀는 엄마들 세계에서 아기는 이렇게 키워라 저렇게 키워라 하는 온갖 '카더라' 설들을 하나하나 심도 있게 검토해 보았습니다. 국내 서적은 물론 해외 서적, 논문, 참고 자료, 실험과 리서치 결과 등을 깊게 파고든 결과, 똑게만의 시각, 즉 '생산성 있는 게으름을 지향하는 똑똑한 육아'가 탄생하게 된 겁니다.

"한국은 온몸으로 희생하고 헌신하는 모성애가 알게 모르게 강요되는 분위기예요. 24시간 밀착 방어, 풀타임 VVIP 고객(아기) 대응자, 이런 식으로 치닫게 되죠. '좀 틈을 주세요~' '좀 내버려두세요~'라고 말해도 사실 갓 엄마가 된 분들에게 '기다림'이라는 건 쉽지가 않죠. 그래서 아예 '의도적으로 엄마가 숨 쉴 틈을 조금이라도 내어줄 수 있는 플랜'을 제공하게 된 것이 똑게 육아입니다. 아이가 일상적으로 하는 행위들을 잠, 놀기, 먹기로 구분하고, 그것들의 간격을 일정하게 유지하는 거죠. 아이가 1시간 30분마다 자고, 3시간마다 수유를 한다면 '잠 텀'은 1시간 30분, '수유 텀'은 3시간이 됩니다. 시간 맞추어 재우고 수유하면 아이의 시간표도 일정해질 뿐더러 아이가 울더라도 그 이유(졸린다든지, 배가 고프다든지)를 알기 쉽기 때문에 육아가 훨씬 수월해지지요.

또한 많은 엄마들이 헷갈려하는 공갈 젖꼭지, 속싸개, 화이트 노이즈 등을 사용해도 되는 이유와 그 근거 자료를 명쾌하게 제시하고, 어떻게 사용해야 하는지 '하우 투'까지 세세히 안내해

줍니다. 새롭게 배우고 익힐 시간이 없는 엄마들이 바로 떠먹을 수 있는 수준이기 때문에 쉽게 바로바로 실행이 가능하죠. 예를 들어 "① 남편과 아기를 집에 두고 한두 시간 외출을 한다. ② 남편과 아기를 한 세트로 어디론가 내보낸다"처럼 말이지요. 똑게 육아 효과를 봤던 선배 엄마들과 같은 효과를 후배 엄마들도 체험할 수 있는 구조예요."

똑게 육아를 체험한 엄마들의 입에서 "신세계다" "족집게 과외다"라는 말이 나오는 이유입니다.

명문대 졸업, 은행 근무, 미국 MIT 석사 학위라는 '스펙'보다 자신의 육아 경험을 세상의 엄마들과 함께 나눌 수 있다는 것이 김준희 씨에게는 이제 더 소중하고 행복한 일이 되었습니다. "애 낳으면 끝"이라는 엄마들의 투정이 김준희 씨에게는 정반대로 보입니다. 그녀는 미국에서 국제 수면 전문가 자격증을 국내 최초로 취득한 뒤 2018년 한국수면협회를 설립했습니다. 한국수면협회에서 기본 코스와 전문가 코스를 개설해 아이 잠 때문에 고생하는 부모들에게 도움을 주고 싶다는 '똑똑하고 게으른 엄마'의 행보를 응원합니다.(영유아 수면 컨설턴트 사례는 김준희 씨의 언론 인터뷰를 취합하여 다시 정리한 것입니다.)

경력에서 잇다

☆ 바른 식습관 전문가 김아람 씨
☆ 홈스테이징 전문가 조석균 씨
☆ 이혼 플래너 이병철 씨
☆ 놀이 정원사 김현정 씨
☆ 명상심리 전문가 이주아 씨

오늘도 실패입니다. 오늘은 꼭 아이가 스스로 밥을 다 먹을 때까지 기다리겠노라 마음먹었는데, 어느새 아이 숟가락을 들고 먹여주는 자신을 발견합니다. 아이가 밥을 잘 먹는 날이면 제 기분이 좋지만 밥을 잘 먹지 않는 날이면 저기압이 됩니다. "지금 아니면 밥 없어." 한사코 밥만 먹이고 있을 수 없어 밥상을 치우고 싶지만 그래도 한 숟가락이라도 더 먹이려고 저는 온갖 방법을 동원합니다. 몸에 좋지 않다는 걸 알면서도 아이가 좋아하는 케첩을 뿌려 한 숟갈 먹이고 나자 슬그머니 죄책감이 올라옵니다. 비단 저만의 일일까요?

우리 아이의 잘못된 식습관, 어떻게 하면 바로잡을 수 있을까요? 바로 그런 고민을 해결해 주는 사람이 있습니다. 김아람 바른 식습관 전문가입니다. 말 그대로 아이의 이유식부터 편식,

비만, 식생활 장애, 식사 예절 등 밥상머리 교육을 전문으로 하는 사람입니다.

김아람 씨는 두 아이의 엄마이자 소아청소년과 병원에서 영양 상담을 하는 영양사였습니다. 상담을 하면서 많은 엄마들이 아이들에게 뭘 먹이면 좋은지 이론적으로는 잘 알고 있지만 실제로 그렇게 해서 먹이기는 힘들어한다는 사실을 절감하였습니다. 이미 잘못 길들여진 아이의 식습관이 가장 큰 문제였죠.

김아람 씨는 자신의 두 아이를 대상으로 어떻게 하면 아이들이 올바른 식습관을 들일 수 있는지 방법을 연구하기 시작합니다. 놀이 시간을 이용해 다양한 식재료를 경험하게 한다거나, 식사 시간을 꼭 지키게 한다거나, 식판을 사용해 여러 가지 반찬을 적정량 섭취하게 한다거나…… 그리고 그렇게 찾아낸 방법들을 엄마들에게 구체적으로 제시해 줍니다. 당연히 엄마들의 호응이 좋을 수밖에요. 그녀는 이 경험을 살려 영유아에게 좋은 먹을거리를 상담해 주는 사업을 시작했습니다. 바른식습관연구소를 연 겁니다. 그리고 SBS 〈우리 아이가 달라졌어요〉에 솔루션 전문가로 출연하면서 사람들에게 많이 알려지게 되었죠.

그녀는 자신을 바른 식습관 전문가로 부르게 된 이유를 이렇게 말합니다. "사람들이 어떤 것이 좋은 음식인지 알면서도 먹지 않고, 어떤 것이 좋지 않은 음식인지 알면서도 먹는 것은 모두 습관 때문입니다. 바른 식습관 전문가란 이름은 이러한 식습관을 교정하고 올바로 영양 관리를 해나가길 바라는 마음을 담아 만들었어요." 현재 김아람 씨는 바른 식습관 양성 프로그램도 진행하고 있습니다. 교정 프로그램을 진행하면서 쌓인 노하우를 후배 영양사들에게 알려주기 위해서입니다.

자녀의 식습관에서 부모의 식습관이 드러난다는 그녀의 말에 저는 가슴이 뜨끔했습니다. 텔레비전을 보면서 밥 먹는 것을 좋아하는 우리 부부, 당연히 아이도 텔레비전 앞에 앉아서 밥을 먹습니다. 우리 부부가 보는 다큐멘터리가 아이에게 재미있을 리 만무합니다. 아이의 손에는 자연스레 스마트폰이 쥐어집니다. 이것이 아이에게 잘못된 식습관을 갖게 하리라는 건 진즉에 알았지만 그 습관을 끊기란 쉽지 않았습니다.

결국 거실에 커다란 식탁을 두었습니다. 밥 먹을 때는 무조건 여기서 먹기! 확실히 텔레비전을 보면서 밥 먹을 때와 오롯이 밥만 먹을 때의 식사 집중도는 다릅니다. 텔레비전에 눈이 고정된 아이에게 밥을 직접 떠먹인다든가 빨리 먹으라고 재촉하는 횟수가 눈에 띄게 줄었습니다. "밥 먹을 때는 밥만 먹어라"는 옛 어른들의 말씀, 역시 이유가 있었습니다.

김아람 씨는 힘주어 이렇게 말합니다.

"우리 아이들에게 바른 식습관을 형성시켜 주려는 노력을 왜 해야 할까요? 우리가 이미 겪은 바르지 않은 식습관의 결과들을 아이들에게 물려주지 않기 위함입니다. 아침 식사 챙기기, 달게 먹지 않기, 짜게 먹지 않기, 꼭꼭 씹어 먹기 등을 우리 아이들에게 바르게 지도해 주어야 합니다. 바른 식습관이라는 단어에서 중요한 포인트는 '습관'입니다. 바른 식습관 형성은 옷을 입을 때 단추를 잘 끼우는 것과 같아요. 첫 단추를 잘못 끼우면 모두 풀어서 다시 끼워야 합니다. 우리 아이들은 현재 첫 단추를 끼우는 단계입니다. 올바르게 밥 먹는 방법을 쉽고 재미있게 알려주어 바른 식습관의 기초를 잘 만들어주면 우리 아이들이 건강하게 살아갈 수 있는 기회가 더 늘어날 것입니다."

국내에서 홈스테이징은 이제 시작 단계입니다. 그 선두주자에 조석균 씨가 있습니다. 조석균 씨의 직업은 인테리어 업체를 운영하는 인테리어 전문가입니다. 홈스테이징, 즉 매매 주택 연출은 우연한 계기로 시작하게 되었는데 당시엔 작업을 하면서도 자기가 하는 일이 매매 주택 연출에 해당한다는 걸 몰랐습니다. "목동의 한 아파트 공사를 마무리했는데, 작업 후에 고객이 '매직!'이라고 외치는 거예요. 그저 공간 효율을 위하여 가구를 재배치하고 기존 소품을 활용한 것뿐이었는데요. 그때 저의 재능과 감각에 확신이 들었습니다. 그게 벌써 15년 전 일입니다."

현재 그는 자타공인 매매 주택 연출가로 활발히 활동중입니다. 몇 년 전만 해도 한 달에 1~2건 들어오던 의뢰가, 최근 들어 한 달 평균 5~6건으로 늘었다고 합니다. 그는 가구와 공간에 대한 고정 관념을 없애면 성공적인 홈스테이징 전문가가 될 수 있다고 말합니다. "대부분 책꽂이는 벽면에 붙여놓아야 한다고 생각합니다. 하지만 책꽂이 자체에 독립성을 부여하면 훨씬 더 새롭고 독특한 공간 활용이 가능해요. 세로 장식장을 가로로 눕히는 것 또한 마찬가지고요."

홈스테이징은 인테리어에 관심과 감각이 높은 여성이 도전하기에 좋은 직업으로 보입니다. 특별한 자격증이 필요한 것도 아니고, 본인과 주변 집을 활용해 포트폴리오를 쌓으면 됩니다. 홈스테이징 업계에 들어가 현장 경험을 쌓는 방법도 있습니다. 약 6개월 정도면 능숙해질 수 있습니다. 다만 가구를 직접 옮기고 재배치하는 등 육체적인 노동이 필요한 일인지라 체력이 중요합니다. 시공비가 들지 않기 때문에 노동력을 제외하면 100퍼센트 이윤을 남길 수 있다는 점도 매력적입니다.

걸음마 단계이다 보니 현실의 벽 또한 존재합니다. 있는 가구를 재배치하는 것뿐인데 왜 돈을 받느냐는 인식이 대표적입니다. "매매 주택 연출은 단순히 물건을 옮기는 일이 아닙니다. 이미 있었던 가구라도 재해석과 재배치로 전혀 새로운 분위기를 창출해 내는 창조적인 일입니다."

홈스테이징은 앞으로도 전망이 밝다고 전문가들은 말합니다. 부동산 경기 침체로 인해 주택 거래가 앞으로 더 힘들어질 것으로 보이기 때문입니다. 홈스테이징은 저비용으로 고효율을 창출할 수 있어 부동산뿐 아니라 인테리어 산업에 새로운 패러다임을 제시합니다. 스웨덴에서는 '홈 스타일링', 영국에서는 '자산 스타일링'이라 부르는 매매 주택 연출, 정리수납 전문가처럼 곧 여성의 활약이 두드러질 분야가 아닐까요?(홈스테이징 전문가 사례는 조석균 씨의 언론 인터뷰를 취합하여 다시 정리한 것입니다.)

격렬한 부부싸움 후 감정의 소용돌이에 휘말릴 때면 '이혼'이라는 단어를 떠올릴 때가 있습니다. 이혼 후 삶의 상상도를 그려보기도 합니다. 무엇보다도 아이가 가장 마음에 걸리고, 뒤이어 살 곳과 돈 문제 등이 줄줄이 떠오릅니다. 누군가는 "왜 이혼을 두려워하세요? 단지 '결혼 전'으로 돌아가는 것뿐입니다"라고 하지만, 인연의 줄을 싹둑 자르기란 그처럼 간단한 일이 아닙니다. 이혼은 상상하는 것만으로도 마치 피와 고름으로 얼룩진 상처에 눌러 붙은 거즈를 떼어내는 것처럼 고통스럽습니다. 어쩌면 이혼은 그 자체보다 그 후가 문제의 진짜 시작인지도 모르겠습니다. 상상 속 이혼만으로도 이처럼 막막하고 두려운데, 실제 이혼 위기에 봉착된 부부들의 심정은 어떨까요?

이혼, 하면 대개는 법률사무소부터 떠올립니다. 하지만 이것은 이혼의 과정을 처리해 가는 기능적인 측면일 뿐입니다. 정작 더 중요한 심리적 측면을 보살펴주는 곳은 어디서도 찾을 수가 없습니다. '이혼 플래너'가 등장하기 전까지는 말이지요.

국내 1호 이혼 플래너 이병철 씨는 13년 전 이혼 후 몹시 고통스런 시간을 보냈습니다. 그러다가 이혼을 했거나 하려는 사람들끼리 필요한 정보를 나누거나 정서적 도움을 주는 온라인 카페를 개설해 비슷한 아픔을 가진 이들과 교류를 하게 되는데요, 그는 이 과정에서 많은 사람들에게 심리적·정서적·법률적인 도움을 주게 됩니다. 그리고 이 경험이 '이혼 플래너'라는 직업으로 발전하게 되지요.

'이혼 플래너'라는 새로운 직업을 창직하기 전 이병철 씨는 금융 및 부동산 개발업에 종사했습니다. "주로 부실 현장을 인수해서 정상화하는 일이었어요. 큰돈은 벌 수 있었습니다. 하지만 이해 관계자들 간의 법정 분쟁과 도를 넘은 갈등을 지켜보면서 제 삶의 만족도는 아주 낮았어요. 더 보람된 일을 하고 싶더라고요. 새로운 일을 찾는 과정에서 나는 딱 두 가지 기준을 세웠습니다. 대기업에서 펼치지 못하는 일, 그리고 내가 가장 잘할 수 있는 일 이렇게요." 그는 자신이 운영하던 이혼 커뮤니티에서 답을 찾았습니다.

"그때만 해도 이혼 하면 다들 쉬쉬하는 분위기였어요. 법률적으로는 변호사를 만나 일을 처리하고, 심리적으로는 정신과 의사를 만나 약을 처방받는 게 다였죠. 장래에 대한 불안감이나 앞으로 어떻게 살지에 대해 도움을 주는 서비스가 없었어요."

혹자는 이혼 플래너라는 직업을 부정적인 시선으로 바라보기도 합니다. 이혼을 조장한다는 이유로 말이에요. 하지만 그는 이혼 플래너라는 직업을 인간적인 관점에서 접근합니다. "이혼을 결심할 때는 이혼만 하면 모든 것이 끝난다는 착각을 하지만, 이혼한 사람이 겪는 진짜 어려움은 법률적 관계가 끝나는 순간부터 시작됩니다. 그래서 이혼 선배로서의 제 경험을 바탕으로 다른 가정의 해체를 막아주기도 하고, 이혼 외에 대안이 없을 때는 이혼 후의 생활을 준비할 수 있도록 도와주는 역할을 하기도 해요."

이혼 후에도 여전히 인생은 흘러갑니다. 이 인생의 흐름을 바꾸는 중요한 길목에 서 있는 존재가 바로 이혼 플래너입니다.

"함께 살던 집을 처분한 뒤 각자 새로 살 집을 구한다거나 가재도구를 다시 장만하는 일을 돕고, 우울증이 왔다면 정신과 의사와 연결해 주고, 다시 일을 해야 할 경우에는 일자리도 알아봐 주고, 필요에 따라서는 가사 도우미나 베이비시터도 연결해 줘야 해요. 상담을 하다 보면 재정 상태, 성격, 취향 등 이혼의 정확한 이유까지 파악하게 돼요. 그러다 보니 서로 중매를 하는 일도 있고요. 중매가 성사되어 잘사는 커플도 꽤 됩니다. 무엇보다 힘든 시기에 만난 덕분인지 오랫동안 저와 친분을 유지하는 분들이 많습니다. 자연스레 라이프 코치의 역할을 하게 되는 것 같아요. 자녀 문제의 경우 대개 면접교섭권이 한 달에 2회 정도 주어져요. 그럴 때 1박 2일 동안 캠핑이나 놀이 공원 등 다 같이 놀러 갈 수 있는 장을 마련해 주기도 하고요."

그 말을 듣는 순간 제 머릿속에 '공동체'라는 단어가 떠올랐습니다. 한부모 가정들이 모여 살며 서로 육아 품앗이를 하는 곳이 있는지 궁금해 한때 찾아본 적이 있었거든요. 실제로 육아 공동체가 잘되어 있다는 충남의 한 시골 마을에 답사를 다녀온 적이 있지만 한부모들의 육아 공동체는 아니었습니다. 이병철 씨의 이야기를 들으면서, 한부모 가정들로 이루어진 육아 공동체

혹은 정서적 공동체가 생겨나는 데 이혼 플래너가 중요한 역할을 할 수도 있겠다는 생각이 들었습니다.

이혼 플래너는 부부가 이혼 후에도 좋은 관계를 유지하면서 자녀들의 양육에 서로 협력하는 모습을 이끌어내기도 합니다. 상대방의 불륜으로 끝내 합의 이혼을 한 어떤 부부의 경우에는 여러 차례의 상담을 통해 서로를 깊이 이해하게 되면서 자녀 양육에 대한 의견 조율은 물론이고 심지어 재결합 가능성을 보일 만큼 관계가 회복되었다고 합니다.

그런가 하면 작은딸이 상담을 통해 이혼한 후 언니를 데려와 이혼을 진행하고, 나중엔 두 자매가 어머니를 모시고 와 어머니까지 이혼을 진행한, 그렇게 세 모녀의 이혼 상담을 해준 독특한 사례도 있었다고 합니다.

이병철 씨는 이혼의 기로에 서 있는 사람들에게 이렇게 이야기입니다. "이혼에 대해 제가 내린 정의는 '행복을 찾아가는 과정'이라는 거예요. 행복이라는 건 뭘까요? 지금보다 더 행복해지면 행복한 거 아닐까요? 만약 내가 지금 불행하다면, 지금보다 덜 불행해져도 행복해지는 거잖아요. 불행의 양이 줄어드니까요. 이혼의 기로에 서 있는 사람은 만약 배우자가 내 인생에서 없어지면 어떻게 될까만 생각하면 됩니다. 이 사람 때문에 힘든 부분이 몇 가지 있는데 그 힘든 부분이 없어지면 내 불행도 그만큼 덜어지느냐, 아니면 그런 부분을 없앴는데도 다른 불편함 때문에 또 불행해지느냐만 보면 됩니다. 만약 그래도 불행하기는 마찬가지다, 그러면 미워도 인내하고 사는 게 낫다는 거죠. 이혼이란 행복하기 위해 덜 불행할 것을 선택하는 과정입니다."

그는 최근 '위듀'라는 이혼 상담 어플리케이션까지 만들었습니다. 부부, 자녀, 고부, 이혼, 이혼 거절, 기타 심리 상담까지 아우르는 상담 플랫폼입니다. 그가 이런 어플리케이션까지 만든 이유는 본인이 양성한 이혼 플래너들이 수익을 올릴 수 있도록 하기 위해서입니다. 어플을 통해 무료 상담을 진행한 후 상담을 더 원하는 의뢰자에게 유료 상담을 받게 하는 식으로 말이죠.

그는 이혼 전문 상담사가 어엿한 일자리로서 자리 잡기를 고대하며 만 7년째 이 일을 하고 있습니다. 그래서일까요, 그는 창직을 하려는 사람들에게 다음과 같이 현실적인 조언을 합니다. "창직, 절대 하지 마세요. 역량이라는 게 그냥 나오는 게 아닙니다. 밀어붙이는 기질, 강의에서든 텔레비전에서든 내 생각을 밝힐 수 있는 끈기와 배짱이 필요해요. 처음에는 자기 혼자 끙끙거리며 모든 걸 만들어야 하죠. 창직으로 본인 스스로 벌어먹고 살 수 있는 정도가 되어야 다른 사람들도 그 일로 먹고살 수 있는 구조를 만들 수 있습니다. 수익 모델, 자생력, 플랫폼, 서비스 등 다방면으로 치열한 고민을 해야 하는 게 창직입니다."

그럼에도 불구하고 그가 5년째 이혼 플래너들을 양성하고 있을 뿐 아니라 이들의 일자리를 보장해 주기 위해 '위듀'라는 상담 플랫폼까지 만들면서 계속 창직 활동을 하는 이유는 뭘까요? 이 물음에 그는 얼굴 가득 웃음을 머금고 말합니다.

"아주 달콤한 게 있기는 해요. 어딜 가나 전문가로 대우받는 것, 모든 자료의 출처가 나라는 것…… 내가 만든 일이니까 내가 제일 잘 알 거 아니에요? 어떤 일로건 전문가가 된다는 건 수입이 는다는 뜻도 있겠지만 사회적인 영향력이 커진다는 의미도 있어요. 만약 창직을 하고 싶다면, 내가 잘 알거나 잘 해온 일 등 내 전문 분야를 조금 변형해서 해보세요. 내가 가진 경험, 지식을 조금만 비틀어도 새로운 아이디어가 나오거든요."

요즘 '졸혼卒婚'(결혼을 졸업하다)이라는 단어가 사람들 입에 오르내리는 것을 심심찮게 봅니다. 혼인 관계는 유지하지만 부부가 서로의 삶에 간섭하지 않고 독립적으로 살아갑니다. 더 이상 가정을 위해 개인의 희생을 강요하거나 강요당하는 시대가 아니라는 사실을 이런 모습들에서 읽을 수 있습니다. 아이를 낳지 않는 딩크족, 결혼했지만 각자 집에 사는 LAT(Live Apart Together)족과 같은 다양한 결혼의 형태가 나타나고 있습니다. 우리나라 이혼율은 단순 통계 수치로 보면 한 해 평균 결혼하는 부부 32만 2,800건 중 35퍼센트에 이르고 있습니다. 높아지는 이혼율과 함께 졸혼 등 결혼의 형태가 다양해지는 만큼 이혼 플래너가 하는 일도 훨씬 다양해질 것 같습니다.

2017년 '광명시 창직 포럼'에 '정원 놀이 지도사'(이하, 놀이 정원사) 사례 발표자로 나온 푸르네정원문화센터 센터장 김현정 씨는 자신을 '개념 있는 정원사'라고 소개했습니다. '행복한 정원사'

'어쩌다 정원사' '달팽이 정원사' '춤추는 정원사' '바람난 정원사' 등의 이름으로 불리는 여러 동료들과 함께 푸르네정원문화센터 일을 한다고 합니다. 꽃과 나무 등 식물에 조예가 깊고 미적 감각까지 타고나야 할 것 같은 동화 같은 직업 정원사라니, 모든 화분을 죽이는 재능을 타고난 저 같은 사람에겐 거리가 먼 일입니다. 저는 지금껏 수목원이나 공원에 가서 예쁜 정원을 보고 감탄사를 연발하면서도 그 뒤에 이처럼 수고하는 사람들이 있다는 데까지는 생각해 보지 못했습니다. 그런데 이날 포럼 사회를 보던 저는 김현정 씨의 창직 사례 발표를 듣고 "저도 '우연히 정원사'란 이름으로라도 활동하고 싶네요"라는 말밖에는 할 수가 없었습니다.

정원사나 원예사는 식물이나 조경에 대한 전문적인 지식과 기술을 갖추고 그와 관련된 일을 하는 사람입니다. 하지만 놀이 정원사는 다릅니다. 정원을 베이스로 해서 아이들의 놀이와 교육을 접목한 통합 놀이 교육을 하는 사람이지요. 아이들이 정원에서 거닐고 관찰하고 놀이를 하면서 자연스레 생명과 환경에 친해지도록 도와줍니다. 말 그대로 정원에서 '잘' 놀도록 지도하는 일을 하는 겁니다.

놀이 정원사로 막 활동하기 시작한 초보 강사들 중에는 자신도 모르는 꽃 이름을 아이들이 물어보면 어떡하나 걱정하기도 한답니다. 이런 상황은 엄마들도 종종 마주치는데요, 이럴 때 여러분이라면 어떻게 하나요? 우리 모두 훌륭한 엄마를 꿈꾸니

"엄마도 몰라" 하는 대답 대신 "우리 함께 찾아볼까?" 하는 모범 답안을 상상할지도 모르겠네요.

놀이 정원사 김현정 씨는 어떻게 할까요? "어, 선생님도 꽃 이름을 잘 모르겠네. 우리가 꽃 이름을 지어줄까?"라고 한답니다. 저는 이 대답을 듣고 탄성을 질렀습니다. 참 좋은 교육 방법이라는 생각이 든 겁니다. 이것은 꽃 이름이 무엇인지 '정답'을 찾는 것과는 전혀 다른 경험을 아이들에게 선물할 테니까요. 꽃 이름을 지어주기 위해서는 아이들이 꽃을 자세히 관찰하면서 그 꽃의 색깔과 생김새, 특징 등을 살피게 될 겁니다. 김현정 씨는 말합니다. "나중에 학교에 가서 교과서에서 그 꽃 사진을 보면 다른 어떤 꽃보다 더 기억에 남겠지요." 이처럼 아이들이 정원 안에서 뛰놀며 그 안의 생명들을 머리가 아닌 가슴으로 만나도록 이끌어주는 직업이 바로 놀이 정원사입니다.

김현정 씨는 원래 정원사입니다. 그녀는 지금도 정원을 만들고 관리하는 등 정원과 관련된 다양한 일을 하고 있습니다. 정원과 관계된 갖가지 콘텐츠를 개발하는 정원 콘텐츠 개발자이자 교육자이기도 합니다. 예를 들어 아이들을 위한 '꼬마 정원사 프로그램'을 개발하고, 성인들을 위한 정원 여행을 기획합니다. 소외 계층이 사는 곳에 정원을 만들어 기부하는 활동도 하고요. 놀이 정원사는 그런 프로그램을 기획하고 진행하는 과정에서 나온 창직 사례인 셈입니다. 김현정 씨의 이야기입니다.

"원예학을 전공하고 대학에서 학생들에게 식물에 대해 가르치다 보니 식물들로 이루어진 정원이라는 공간에 자연스레 관심이 가더라고요. 식물들로 가득한 정원은 많은 사람들에게 위로를 주고 행복을 준다는 사실을 알게 되었습니다." 정원이 행복을 준다니 무슨 말일까요?

2017년 '광명시 창직 포럼'에서 김현정 씨가 사례 발표를 하면서 아름다운 정원 사진을 보여주던 때가 떠오릅니다. 그때 김현정 씨가 저희를 보고 이렇게 말했지요. "보세요, 여러분도 지금 다들 웃고 계시잖아요. 이것이 바로 정원이 주는 힘이랍니다." 그제야 사회자인 저뿐만 아니라 청중들 역시 미소 짓고 있다는 사실을 깨달았지요. 식물이 사람을 웃게 만들다니 신기한 경험이었습니다.

"원래 저는 대학에서 식물에 대해 가르치다가 아이가 학교에 들어가면서 조경 회사로 이직을 했어요. 그런데 정작 정원사로 일하는 사람들의 자녀들조차 정원에 와서 식물들과 온전히 만나본 경험이 없다는 걸 새삼 깨달았어요. 어른뿐 아니라 아이들도 정원을 경험하고 느끼면 좋겠다는 생각을 했지요. '놀이 정원사'라는 직업을 생각하게 된 데에는 원예학을 공부한 것도 큰 도움이 되었지만, 아이를 키워본 경험이 더 큰 역할을 했어요. 아이가 유치원에서 미술 시간에 만들었다며 가져온 종이 작품을 보면서 '왜 이런 걸 만들까?' 하는 의문이 들었어요. 엄마에게 유치원에서 이런 것도 만들었다고 보여주는 것 말고는 아무런 의미도 없어 보이더라고요."

놀이 정원사는 보통의 관찰 프로그램들처럼 활동지에 쓰고 기록하는 등 '과제'를 하는 것보다 경험 자체를 중요하게 여깁니다. 하지만 겉으로 드러나는 결과물이 없다는 것은, 아이를 보낸 부모 눈에는 아이가 아무것도 하지 않고 그냥 놀다가 온 것처럼 보일 수도 있겠지요. 그래서 놀이 정원사의 교육 철학을 전달하려면 부모 교육도 함께 필요했다고 합니다. 아이들이 정원에서 활동을 하는 동안 부모들에게는 아이들의 정원 활동의 의미와 취지에 대해 설명하고 이해시키는 프로그램을 진행하는 겁니다.

"아이들을 위한 많은 프로그램들이 단지 지식을 전달하려고 노력합니다. 하지만 놀이 정원사가 진행하는 '꼬마 정원사 프로그램'은 가르치지 않기 위해 노력합니다. 실제로 프로그램을 진행해 보면 아이들을 교육하지 않는 것이 더 힘들다는 것을 알게 되지요." 김현정 씨의 말입니다. 그럼에도 놀이 정원사와 함께 프로그램을 경험한 아이들이 일상에서 보여주는 변화는 놀랍습니다. 예전에는 아무 생각 없이 꽃을 꺾던 아이들이 이제는 꽃을 꺾기 전 "너 집에 데리고 가도 돼?" 하고 묻고, 비바람이 치는 밤 자기가 심은 꽃이 무사한지 봐야 한다며 굳이 바깥으로 나갑니다. 꽃대가 쓰러졌으면 지지대를 해주어야 한다면서요. 학교 가는 길엔 페트병에 물을 담아서 집을 나서고요.

이처럼 생명을 대하는 태도의 변화와 더불어 아이들이 눈에 띄게 달라진 또 한 가지는 표현력입니다. 일기 쓰기를 귀찮아하던 초등학교 4학년 한 남자아이는 정원 놀이를 다녀온 날이면 꼭 세 페이지씩 일기를 씁니다. 놀이 정원사 선생님이 해주신 꽃과 정원에 대한 이야기를 하나하나 모두 기록하는 거지요.

한번은 연못 속 물고기들을 바라보던 다섯 살짜리 꼬마 정원사가 그만 연못에 빠졌던 일이 있습니다. 놀라서 얼른 아이를 건져냈는데 그때 물 밖으로 건져낸 아이가 외쳤습니다. "엄마! 물고기들이 '도연아, 여기로 들어와. 여기는 정말 시원해' 하고 말해서 내가 물속으로 들어갔어!" 어른들이 보기엔 실수로 아이가 물속에 빠진 것이었는데, 아이는 물고기와 대화를 하고 있었던 겁니다.

분꽃 씨앗으로 천연 화장품을 만들 때면 가르쳐주지도 않았는데 아이들은 장미꽃을 빻아 붉은 색깔을 만들어냅니다. 정원 놀이에서 관찰을 많이 해본 경험이 이렇게 아이들의 창의력과 관찰력을 쑥쑥 길러주는 것 같습니다.

놀이 정원사로 활동하는 강사가 이젠 제법 늘었습니다. 김현정 씨는 처음 놀이 정원사를 시작하면서 블로그와 홈페이지를 개설해 홍보를 시작하던 10년 전이 새삼 까마득한 옛날처럼 느껴진다고 말합니다. "처음에는 놀이 정원사가 있다는 걸 알리는 일이 가장 어려운 일이었어요. 그런데 그런 더딘 시간들이 내실을 다지는 데는 큰 힘이 되어주었죠. 빠르게 가는 것만이 성공은 아니더라고요. 그렇게 천천히 나아간 게 단단한 기반을 만든 비결이라면 비결일까요?"

이제는 강사가 많아지면서 새로운 고민이 생겼습니다. 놀이 정원사를 만들게 된 교육 철학이 왜곡될까 걱정이 되기 때문입니다. 지방에도 놀이 정원사가 생기고 운영되기 시작했는데, 아무래도 많은 사람이 모이면 생각이 많아지니까요. 처음 생각이 변하지 않기 위해 매번 초심을 다집니다.

"놀이 정원사는 아이들을 사랑해야 합니다. 아이들은 우리 사회를 이끌어갈, 우리의 미래이니까요. 그리고 자연을 사랑하는 사람이어야 합니다. 자연과의 만남을 통해 다양한 감성을 일깨워주고 자연의 위대함을 아이들에게 전달할 수 있어야 합니다. 그러기 위해서는 교육의 목표와 철학이 뚜렷해야 하죠. 왜 우리는 이 일을 하려고 하는가? 무엇을 위해, 누구를 위해 이 일을 하는가, 그런 철학이 바로 세워지면, 그것을 해내기 위해 배워야 할 것들이 무엇인지 정리가 됩니다."

김현정 씨와 인터뷰를 마칠 무렵 제가 슬쩍 물었습니다. "몇 살부터 놀이 정원에 참여가 가능한가요?" 대개 일곱 살은 되어야 프로그램에 잘 따라오더라는 대답에, 그렇다면 3년 후에 지금 네 살인 저의 아들을 보내겠다고 약속을 하였습니다. 꽃에게 말을 거는 아이들이 세상에 많아졌으면, 그리고 저의 아들도 그런 아이 중 하나가 되었으면 좋겠습니다.

저는 20대 때 점집을 참 많이 찾아다녔습니다. 뭔가 불안하고 막막한 게 많았던 때였지요. 그러다가 서른을 넘어서는 점집을 찾던 발길을 뚝 끊었지요. 여전히 불안하고 막막할 때가 있지만 MBTI, 애니어그램, DISK 등 다양한 성격 및 심리 테스트를 통해 저 자신에 대해 더 잘 알게 되면서 내면의 힘이 길러진 것 같습니다. 그러다가 최근 제 눈길을 사로잡은 새로운 용어가 생겼는데요, 바로 '천성학'이라는 것입니다.

"타고난 천성이 그러니 어쩔 수 없어." 사람 성격은 바뀌지 않더라는 의미로 어른들이 종종 입에 담던 그 '천성'이라는 것을 이론으로 정립했다고? 호기심을 못 이긴 저는 결국 천성 테스트를 해준다는 분을 찾아갔지요. 그날 저의 타고난 천성이 어떤지, 지금 내가 타고난 천성과 얼마나 일치해서 살고 있는지에 대해 들으면서 제법 고개가 끄덕거려졌습니다.

천성학이라는 새로운 길을 열어가고 있는 이는 명상심리 전문가 이주아 씨입니다. 사실 제가 이분을 창직 사례로 넣는 이유는 단순합니다. 명상과 심리를 융합한 면도 있지만, 그보다 더 근본적인 이유는 타고난 재능을 현재 어느 정도나 활용하고 있는지를 현대의 심리 치료 기법들과 묶어서 일목요연하게 풀어내기 때문입니다.

이주아 씨는 10대에 갑작스럽게 어머니를 여읜 후 삶의 의미와 살아가야 할 이유를 찾는 데 많은 시간을 쏟았습니다. 어린 그녀가 보기에 삶이란 그저 고통일 뿐이었습니다. 열아홉이라는 비교적 이른 나이에 명상을 시작한 이유입니다. 명상을 접한 후 삶의 많은 이슈를 해결하고 심적으로 힘이 많이 생겼다고 합니다. 그러다가 우연히 인간의 성격을 아홉 가지 유형으로 나누어서 고찰하는 애니어그램을 만납니다.

“사실 그때까지는 심리 치료 기법들을 공부할 필요성을 못 느꼈어요. 명상만으로도 정말 충분했거든요. 그런데 애니어그램 같은 우리 마음의 메커니즘을 이해하도록 도와주는 도구들이 자신을 더 깊이 이해하고 성장해 나아가도록 도와주는 도구임을 알았죠. 그러면서 ‘명상’에 애니어그램 같은 심리 이해의 도구를 융합하면 사람들의 자기 이해와 내적 성장을 도와줄 수 있겠구나 하는 생각이 들었어요. 그래서 명상 전문가로 활동하면서 상담심리 공부를 시작하게 되었습니다.”

이후로 그녀는 뇌 교육 석사 과정, 상담심리 박사 과정을 밟아 전문성을 더욱 키워갔습니다. 명상과 심리 치료에 관심을 갖고 새로운 것들을 배우고 익히고 적용하면서 사람들의 내면 변화를 이끌어온 지 어언 20년이 되었습니다. “정말 웬만한 명상 프로그램, 심리 치료 프로그램, 의식 성장 프로그램은 다 들으러 다녔어요. 많은 것들을 경험하고 체험하다 보니, 어느 순간 명상과 심리 치료를 가장 효과적으로 융합할 수 있는 통찰과 아이디어가 생기더라고요.”

그렇게 그녀는 본인만의 명상 체험과 전문성을 ‘심력 키움 트레이닝 6단계’로 정립합니다. 즉 명상이라는 폭넓은 분야를 ‘심력’이라는 키워드로 정리하고, 개인마다 각기 타고난 천성에 기반해서 심리·진로 코칭을 해주는 거지요. 그녀는 현재 명상심리 전문가이자 다원재능연구원 교수로 활동하면서 명상심리 클럽을 운영하고 있습니다. 그와 동시에 개인과 가족, 기관과 기업 등을 대상으로 심리, 진로, 관계 개선 등을 주제로 한 코칭과 강의를 하고 워크숍도 진행하고요.

명상심리 전문가라고 하니 정확히 무슨 일을 하는 건지 헷갈려하는 사람도 있습니다. "두 개의 전문성을 융합하다 보니 애매하게 여겨질 때도 있어요. 명상이면 명상, 심리 치료면 심리 치료, 각각의 전문가를 찾아가면 되는데, 저는 명상심리 전문가라고 하니까요. 둘 중 자기가 찾는 쪽이 명확한 사람은 그쪽 전문가를 더 찾기도 하고요. 하지만 저를 만나 제가 개발한 프로그램을 경험하고는 그 가치를 알아봐 주시는 분들이 많이 생기고 있습니다. 명상과 심리 치료, 이 두 분야를 깊이 있게 통합적으로 다룰 줄 안다고 인정해 주시니 감사하지요."

이주아 씨의 프로그램은 한번 경험해 본 사람이 주변의 지인이나 친구에게 소개하는 경우가 많습니다. 자신의 일에 대해 확신을 갖고 지금껏 묵묵하게 한 길을 걸어올 수 있었던 것도 그렇게 연결해 나아간 사람들의 힘 덕분입니다. 2018년부터는 본격적으로 명상심리 전문가들을 양성하는 일도 시작했습니다. "천성대로 꿈꾸고 심력으로 창조하라!" 그녀의 외침대로 많은 사람들이 자신의 천성대로 살고 내면의 힘을 믿는 시대가 왔으면 좋겠습니다.

6

삶을 창조하는 방법

불행해지는 가장 빠른 방법

2012년, 쇼 호스트에 관심이 생겨 쇼 호스트 아카데미를 다닌 적이 있습니다. 3개월 간의 양성 과정을 모두 마치고 최종 평가 결과, 1등으로 수료하였습니다. 쇼 호스트에 한 발 다가선, 아니 이미 쇼 호스트가 된 느낌이었습니다. 들뜬 마음에 친구에게 평가용으로 만든 동영상을 보내 자랑도 하고, 종강 회식도 즐겁게 마쳤지요. 하지만 그건 단 하루의 기쁨이었습니다.

의기양양하게 양성반, 심화반의 재학생과 졸업생 모두가 함께 하는 주말 무료 수업에 처음 참여했는데, 주말마다 열리는 이 무료 수업은 실력이나 외모 등 쟁쟁한 인재들을 한 자리에서 볼 수 있는 기회이기도 했습니다. 그런데 이 수업을 들으면서 그동안 다녔던 양성반 수업은 그야말로 우물 안 세상처럼 조그만 세상에 불과했다는 걸 알게 된 겁니다. 어느새 의기소침해진 저를 발견했습니다. 저분은 어쩜 저리 눈이 반달이 되도록 예쁘게 웃을까? 저분은 어쩜 저리 입매가 고울까? 점점 거울 보는 시간이 많아지고, 마음에 들지 않는 구석이 늘어났습니다.

제가 챙겨보는 몇 안 되는 텔레비전 프로그램에 〈영재발굴단〉이 있습니다. 1회부터 재미있게 봤을 정도로 열혈 시청자입니다. 패널인 개그우먼 김지선 씨를 사람들은 '눈물의 여왕'이라 부르는데, 저도 그 프로그램을 볼 때면 늘 눈물을 쏟아냅니다. 어떤 땐 소리 내어 엉엉 울기도 합니다. 엄격한 엄마의 지휘 아래 하루 종일 음악 연습을 하는 아이가 가여워서, 가정 형편 때문에 아이에게 더 못 해주는 부모가 이해돼서 등등 우는 이유는 그때마다 다릅니다.

영재들이 보이는 행동은 놀랍기 그지없습니다. 스스로 재미를 느끼는 분야를 끊임없이 파고듭니다. 어떤 아이는 엘리베이터를 좋아해서 온 동네 아파트 엘리베이터를 탐색하고 돌아다닙니다. 그저 구경하는 것이 아니라 엘리베이터의 특성, 구조, 공간 등을 정확하게 기억했다가 그대로 그려냅니다.

영재들의 엄마는 크게 세 가지 유형으로 나타납니다. 첫 번째 유형은 '나중에 전혀 돈벌이가 안 될 것 같은' 자동차, 피아노, 그림, 곤충 등에 몰두하는 아이를 못마땅해 하는 부모입니다. 그 시간에 학교 공부를 했으면 하는 바람입니다. 아이가 아끼는 곤충, 자동차 등을 버리겠다고 협박을 하고 아이와 갈등을 겪습니다. 아이는 눈치를 보면서도 끝까지 자기의 세계를 구축해 나갑니다.

그 반면 어떤 엄마는 온종일 지하철을 보고, 타고, 느끼는 아이의 행동을 지지해 줍니다. 밤 10시까지 지하철을 타다 들어와도 "많이 보고 왔어?" 하며 아이를 안아줍니다. 철새를 관찰하는 아이 모습이 너무 예뻐서 그 모습을 어설픈 그림으로 담고, 철새를 보기 위해 아이와 함께 새벽 5시에 집을 나서는 엄마도 있습니다.

마지막 유형은 아이가 재능이 있다는 것을 알고 몰아붙이는 경우입니다. 학습지, 학원, 연습 등으로 말이지요.

모든 사람은 태어날 때 영재성을 타고난다고 합니다. 영재성을 죽이려면 '간섭, 억압, 푸시push'를 하면 됩니다. 알아서 잘하는 아이를 계획표대로 살게 하고, 재우지 않고 연습을 시키고, 일상을 통제하면 아이는 이내 질리고 맙니다. 결국 마음의 병이 옵니다. 아이는 낯선 카메라 앞에서 흐느끼며 말합니다. "죽고 싶어요."

자기 모습이 못마땅해서 'STOP'시키고 싶어 하거나, 너무 잘해서 'GO' 하고 싶은 두 경우 모두 전문의의 처방전은 비슷합니다. 강점에 집중하고, 자율적으로 하도록 두기.

부족한 점을 채우기보다 강점을 키우기! 이것이 효율적이라는 것은 모두가 아는 사실이지만 쉬 잊곤 합니다.

다시 쇼 호스트 수업 얘기로 돌아오면, 저도 저의 힘 있는 목소리, 스토리텔링 능력 등 강점에 집중했어야 했습니다. 온화한 미소, 친근한 인상이 강점인 사람이 있다면, 저는 또 저만의 이미지가 있을 겁니다.

쇼 호스트 수업 가운데 제가 가장 힘들어한 수업은 '리포팅 수업'이었습니다. 가을 단풍을 보는 상상을 하면서 "와, 너무 아름다워요! 어쩜 이렇게 단풍이 예쁠까요?" 하고 현장의 느낌을 생생하게 전달해야 하는 리포팅 실습이었습니다. 한껏 들뜬 모습으로 쉼 없이 현장을 중계해야 하는데, 평소 제 모습이 아니니 연기하기가 당연히 어려울 수밖에요.

전 에너지를 주는 사람이라는 이야기를 자주 듣습니다. 별명이 '방청객'일 정도로 리액션도 커서 친구들이 저와 대화하면 말할 맛이 난다고 하지요. 그런데 평소의 이런 평가가 무색할 정도로 리포팅은 제게 너무나 큰 벽이었습니다. 평소 제가 '듣고 반응하는 역할'을 많이 했다면, 리포터는 분위기를 띄우고 끌어가야 하는 역할입니다. 강사가 수업을 주도적으로 끌어가는 것과는 또 다른 영역이지요. 세 번, 네 번 도전 끝에 머리를 쥐어뜯으며 외쳤습니다. "진짜 미칠 것 같아요!"

미칠 것처럼 괴로웠던 수업 후로 학원엔 더 이상 가지 않았습니다. 평소 멀쩡하게 잘 살아왔는데 어느 순간 콤플렉스 덩어리가 되어 있는 저를 본 것이죠. 눈웃음도 없고 입꼬리도 올라가지 않는다고 느낀 제가 인터넷에서 '입꼬리 수술' '눈웃음 치는 방법' 등을 검색한 것을 생각하면 코미디도 이런 코미디가 없다 싶습니다.

갖지 못한 것을 탐하게 만들고 그 때문에 괴롭게 만드는 요인은 딱 한 가지입니다. 타인의 시선을 의식하면서 블로그나 인

스타그램, 페이스북 등에 글을 쓰고 사진을 올리는 것입니다. 그것들은 나에게 부족한 것을 탐하고 내가 잘하는 것을 잃는 '소탐대실'의 원산지와도 같습니다. 그런 곳들에 '온라인 집들이'다 뭐다 하면서 자신의 집을 공개합니다. 친한 친구들을 초대해도 신경 쓰이는 게 집들이인데, 불특정 다수를 대상으로 자신의 집을 오픈하는 것이니 얼마나 정성을 쏟겠습니까? 그렇게 예쁘고 아기자기하게 혹은 심플하고 모던하게 꾸민 집을 보고 누군가는 박탈감을 느낍니다. '작정하고' 꾸민 집이니 그걸 본 사람들이 그런 감정을 느끼는 건 당연할 수밖에요. 여행, 여가, 차, 육아, 패션…… 이 모든 것이 타인이 기준이 되면 거기에서 놓여날 방법이 없습니다. 내가 가진 모든 것이 다 '찌질'해 보이는 겁니다. 남편도, 집도, 내 생활도……

동대문 도매 시장에서 일했다는 친구 이야기를 또 해보겠습니다. 8년 가까이 일을 하다가 임신을 하기 위해 일을 그만두었는데, 동대문에서 그렇게 크게 일을 하다가 집에만 있으니 얼마나 심심했겠어요? 모아둔 돈도 조금씩 축이 나는 걸 보니 속이 쓰렸나 봅니다. 자신의 경력을 활용하여 '블로그 마켓'을 하겠다는 친구에게 저는 무조건 지지를 보냈습니다. 친구도 블로그 이웃들과의 교류에 재미를 느껴서인지 밤늦도록 블로그 관리를 하는 것 같았습니다. 그런 덕분에 친구의 블로그는 짧은 시간에 급성장을 했습니다. 어느 날은 댓글이 100개 전후로 달린 걸 보고 깜짝 놀랄 때도 있었습니다. 당시 평균 댓글 두 개 정도인 제가 보기엔 이미 파워 블로그였습니다.

어느 날 그 친구가 나에게 연락해서 어떻게 지내느냐고 묻더군요. "난 늘 똑같지. 애 어린이집 보내고, 도서관 가고…… 만날 사람도 없고 특별히 갈 데도 없으니까, 뭐 꾸밀 일도 없네." 가만히 듣던 친구가 말합니다. "난 요즘 남한테 보여주기 위해 사는 것 같아. 꼭 미친 것 같아."

자기의 진짜 모습을 감추고 남의 시선에 맞춰 산다는 건 정말 미칠 것 같은 일인가 봅니다. 리포팅 실습을 하던 제 입에서도, 블로그 관리에 공들이는 친구의 입에서도 '미치겠다'는 말이 절로 나오는 걸 보면 말이죠. 그런데 저야 못한다는 지적을 계속 받으니 미칠 것 같다는 말을 할 수 있지만, 친구는 뜻밖입니다. 블로그 마케팅을 생각 이상으로 잘하고 있어서 적성에 맞나 보다 생각하던 참이었거든요. 블로그의 특성상 타인의 일상까지 속속들이 알게 되고, 나의 일상도 공유를 합니다. 그 과정에서 '남보다 더, 내가 더'라는 심리가 슬쩍 올라오지 않을까요?

SNS를 잘 활용하는 사람은 SNS를 자신의 콘텐츠 창고로 씁니다. 누군가 '좋아요'를 눌러주기를 기대하는 마음으로 음식 사진을 올리는 것이 아니라 말이에요. '좋아요'를 기대하는 것이야말로 남의 평가나 피드백을 기대하는 것인데, 그런 마음으로 SNS를 시작했다면, '좋아요'가 저조할 때는 말 그대로 '미치는' 겁니다. 시선을 바깥이 아니라 안쪽으로 돌리면 쉴 새 없이 조잘거리며 불안감을 키우던 그 목소리는 자연스레 줄어듭니다. 그 대신 '나'에 대해 탐구해 보는 시간을 갖게 되지요.

내가 가진 강점에는 어떤 것들이 있나요? 휴대폰 사진 관리를 잘하나요? 사는 곳 근처에 쉴 만한 곳들이 어디어디에 있는지 많이 아나요? 아이에게 매일 책을 읽어주나요? 아니면 매일 일기를 쓰나요?

《딜리버링 에너지》의 저자 김진호 씨는 그런 자기만의 강점이 무엇인지 찾아내 잘 계발시킨 좋은 본보기입니다. 제가 그에 대해 처음 알 무렵 그는 영어 스터디와 관련된 블로그를 운영하고 있었습니다. 그런데 특이하게도 블로그에는 영어 스터디와 관련한 지식이나 정보 외에 자신이 읽은 책들에 대한 서평이 많이 올라와 있었어요. 블로그를 살피다 보니 그가 올린 수백 개의 책 리뷰를 보고 어느 단체에서 독서법에 대해 강의를 해달라고 요청을 해왔다는 걸 알게 됐습니다. 취미로 쓰던 책 리뷰가 돈을 버는 일로 이어졌다는 점이 저의 시선을 끌었는데요, 그저 자기계발 차원에서 읽고 쓰던 책 리뷰가 '독서법'이라는 하나의 콘텐츠로 재탄생했기 때문입니다.

그로부터 4년 후, 온라인 마케팅과 관련한 강의를 준비하면서 다시 그의 블로그를 찾은 저는 온몸으로 전율을 느꼈습니다. 3년 전 운영하던 '딜리버링 에너지'라는 블로그를 통해 나눈 글들을 묶어 《딜리버링 에너지》라는 책을 낸 겁니다. 제가 놀란 것은 바로 자신의 강점을 꾸준히 축적해 그 결과물을 3년 만에 책으로 냈다는 사실이었습니다.

시선을 밖이 아닌 안으로 향하면 블로그를 운영해도 이렇게 파워 블로그가 아닌 전문 블로그가 되기 쉽습니다. 전문 블로그는 당장 눈에 띄는 쏠쏠한 재미는 덜할 수 있습니다. 많은 사람이 왔다 스쳐 지나가기도 합니다. 하지만 그 분야에 관심 있는 사람들은 꾸준히 들어옵니다. 블로그 주제와 관련된 일을 하는 업계에서도 유심히 지켜보고요.

막 '독서법 강사'로 활동을 시작한 김진호 씨를 약 4년 전 제가 인터뷰한 적이 있는데요, 이때 한 인터뷰는 지금 봐도 우리에게 도움이 되는 이야기가 많습니다. 그 가운데 일부를 여기에 소개해 봅니다.

김진호 씨는 원래 대기업 직원이었습니다. 대학 졸업 후 삼성전자 반도체연구소에서 근무를 했지요. 입사 6개월 후 문득 이런 의문이 들었다고 합니다. '나의 5년 후, 10년 후 미래는 어떤 모습일까?'

"그때 제 미래를 바로 옆에 계시던 과장님, 부장님을 통해 보았어요. 다들 일 때문에 힘들어하고 가족과 함께하는 시간도 별로 없어 보였어요. 그런데 막상 내가 어떻게 살고 싶은지 생각해 보니까 내가 그걸 잘 모르고 있더라고요."

그때부터 책 속에 길이 있다는 말만 믿고 전에는 거의 읽지 않던 책을 찾아 읽기 시작합니다. 스티븐 코비의 《성공하는 사람의 일곱 가지 습관》 중 두 번째 습관이 "목표를 확립하고 행동하라"인데, 원문은 "Start with the end"입니다. 이 말은 그에게 지금까지와는 다른 삶을 살게 하는 하나의 동기가 됩니다. "'끝을 가지고 시작하라'는 것인데, 회사 생활은 언뜻 미래가 안정적으로 보이지요. 하지만 회사가 하라는 대로 살다 보면 그 끝은 내가 원하는 대로 만들기 어렵겠다는 생각이 들었어요. 불안정하지만 주도적인 삶에 도전하자는 결심을 하게 된 계기입니다."

결국 그는 퇴사를 합니다. 현재 그는 책에 대해 강의하는 강사이자 저자입니다. 하지만 그가 처음부터 '강의를 하겠다'는 목적을 가지고 책을 읽지는 않았습니다. 그저 자신을 성장시키기 위해 꾸준히 했던 것들이 그만의 강점이 되었고, 그것이 지금의 그의 일이 된 것이지요.

직장 생활을 하는 친구들을 만나면 현재의 힘든 일 아니면 과거의 추억들만 이야기할 때가 많다고 합니다. "그 친구들은 6개월 전이나 1년 전이나 늘 똑같은 이야기를 해요. 더 나은 미래를 기대만 할 뿐 자신을 변화시키기는 꺼려하지요." 그는 그와 같은 레드 오션에서 경쟁하지 말고 남들이 가지 않는 길을 가라고 말합니다. 자신이 좋아하고 잘할 수 있는 일이 무엇이지 고민하고 찾다 보면 분명 '나만의 것'을 발견할 수 있다고 강조합니다. 이 점은 블로그 활동에서도 마찬가지입니다. 그는 블로그 운영자들이 전문 블로거가 되고 싶다면 다음 두 가지만 잘하면 된다고 말합니다.

첫 번째, 나의 일상을 블로그에 콘텐츠화할 것!

두 번째, 첫 번째를 꾸준히 할 것!

유튜브, 페이스북, 인스타그램 등 모든 SNS에 다 통하는 조언입니다. 나의 일상이 특별하지 않은 것 같아도 오랫동안 꾸준하게 기록하면 특별해집니다. 평범한 책이 한 권, 두 권…… 천 권 쌓여 그만의 콘텐츠가 된 것처럼 말이지요. 여러분은 자신만의 '보물 창고'를 무엇으로 채우고 싶으신가요?

카톡 말고 셀톡

스물여섯 살, 그때 저는 또래 중에서 이룬 게 가장 많은 사람처럼 보였습니다. 제가 봐도 지금까지 제 인생에서 가장 화려했던 시절 같아 보이기도 합니다. 그러나 돌이켜보면 풍요 속의 빈곤을 깊이 느끼던 시절이었죠. 종종 심한 우울감을 느끼곤 했는데요, 아마도 그때 전 '남에게 보이는 나'를 엄청 신경 썼던 것 같습니다. 꼬리표도 떼지 않은 옷들이 옷장에 그대로 쌓여갔습니다. '저것만 있으면 행복할 거야' '저걸 사면 뭔가 있어 보일 거야' 하면서 비싼 물건을 사들이던 나는 외부의 시선에 꼼짝없이 갇힌 영혼의 수감자였습니다. 아무도 나를 신경 쓰지 않는데, 저 혼자 '타인의 평가'라는 덫에 사로잡힌 겁니다.

몸도 마음도 몹시 지쳐 있던 어느 날, 저는 출근길 전동차 안에서 갑자기 쓰러지고 말았습니다. 손잡이를 잡고 흔들흔들, 열차의 흔들림에 몸을 맡기고 있는데 갑자기 숨쉬기가 힘들어졌습니다. 그러곤 머리끝부터 차가운 느낌이 내려오더니 손끝까지 퍼지더군요. 그 순간 눈앞이 점점 아득해지고 아무 소리도 들리지 않았습니다. '이러다가 죽겠구나' 하는 순간 쓰러진 모양입니다. 눈을 떠보니 저는 노약자석에 앉혀져 있고, 어느 할머니께서 옆에 앉아 "어쩌누, 어쩌누" 하면서 제 손을 계속 주무르고 계셨습니다.

돌아보면 그때 출근길에 쓰러진 것은 삶이 내게 준 선물인지도 모르겠다는 생각이 듭니다. 저는 결국 서울 생활을 정리하고 당분간 부산의 본가에서 심신을 추스르기로 했습니다. 서울 집은 전세를 주었지요. 그때 참 많은 것을 버렸습니다. 추억이라는 이름으로 가지고 있던 온갖 잡동사니들, 옷, 책, 화장품, 소품, 신발…… 나에게 필요한 물건은 단지 박스 몇 개로 정리됐습니다. 그리고 저의 화려하고도 외로웠던 서울 생활이 그렇게 끝이 나나 싶었지요.

하루는 샤워를 하는데 오른쪽 가슴에서 낯선 감촉이 느껴졌습니다. 다시 만져보니 꽤나 큰 혹이 만져집니다. 병원에서의 조직 검사 결과, 다행히 악성은 아니었습니다. 5센티미터 크기의 양성 종양이라고 합니다. 의사는 크기가 너무 크니 절제를 해서 덜어낼 것을 권합니다. 결혼도 안 한 처녀 몸에 5센티미터의 흉터가 생긴다는 건, 생각보다 고민이 많이 되는 일이었습니다.

정보를 찾던 중 '자연 치유요법'으로 수술 없이 종양을 줄일 수 있다는 사실을 알게 되었지요. 정말 그럴 수 있나 의문이 들기도 했지만 내 몸을 시험삼아 한번 시도해 보기나 하자 싶었습니다. 부산으로 완전히 돌아가려는 계획은 수정되었습니다. 자연 치유를 위해 경기도 의왕에 있는 효소 만드는 농장으로 행선지를 정했기 때문이지요. 하지만 전세를 내준 저의 집은 이미 남이 살고 있어서 갈 곳이 없었습니다. 결국 한 집을 여러 명이 나눠 쓰는 '셰어 하우스'를 구했습니다. 제 공간은 방 한 칸이었죠. 다행히 박스 몇 개와 침대뿐인 제 살림살이는 그 공간 안에 다 들어갈 수 있었습니다.

한 칸 방에서의 생활은 소비에 대한 저의 가치관을 바꿀 수 있는 좋은 기회가 되었습니다. 어떤 짐 박스들은 풀지도 않았는데 생활은 조금도 불편한 것 없이 이어졌지요. 그렇게 많이 버리고도 꼭 필요하다 싶어 싸온 물건들인데 그것들조차 사는 데 꼭 필요하지 않은, '혹시나' 하는 걱정의 산물이었던 거죠. 그 물건들을 쓸 일은 발생하지 않았고, 그 집에서 다시 이사 나올 때까지 박스들을 풀 일은 없었습니다. 그동안 그토록 사고 소비하고 쌓아둔 것들은 내 삶에서 없어도 되는 물건들이었던 겁니다.

살아가는 데 필요한 물건이 많지 않다는 걸 깨달은 후 저는 지금까지 꼭 필요한 것만 사서 쓰는 생활을 이어가고 있습니다. 결혼 전에 산 옷을 아직 입고 다니고, 혹시나 '있으면 좋을 것' 같아서 사두는 '예상 소비'는 하지 않습니다. 처음엔 비우고 버리는 제 행동에 불만이던 남편도 이제는 그러려니 합니다. 안 입는 자기 옷이 쓰레기통에 들어가 있어도 별 소리 안 합니다. 버릴 때마다 느낍니다. 힘들게 일해서 샀고, 사기 위해 열심히 돈을 벌었는데, 모두 버리기 위한 행위였군!

제가 외부의 시선으로부터 비교적 자유로워지게 된 배경에는 이처럼 몇 개 안 되는 '박스'의 물건만으로도 충분히 살아갈 수 있다는 자각이 있습니다. 서울에서 직장 생활을 하던 6년 동안 조금씩 늘려왔던 살림살이가 박스 몇 개로 정리되는 것도 놀라웠지만, 그 박스를 오랫동안 열지 않고도 충분히 살아갈 수 있다는 걸 알았을 때는 더 놀라운 자각이 일어난 겁니다.

강의나 다른 특별한 일이 있지 않은 한 아이를 어린이집에 보내고 나서 가는 곳은 대개 도서관입니다. 점심도 혼자 먹고 운동도 혼자 다닙니다. 그런데 참 신기하죠. 고독할수록 행복한 시간이 늘어납니다. 가끔 동네 엄마들과 수다를 떨기도 하지만, 역시 혼자 있는 시간이 행복합니다. 혼자 있을 때 자연스레 집중하게 되는 것은 '나'입니다. 그러다 보니 내 속에 있는 많은 것들, 예컨대 내가 좋아하고 소중히 여기는 것들, 이루고 싶은 꿈 같은 것을 새롭게 발견하기도 합니다.

어린 시절 형성된 내면의 상처들도 내면에 시선을 돌릴 때 비로소 발견할 수 있습니다. 저는 부모님을 사랑합니다. 부모님도 저를 사랑하고요. 자식에 대한 애착은 아빠를 닮았고, 재능은 엄마를 닮은 것 같습니다. 하지만 처음부터 부모인 사람은 없기에, 저희 부모님도 분명 서투른 점이 있었을 겁니다. 삼남매 앞에서 수없이 부부싸움을 하더니, 결국 이혼이라는 상처를 저와 동생들에게 주었지요. 부모의 이혼으로 내 안에 생긴 상처들이 조금씩 보이기 시작한 것은 제가 결혼해서 아이를 낳은 후 아이와의 효과적인 의사소통 방법을 배우기 위해 부모 교육 수업을 받을 때였습니다. 다른 엄마들의 어린 시절 이야기를 들을 때, 참여자들이 역할 연기를 하는 모습을 볼 때, 내 안 깊숙이 숨어 있던 상처들이 의식의 표면에 드러나면서 눈물이 터진 거지요.

부모님이 무의식중에 내뱉던 말들도 어려서부터 자주 듣다 보면 나도 모르는 사이에 내 삶의 기준이 되고 내 인생에서 중요한 가치가 되기도 합니다. 저의 경우엔 돈에 대한 관념이 그렇게 생긴 것 같습니다. "돈 없다"는 말을 습관적으로 들었던 저는 집안의 진짜 재정 상황이 어떤지 모르면서 하고 싶은 것이 있어도 지레 포기하는 일이 많았습니다. "돈을 많이 벌어야 자식이 하고 싶다는 것을 해줄 수 있다." 오랫동안 제 안에 있던 이 관념이 어디에서 어떻게 생겨나게 되었는지 그 뿌리를 깨닫고 나니, 돈벌이에 대한 강박에서도 다소 자유로워질 수 있었습니다.

사람은 누구나 자기 내면을 들여다볼 시간을 가질 필요가 있는 것 같습니다. 저와 가까운 사람들 중에는 다른 사람들만 창직 컨설팅하지 말고 자기부터 좀 해달라고 반농담삼아 얘기하지만, 내가 뭘 좋아하고 뭘 하고 싶은지는 자신만이 압니다. 꿈이든, 인생의 목표든, 혹은 창직이든 그것들은 결코 남을 통해서 나오지 않습니다. 남이 아닌 자신에게 묻고 자기 안에서 찾아야 그것을 발견할 수 있습니다. 그 답을 찾기 위해 자신과 친해지려는 노력, 바로 자신과 데이트하는 방법의 하나가 혼자만의 시간을 갖는 것입니다. 그 시간은 오래 걸릴 수도 있습니다. 그러나 스스로에게서 묻고 구하지 않으면 시작조차 할 수 없습니다. 시작도 하지 않은 일은 누군가가 도와주고 싶어도 절대 도와줄 수 없습니다.

저는 20대 때부터 "'네가 진짜 하고 싶은 게 뭐냐?"는 질문을 스스로에게 끊임없이 던져왔다는 사실 하나만은 자신 있게 말할 수 있습니다. 가슴 뛰는 일이어서 진짜 나의 길인 줄 알았지만, 잠깐의 불꽃으로 끝났던 경험도 셀 수 없이 많습니다. 쇼호스트처럼 화려한 직업에 눈길이 갔던 때도 있습니다. 하지만 이젠 가슴이 뛰는 것도 좋지만 그보다 제 내면이 편안해지는 일에 마음이 더 먼저 갑니다. 물론 가슴이 뛰지도 않은 일을 억지로 하지도 않고요.

저녁마다 남편이 "오늘 제일 처음 만난 사람이 무슨 옷을 입었어?"라고 묻는다고 합시다. 처음엔 "몰라, 그걸 어떻게 알아?" 넘어갈 겁니다. 다음날 남편이 똑같은 질문을 합니다. "음, 모르겠어. 오늘도 잘 못 봤어." 그 다음날 또 똑같은 질문을 합니다. 이 이상한 질문이 며칠째 이어지면 나도 모르게 그 질문을 의식하게 될 겁니다. 어느 날 제일 처음 만난 사람의 옷을 유심히 보고 어떤 옷인지 잘 기억하게 되겠지요.

우리의 뇌도 마찬가지라고 합니다. 매일매일 "내가 가장 하고 싶은 일이 뭐지?"라고 질문을 던지면 처음엔 반응하지 않던

뇌가 어느 날 답을 합니다. 예전엔 고민이 있으면 점집에 갔습니다. 이제는 나에게 질문을 던지고 잡니다. "어떤 선택을 할까?" 그 답은 여러 가지 형태로 옵니다. 생각 없이 보던 뉴스에서, 병원 대기실에 앉아 집어든 잡지에서, 생각 없이 스크롤을 내리던 SNS에서, 뇌가 꽉 잡아 움켜쥐는 정보를 만날 수 있습니다. 혹은 운전하다가, 샤워를 하다가, 잠자리에 들다가 어떤 생각이 뇌리를 스칠 수도 있습니다. 누군가와 통화를 하다가 그것을 만날 수도 있습니다. 이는 꾸준히 질문을 한 사람에게만 보이는 마법입니다.

'3B'라고 불리는 아이디어 법칙이 있습니다. 좋은 아이디어는 3B에서 생각난다는 겁니다. 바로 bed, bathroom, bus입니다. 정말로 도움이 되는 아이디어는 어렴풋이 잠들 때, 깨기 직전 무의식의 세계에서 나온다고 합니다. 내 안의 깊은 곳에서 무언가가 툭툭 건드립니다. 그 소리는 희미해서 마음을 고요히 하고 주의를 집중하지 않으면 잘 들리지 않습니다. 운이 좋으면 얼른 잡아채서 메모를 하지만, 놓칠 때도 많습니다. 중요한 사실은, 내 안에 존재하는 그 무엇이 나의 질문에 답하기 위해서 늘 기다리고 있다는 겁니다. 내면의 목소리를 들을 수 있는 방법으로 카톡보다 셀톡이 필요한 중요한 이유입니다.

내 이름에 먹이주기

낯선 남자가 저에게 쪽지를 주었습니다. 너무나 해맑게 웃으며 주길래 영문도 모른 채 덩달아 웃으며 쪽지를 받았습니다. 펼쳐 보니 그의 이름과 연락처, 직업, 사는 곳 등 신상명세가 적혀 있었습니다. 다음날 그에게 문자를 보냈습니다. 그렇게 시작된 두 사람의 관계는 결국 부부의 연으로 이어졌습니다. 우리 부부 이야기입니다.

모든 관계의 시작은 이름으로 시작합니다. 남편이 건네준 쪽지에도 이름이 맨 위에 적혀 있었고, 저 역시 문자를 보낼 때 이름을 먼저 밝혔습니다. 학창 시절, 학년이 바뀔 때에도 맨 먼저 선생님은 칠판에 자기 이름을 적고 출석부에 적힌 학생들 이름을 부릅니다. 통장을 만들 때도, 어딘가에 회원 가입을 할 때도 자신의 이름을 먼저 씁니다. 이름이 없으면 이 세상에 존재할 수 없는 듯한 느낌입니다. 이렇게 이름은 나의 존재를 입증시켜 주고 다른 사람들이 나를 부를 수 있도록 해줍니다.

그런데 과연 이름의 가치가 이 정도밖에 안 되는 걸까요? 다른 누군가와 구별시켜 주는 수단? 남이 나를 부르는 호칭? 단순한 대명사?

어릴 때 아빠와 집안 어른들이 왜 엄마를 보고 '시현 엄마' 라고 부르는지 이상했습니다. '장현주'라는 엄마 이름이 버젓이 있는데 말이죠. 오랫동안 우리 사회에서는 '엄마'와 '여자'가 별개로 존재해 왔습니다. 최근 들어서야 미디어나 서적에서 "엄마에서 여자로" "엄마도 여자예요" 같은 한 인간으로서의 정체성을 잃지 말자는 메시지가 들리기 시작했지요. '○○ 엄마'가 아니라 내 이름 석 자를 가진 사람으로 당당히 살자는 주장에 울컥하는 엄마들도 많이 볼 수 있습니다.

저는 이상하게도 '로운맘'(제 아이의 이름이 '로운'입니다)이라는 닉네임이 낯간지럽습니다. '로운 엄마'까지는 괜찮은데 '로운맘'이라니! 대개 엄마들은 살고 있는 지역의 엄마들끼리 온라인 카페 활동을 합니다. 그런데 왜 이런 온라인 카페에서는 '○○맘'이라는 닉네임을 기본으로 쓰는지 모르겠습니다. 카페에 가입하기 위해서는 누구의 엄마라고 자기를 소개해야 합니다.

여성들이 자기 이름 대신 '○○맘'으로 살아가는 현실에서 많은 여성들이 착각하는 것이 하나 있습니다. '내가 이렇게 희생하며 산다는 걸 가족들은 알아주겠지' 생각하는 것 말입니다. 하지만 청소, 빨래, 밥 차리는 것이 가족에겐 그리 고마운 일이 아닌 듯 보입니다. 해놓으면 당연한 것, 안 하면 욕먹을 일이 되지요.

남편이나 어른들만 그리 여기는 게 아닙니다. 어느 샌가 아이들도 그런 생각을 당연하게 받아들이고 소리를 칩니다. "아, 엄마는 교복 좀 미리 빨아놓지!" 결국 ○○맘은 "내가 누구 때문에 이렇게 사는데!" 하고 폭발하고 맙니다. 물론 내 옷은 사지 않고 남편 옷, 아이 옷을 살 수 있습니다. 마지막 남은 딸기 하나를 아이에게 건네는 것도 좋습니다. 그것이 그래야 하는 일이어서가 아니라 사랑의 마음에서 나온 표현일 수도 있으니까요.

하지만 자신을 계발하고 성장시킬 기회마저 아이와 남편에게만 양보하는 것은 잘못입니다. 그것은 사랑이 아닙니다. 자기희생일 뿐이죠. 남편만 운동하고 골프 치고 대학원 갈 게 아니라, 나도 필요한 것들을 배우고 익힐 필요가 있습니다. 남편은 나날이 경력과 경험이 쌓이고, 아이 또한 나날이 몸과 머리가 성장해 가는데, 엄마만 제자리라면 균형이 깨지잖아요. 내가 기쁘지 않은데 다른 사람에게 기쁨을 줄 수는 없겠죠. 사랑도 마찬가지 아닐까요? 내가 나를 사랑하지 않는데 어떻게 남을 온전히 사랑할 수 있을까요?

남편의 이름보다, 아이의 이름보다 먼저인 것은 '내 이름'입니다. ○○맘이 아니라 내 이름 석 자로 불릴 때 나는 ○○맘이 아닌 나의 삶을 살아가게 되고, 남편도 아이도 나를 이름 가진 존재로 대하게 됩니다. 아이에게 "휴대폰 좀 그만 보고 공부해라"고 아무리 말해도 아이는 듣지 않습니다. 엄마가 집 안에 누워서 휴대폰만 보고 있는데 그 말에 힘이 있을 리가 없지요. "공부 열심히 해야 좋은 대학 간다"는 엄마의 말도 아이에겐 별 자극을 못 줍니다. 엄마는 대학 나왔는데도 하는 일은 집안일뿐이니까요.

아이를 키워보니 아이는 엄마 발자국 소리를 듣고 큰다는 말이 맞는 것 같습니다. 엄마가 가는 방향으로 따라가는 것이 아이입니다. 엄마가 책을 읽고 공부하는 모습을 보면 자연스레 아이도 따라합니다. 공부하라고 백 번 잔소리하는 것보다 엄마의 공부하는 행동 하나가 더 힘이 있지요. 물론 그 반대도 마찬가지입니다. 엄마가 휴대폰만 만지작거리면 아이도 그러기가 더 쉽겠죠. 아이는 '말'보다 '분위기'에 먼저 반응한다고 합니다. 귀가 아닌 피부로 듣는 셈이지요.

아직 어린 제 아이 역시 엄마가 일하는 모습, 책 보는 모습을 보고 자랍니다. 처음에는 노트북 앞에 앉아서 무슨 일만 하려고 해도 놀아달라며 방해하던 녀석이, 지금은 "엄마 지금 일하고 있지?" 하면 알아듣습니다. 집 안 여기저기 놓인 책을 보고 "엄마 꺼, 엄마 꺼" 하면서 그것이 엄마가 읽는 책인 줄 알아차립니다. 침대에 누워 책을 보고 있으면 저도 제 책을 들고 와 눕습니다. 글은커녕 말도 못하는 아이가 저를 따라 흉내를 냅니다.

아이가 더 크면 제가 강의하는 장소에 데리고 가볼까도 싶습니다. 물론 아이의 동의가 필요하겠지만요. '아이 안고 강의하는 교수'가 해외 뉴스로 소개된 적이 있습니다. 뉴스를 보고 사람들은 "해외니까 가능하지"라고 말들 합니다. 우리나라는 엄마가 긴 시간 일하기엔 제약이 많습니다. 당장 저만 해도 그런 한계에 부딪힐 때가 있습니다.

엄마들이 아이 걱정 없이 일할 수 있는 분위기를 사회가 만들어주지 않는다면, 저의 돌파구는 일터에 아이를 데리고 가는 것입니다. 혹자는 프로페셔널하지 못하다, 일터에 아이를 데리고 가다니 개념이 없다고 말할지도 모르겠습니다. 하지만 그런 행동 자체가 사회에 대한 '메시지'가 될 수 있다고 생각합니다. 일터에 아이를 데리고 가야만 일할 수 있는 것이 우리의 상황이라는 메시지 말입니다.

자녀가 사춘기가 되면 부모와의 대화 시간이 훅 줄어듭니다. 특히 진로 문제의 경우, 부모와 상담한다는 아이들의 비율이 '친구'와 상담한다는 비율보다 적습니다. 이와 관련해 한 아이가 인터뷰에 대답한 내용을 보면 충격을 금할 수 없는데요, 엄마는 집에만 있고 사회 생활을 안 해봐서 멘토 역할을 해줄 수 없다고 했답니다. 하지만 부모가 꾸준히 자신을 성장시켜 가는 모습을 보여준다면 얼마든지 '존경하는 인물' 혹은 '멘토'가 될 수 있습니다. 엄마가 고인 물과 같은데 아이에게 흐르는 맑은 물을 주긴 어렵습니다.

제가 공부를 하고 일을 하는 동기는 먼저는 '나'를 위해서이지만, 그것이 다는 아닙니다. 엄마가 엄마 자신을 위해 뭔가를 하는 모습 자체가 '아이'에게 줄 수 있는 가장 좋은 역할 모델이라는 걸 깨달은 거지요. 아이와 함께 책 읽고 공부하는 행위야말로 자녀에게 줄 수 있는 진정한 유산이자 선물이 아닐까요?

저는 아이가 장차 자신이 가장 좋아하는 일, 잘하는 일을 찾아서 즐겁게 일하며 먹고살 수 있기를 바랍니다. 만약 아이가 하고 싶은 일이 그때까지도 세상에 없는 일이라면 이렇게 말할 수 있겠죠. "그래? 그럼 너만의 직업을 만들면 되지! 뭘 할 때가 제일 즐거워?" 세상 속에서보다도 아이의 가슴속에 있는 가능성을 스스로 찾아서 실현해 가도록 돕는, 아니 먼저 그 본보기로 살아가는 엄마가 되고 싶습니다.

떼어야 걸음이다

"3주 봅니다."

1년짜리 운동 회원권을 끊었다는 말에 후배가 한 말입니다. 후배가 예언한 3주일이 지나고 벌써 넉 달째입니다. 체력을 키우려 시작한 운동인데 덤으로 살도 빠졌습니다. 이제는 운동을 안 하는 날이면 몸이 찌뿌둥하고 마음도 덩달아 찜찜합니다.

21일만 같은 행위를 반복하면 습관이 만들어진다고 합니다. 그런 의미에서 3주는 마법의 시간입니다. 뇌는 근본적으로 변화를 받아들이기 힘들어합니다. 변화는 곧 '위협'이기 때문이지요. 매일 일정한 패턴으로 반복되던 일상에 새로운 일이 끼어들면 뇌는 불안해합니다. 뇌는 스트레스를 받고 하기 싫다는 부정적인 감정을 일으킵니다. 뇌는 다시 '예전'으로 돌아가기 위해 부단히 노력합니다. 안정적이고 위험이 없는 평온한 상황으로 말이지요. 그래서 금연 계획도, 다이어트 계획도, 영어 공부 계획도 '과거로의 회귀'를 원하는 뇌에게 굴복하고 맙니다.

첫걸음을 떼는 첫 번째 방법은 3일째마다 다시 결심하는 것입니다. 운동 센터에만 가면 어떻게든 운동을 하는데, 현관문을 나서기까지가 참 어렵습니다. 나가야 할 시간에 괜히 스마트폰을 뒤적이기도 합니다. 그러다가 아예 드러누워 버린 적도 부지기수입니다. 그런데 '월화수/목금'으로 끊어서 생각하면 매일 운동을 가야 한다는 스트레스가 줄어듭니다. "수요일까지만 매일 가자"고 처음 마음먹는다면 좀 다를 수 있습니다. 정작 수요일이 되면 "어, 이제 이틀만 더 가면 끝이네?"가 되지요. 3일도 잘 갔는데 2일 가는 건 더 쉽습니다.

블로그를 운영해야 하는데, 글을 쓰고 싶은데, 살을 빼야 하는데…… 더 이상 생각만 하고 끝나는 것이 아니라, 또 작심삼일로 며칠 하다가 그치는 것이 아니라, 정말로 꾸준하게 습관적으로 해나가고 싶다면, 일단 3일씩 끊어서 한번 해보세요. 여러분이 생각한 것 이상으로 놀라운 효과를 발휘한다는 것을 알게 될 겁니다.

첫걸음을 떼는 두 번째 방법은 '가까이에서, 작게'입니다. 자신의 관심사나 강점을 가지고 집에서 홈 클래스를 하고 싶다면 두세 명 정도 적은 인원으로 시작하는 것이 부담도 없고 쉽습니다. '클래스'가 부담스럽다면 '스터디'로 시작해도 좋습니다. 만일 '그림책 읽기' 모임을 하고 싶다면 "그림책 읽기 스터디합니다"라고 지역 온라인 카페나 아파트 게시판에 공지를 냅니다.

실제로 우리 동네 아줌마들은 뜨개질이나 독서 토론, 퀼트 등으로 스터디 형식의 모임을 자주 갖습니다. 두세 차례 운영을 하다 보면 보완해야 할 부분이 뭐고 잘하고 있는 부분이 뭔지 눈에 보입니다. 클래스를 여는 경우에도 그렇게 어느 정도는 공부한다는 마음으로 운영하다가 때가 되면 수강료를 책정하면 됩니다. 돈 받는 게 불편하다면 '선물 경제' 방식을 응용해 보는 것도 좋겠지요. 선물 경제란 교환 경제와 달리 대가나 보상을 바라지 않고, 필요한 것들을 선물하는 방식으로 돌아가는 경제 체제를 말합니다. 선물을 받은 사람이 다시 누군가에게 선물을 하는 식으로 말이죠. 과일, 아이 간식, 책 등 모든 것이 선물이 될 수 있겠죠.

어느 정도 경력이 쌓이고 클래스를 운영할 기본기를 다졌다면, 문화 센터나 도서관, 여성새로일하기센터 등에 강의 제안서를 내봅니다. 일회성 특강부터 시작하는 것도 좋겠지요. 제안서에 들어갈 경력 사항에 넣기 위해서 본인이 진행하는 스터디나 클래스의 사진, 후기 등 자료를 남겨두는 것이 좋습니다. 사진은 최고의 증빙 자료입니다.

이렇게 '가까운 곳에서, 작게' 시작하면 첫걸음을 훨씬 가볍게 뗄 수 있습니다. 너무 큰 그림을 세워놓고 시작하면 그 중압감에 숨이 막힐 수 있습니다. 몸무게를 10킬로그램을 빼야 한다고 생각하면 막막함에 시작하고 싶지도 않습니다. 그러나 한 달에 1킬로그램만 빼자고 마음먹으면 만만해집니다. '식단 조절'이라고 하면 갑갑한 마음부터 들지만, '하루 한 끼는 토마토 먹기' 정도로 목표를 세우면 가뿐합니다.

'창직하기'라고 계획을 세우면 막연한 두려움에 휩싸일 수 있지만, '일주일 1회 창직 사례 공부하기'로 시작하면 부담이 확 줍니다. 속도는 상관없습니다. 느리게 가는 것 같아도 문득 돌아보면 '벌써 이만큼 왔어?'라고 놀랄 때가 올 테니까요.

혹시 나만의 강점이나 콘텐츠가 없어서 스터디든 클래스든 열 수 없다고 생각하시나요? 교육, 강좌, 클래스 등 다양한 이름이 붙는 모든 수업의 본질은 사실 간단합니다. "내가 조금 아는 것을, 나보다 모르는 사람에게 알려주는 것"입니다. 모바일 어플로 동영상을 편집할 수 있다거나 기획안을 쓸 수 있는 것도 나만의 강점이요 훌륭한 콘텐츠가 될 수 있습니다.

별다른 기술이 없는데도 제가 스트링 아트 강좌를 열 수 있는 것도 같은 맥락입니다. 하다못해 주위 사람들로부터 "김치찌개를 잘 끓인다. 음식점 내라"는 이야기를 많이 듣는다면 '김치찌개 맛있게 끓이는 법'에 대해 1일 강좌를 열 수 있습니다. 방법은 마찬가지로 지역 온라인 카페나 아파트 게시판에 공고를 내 소수로 시작하면 됩니다. 요리 클래스를 성공적으로 운영하는 많은 주부들이 이렇게 시작을 했습니다.

그런 정도라도 남에게 알려줄 만한 게 없다고 생각된다면, 앞서 말했듯이 내가 '알고 싶은 것'을 공부하는 성격의 모임도 좋습니다. 책을 쓴 사람들도 "알기 때문에 책을 쓰는 것이 아니라, 알기 위해 책을 쓴다"고 말합니다. 고전에 대해 아무것도 모르는 저도 동서양의 고전 문학을 읽고 싶어서 단골 카페의 사장님과 함께 '이음문학회'라는 걸 만들어 함께 공부하고 있습니다. 회원들은 이 카페의 단골손님들입니다. 해박한 지식을 가진 회원들의 이야기를 듣는 시간이 참 즐겁습니다.

저의 스트링 아트 강좌는 '스트링 아트 명상 공예'라는 이름으로 아예 관련 홈페이지를 따로 만들었습니다. 기본적인 폼만 만들어두면 특별한 경우가 아니면 굳이 업데이트할 일도 없으니 한번 만들어두면 편합니다. 저는 이곳에 스트링 아트 소개, 프로그램 안내, 교육 사진, 후기, 문의하기 등의 게시판을 만들어두었습니다. 누군가 저의 스트링 아트 강좌에 관심을 보이거나 소개할 일이 생기면 홈페이지 주소만 보내주면 되니 이 홈페이지가 바로 저의 '온라인 명함'인 셈입니다. 홈페이지 제작 비용은 물론 무료입니다. 저는 네이버에서 제공하는 '모두modoo 홈페이지'를 활용하고 있습니다.

물론 처음부터 마음먹고 이 홈페이지를 만든 것은 아닙니다. 홈페이지를 만든 건 스트링 아트를 시작한 지 1년쯤 지나서 뜬금없이 스트링 아트 강좌를 해달라는 요청을 받고 나서입니다. 수업을 한 번 두 번 하고 나니 홈페이지의 필요성을 느끼게 된 겁니다. 스트링 아트를 하는 데 필요한 도안도 처음부터 거창하게 여러 가지를 만들어놓고 시작한 것이 아닙니다. 수업을 의뢰한 곳에서 새로운 도안을 요구하면 '귀찮지만 받아들이며' 만들다 보니 갖가지 도안들이 쌓이게 된 거지요.

체계적인 계획을 세워놓고 시작한 건 아무것도 없습니다. 단지 흘러가는 대로, 그때그때 필요에 따라서 하나씩 만들고 채워 나가다 보니 어느 틈에 결과물들이 쌓이게 된 겁니다. 1톤의 계획보다 1그램의 실행이 중요하다고 하던가요? 저는 그 '1그램의 실행'이 바로 맨 처음의 '한 걸음'이라고 생각합니다.

내면의 흐름을 믿고 따라가기

고등학생 때부터 부모님 사이에 불화가 깊어졌습니다. 덕분에 저는 안 그래도 힘든 사춘기를 더 지독하게 겪어야 했습니다. 지각은 밥 먹듯이 하고, 술도 마시고, 급기야 학교를 빠지기까지 했죠. 공부는 아예 놓아버려서 반에서 꼴찌 언저리를 맴돌았습니다. 제 나이 열여덟, 부모님은 결국 이혼을 했습니다. 이혼 소식을 들은 날, 조퇴를 하고 집에 온 저는 아무도 없는 안방에서 혼자 울었던 기억이 납니다. "이럴 바에야 그냥 이혼하세요!" 했던 저였지만, 막상 엄마가 없는 집은 온통 회색빛이더군요.

이혼 후에도 아버지는 저희 삼남매를 사랑으로, 헌신으로 보살펴주셨습니다. 하지만 대학생 딸의 삶은 잘 모르셨던 것 같습니다. 대학교 4년 내내 일주일 용돈이 3만 원이었으니까요. 아버지가 짠돌이여서 그런 게 아니라, 정말 대학생들의 실정을 잘 모르셨던 겁니다. 용돈을 더 달라면 주셨지만, 왠지 죄송한 마음에 방학 때마다 아르바이트를 해서 용돈만큼은 제가 벌어서 썼습니다. 그러면서 경제적으로 서서히 독립을 시작했습니다.

고등학교 때부터 엄마 아빠의 보살핌을 제대로 받지 못하다 보니 모든 일을 제가 알아서 선택하고 결정해 나가야 했습니다

다. 대학교도 점수에 맞는 대학을 저 혼자 선택해서 가고, 대학교 전공도 제 적성을 스스로 파악해 혼자서 결정했습니다. '선선택 후통보'는 제 인생의 방식이 되었습니다. 휴학도, 취업도, 서울 상경도, 결혼식도 그런 식으로 이루어졌습니다.

처음 입사해서는 사무실이 고향인 부산에 있어서 집에서 출퇴근을 했지만, 어느 날 가족과 상의도 없이 본사 지원을 해 갑자기 서울로 올라왔던 거지요. 결혼식 때도 "아빠! 12월 8일 예식장이 비었대요, 그날 결혼할게요!" 하고 통보하듯이 결혼식 날짜를 정해버렸고요. 처음에는 중요한 소식을 뒤늦게 듣고 "왜 미리 말을 안 했냐?"고 혼내시던 아빠도 나중에는 '그러려니 경지'에 이르렀습니다.

이처럼 언제나 혼자 고민하고 알아보고 결정하던 제 삶의 방식은 결혼 후 남편을 의아하게 만들었던 같습니다. "왜 당신은 미리 상의를 안 해?" 지금은 미리 상의하려고 노력하지만, 그래도 깜빡할 때가 있습니다. 제발 미리미리 이야기해 달라던 남편도 지금은 좀 적응한 것 같습니다.

신혼 초, 남편과 자주 싸웠는데 그 이유가 제가 자라온 가정 환경 때문이라고 생각했습니다. 저에겐 이상적인 부부 역할 모델이 없었으니까요. 사회 생활은 잘했는데, 결혼을 하니 부모님이 그랬던 것처럼 관계가 자꾸 삐걱대며 싸우는 일이 잦았습니다. 그렇게 남편과 싸우고 나서는 부모님 원망을 많이 했죠.

그날도 남편과 술을 한 잔 하던 중 부모님 원망을 조금 했나 봅니다. 평소엔 가만 들어주던 남편이 그날은 딴지를 걸었습니다. "언제까지나 부모 탓을 하는 건 하나도 도움이 안 돼. 당신이 '부모님 문제'라고 부르는 그건 이제 부모님이 아닌 당신 손에 들어온 공과 같아." 제 옆에 앉아 있는 남편이 왠지 정면에서 제 영혼을 보고 말을 하는 것 같았습니다. 그건 부모님 잘못도, 내 잘못도 아니라는 말로 들렸습니다. 그 누구의 잘못이 아니라 그저 일어난 일이라는 뜻으로요.

그 순간 신기하게도 치유가 일어났나 봅니다. 그 후로 더 이상 부모님을 원망하는 감정은 사라졌으니까요. 인생은 결국 내 손 안에 있는 공이고, 공을 어디로 굴릴지는 순전히 제가 선택하기 나름이라는 것을 그때 안 것 같습니다.

요즘 저는 삶의 큰 흐름에 자신을 내맡기는 실험을 하고 있습니다. 부모의 불화가 지금의 내 삶에 영향을 끼친다는 생각을 하면서 오랫동안 부모를 원망하고 탓했었습니다. 말할 것도 없이 이것은 과거에 집중하는 태도입니다. "나한테 왜 그랬어요?" "당신이 내 인생을 망쳤어요!" 하면서 현재 내가 겪는 문제의 원인을 과거의 부모에게 떠넘긴 겁니다. 그리고 나는 이렇게 상처받은 과거가 있으니 나의 행동을 당신이 이해해야 한다며 대들고, 현재 관계를 맺고 있는 사람들에게도 내 과거를 들이댔습니다. 그러니 현재 나의 문제점을 극복할 필요성이나 의지가 생길 리 만무합니다. 나는 피해자이고, 피해자는 이해와 보호를 받아야

마땅하다고 생각하니까요.

그러나 트라우마라고 부르는 이 과거의 망령을 내려놓고 앞으로 나아가기로 선택하면 그 순간부터는 쓰는 언어가 바뀝니다. "이제 나는 뭘 해야 하지?" 나의 직관은 나에게 가장 좋은 선택이 무엇인지 본능적으로 압니다. 부모의 이혼을 트라우마로 붙들고 계속 거기에 매달릴 것인지, 그 상처의 딱지를 딛고 도약할 것인지는 나의 선택입니다.

혹시 내면의 흐름대로 살아본 적이 있나요? 머리는 저기로 가는 게 빠르다고 하는데, 가슴은 다른 방향으로 이끌 때 머리가 아닌 가슴을 따라본 적이 있나요? "돈을 좇지 마라. 하고 싶은 일을 해라. 그러다 보면 자연히 돈은 따라올 것이다." 이런 말들은 왠지 먼 이야기 같습니다. 영웅들, 소수의 선택받은 사람들이나 그런 삶을 살 수 있다는 생각이 드니까요. 그러나 이는 소수의 특별한 사람들만이 하는 것이 아니라는 걸 저는 저만의 '내맡기기 실험'을 통해 깨달아가고 있습니다.

제가 내면의 흐름에 제 자신을 맡길 때 어떤 놀라운 일이 벌어지는지 안 것은 얼마 되지 않습니다. '앞으로는 마음 가는 대로 살아야지!' 생각하거나 결심한 건 아니었습니다. 마치 남녀가 "우리 오늘부터 사귀자"는 말 없이도 언제부터인가 자연스레 연인 사이가 된 것과 비슷하다고나 할까요? 그저 기회가 주어지면 받아들이고 최선을 다하자는 마음이었습니다. 삶이 내게 직접 주는 일이라고 믿으면서요. 그러자 놀랍게도 많은 변화가 일어났습니다.

한국창직협회 교육 프로그램에서 제가 도맡아하다시피 한 강의 주제가 있습니다. 매번 하는 강의이니 부담도 없고 편하기도 한 강의였지요. 그런데 어느 날 협회에서 연락이 왔습니다. "강사님, 죄송하지만 이번에는 다른 주제를 맡아주셔야 할 것 같아요." 맡아달라는 그 다른 주제는 제가 평소에 가장 어렵다고 생각한 분야였습니다. 귀찮고 거절하고 싶은 마음이 올라왔지만, 다행히 삶이 내게 직접 주는 일이라는 생각이 번쩍 들면서 이렇게 대답을 했지요. "네, 새로운 분야면 좋죠. 공부할 수 있는 기회니까요!"

새로운 주제로 강의를 마치고 났는데, 전에 저의 다른 강의를 들었던 분이 저한테 그러더군요. "강사님은 어떻게 매번 준비를 그렇게 잘하세요?" 어렵게 여긴 강의였지만 잘해냈구나 싶었습니다. 그런데 그 후로 1년도 더 지난 스트링 아트 자료를 보고 강좌 요청이 들어오는가 하면, 방송국에서도 창직 컨설턴트로 출연해 달라는 연락이 오는 등 갑자기 일이 잘 풀려나가는 느낌이 들었죠. 이를 위해 인위적으로 노력하거나 적극적으로 움직이지도 않았는데 같이 일하자고 먼저 손을 내미는 사람들이 생긴 것입니다. 이렇듯 애써 노력하던 과거에 비해 많은 일이 훨씬 더 자연스럽게 일어나기 시작했습니다.

그때 전 '흐름에 내맡기기' 실험에 대해 확신을 했습니다. 흐름에 맡기고 산다는 것은, 내 삶을 믿고 삶에 주어지는 것들에

저항하지 않는다는 뜻입니다. 그리고 삶의 흐름에 자신을 내맡겼을 때 삶은 나에게 가장 좋은 것을 가져다줍니다. 필요한 순간에 나와 딱 맞는 사람을 만나는 것처럼요. 머리가 이끄는 삶이 아닌 내면의 흐름을 믿고 살아보는 것, 인생의 큰 흐름을 타보는 것, 그 흐름 속에서 나에게 주어지는 것을 받아들이고 감사하게 생각하는 것, 충분히 실험해 볼 가치가 있는 삶입니다. 자신의 직업을 창조하는 작은 일 역시 이 흐름 내에서 이루어져야 하고, 그럴 때 그것이 창조적인 삶을 열어가는 열쇠가 된다고 믿는 이유입니다.

에필로그

시작하기에 가장 좋은 때는 바로 지금!

남편이 회사를 관뒀다. 더 정확한 표현은 "관두고 싶다고 했다"가 되겠다. 이로써 남편은 결혼 후 총 세 번 퇴사 발언을 한 셈이다.

첫 번째 때는 화가 났다. 두 번째 때에는 '내가 가장이 될 수도 있다는 각오로 일해야겠다'고 생각했다. 세 번째인 어제는…… 남편은 새로 부임한 상사 때문에 힘들어했다. 남편뿐 아니라 선배, 동료 모두 생기를 잃어간다고 했다.

"나, 관둘까?"

이 말에 더 이상 "모든 일엔 이유가 있다잖아. 조금만 힘내"라든가 "그 사람 하나 때문에 회사가 망해가네"라고 할 수가 없었다. 그래, 그만 둬. 내가 더 열심히 하면 되지. 여태껏 당신이 우리 먹여 살렸잖아. 15년 일했으면 쉴 때 됐어. 부부라는 게 그런 것 같아. 돈 버는 일이든 집안일이든 서로 역할이 바뀔 수 있는 거. 핑퐁하며 사는 거지. 내 스타일 알잖아. 교안도 만날 강의 전날 밤새서 만드는 거. 난 닥치면 하는 스타일이어서 잘할 거야.

내가 어찌 남편 월급만한 돈을 하루아침에 벌어들일 수

있을까? 불안함도 물론 있지만 해봐야겠다는 생각, 아니 해야 한다는 생각이 들었다. 저 말은 남편을 안심시키려 하는 말이었지만, 나 스스로 하는 '자기 확언'이기도 했다.

그동안의 강의가 주부의 자기 계발 차원에서 그들을 돕고자 하는 마음이 더 컸다면 이젠 생계를 위해 한다는 마음이 더 크다. 그동안 그냥 주어지는 강의만 했다면 이젠 영업을 직접 해야 한다. 그동안 내가 받는 강사료가 우리 가족에게 부수입원이었다면 이젠 주수입원이 되어야 한다. 그동안 그렇게 경력 단절 여성에서 경력 이동 여성이 되라고, 누구나 1인 기업을 하라고, 가계를 위해서, 또 자신의 삶을 표현하기 위해서 여자들이여 일을 하라고 주장한 내가 '살아있는 사례'가 될 판이다. 뭐, 좋다. 안 되면 집을 줄이고 야간 알바라도 병행하면 되니까. 이 정도는 되어야 훗날 좀 더 높은 위치에 갔을 때 더 극적인 과거사가 되지 않겠는가.

두렵고 불안하지만 조금은 설레고 기대도 된다.

남편이 퇴사를 선언한 날 적은 제 일기 중 일부입니다. 다음 날 남편은 정말로 회사를 가지 않았습니다. 여느 때와 달리 왜 저는 가장이 된다는 무게를 두려워하지 않았을까요? 제가 어디까지 갈 수 있는지 실험해 보고 싶은 기대는 어디서 비롯된 걸까요?

여동생이 스페인에서 돌아왔습니다. 20대의 마지막, 스물아

홉 살에 떠난 카미노. 갑자기 '산티아고 순례자의 길'을 다녀오겠다며 아르바이트를 하더니, 훌쩍 떠났습니다. 9킬로그램 배낭을 지고 꾀죄죄한 몰골로 두 달 만에 돌아온 여동생. 순례 동안 비 안 왔으면 좋겠다고 생각하다가도, 어제의 뜨거움을 겪고 나면 오늘의 비가 감사해지기도 하는 등 여러 가지 감정이 들었답니다. 그~렇게 뜨겁다고, 힘들다고 징징댄 다음날 거짓말처럼 내리는 비를 맞으며 신이 있다면 마치 장난치는 것 같은 느낌이었다나요? 그제의 헤맨 길도, 어제의 뜨거움도 다 뜻이 있다는 걸 느꼈다나요?

동생의 앞으로의 계획이 궁금했습니다. 동생은 떠날 때만 해도 되는 대로 살아보자 싶었답니다. 제 책장에서 《뭐라도 되겠지》라는 책을 집어들 때부터 알아봤습니다. 그런데 막상 한국에 들어오니 마음이 흔들린다고 합니다. "토익도 치고 취업 준비 다시 해야지." 이렇게 말하는 동생에게 "카미노를 하루에 20~30킬로미터씩 걷고도 물집 안 잡힌 거는 적성이라는 거 아냐? 도보 여행가 어때?" 농담 반 진담 반의 제 말에 "도보 여행가는 무슨!" 코웃음을 칩니다.

부산 집으로 돌아가는 동생을 터미널에 데려다주면서 이런 저런 얘기를 나눴습니다. 꼭 취직이 답은 아냐. 두 달 일하고, 또 한두 달 떠나고, 이런 삶도 괜찮다고 생각해. 삶은 여러 가지 형태가 있는 거야. 현실에 엮이는 게 많을수록 훌쩍 떠날 수 없지.

대출도 그렇고, 직장도 그렇고, 세상에 엮이는 걸 최대한 안 만드는 게 자유로운 인생인 것 같아. 마음 가는 대로 해봐!

동생은 또 두 달 알바를 하더니 미국으로 떠났습니다.

불과 몇 년 전, 150만 원 벌어서 어떻게 사냐고 했던 제가 이젠 알바 인생을 권하다니! 목적에 맞는 적절한 수입을 얻고, 최소한의 살림으로 살아가는, 자신을 옥죄는 멍에를 내려놓는 인생이 그리 이상한 건 아니니까요. 예측할 수 없는 인생을 흥미롭고 자신 있게 보게 된 데는, 창직과의 만남이 그 마중물이었습니다. 사람이 지닌 창조의 힘을 깨달은 순간 인생관이 달라졌다고 할까요? 남편의 준비 없는 퇴사에도 의연할 수 있었던 까닭이 여기에 있습니다.

우리는 로봇, 인공 지능, 사물 인터넷, 가상 현실 등 유례없는 속도로 변화를 맞이하는 시대를 맞고 있습니다. 그러나 기술 기반의 미래는 똑똑한 그들에게 맡기고, 보통의 우리에게는 '내일'을 통해 '내일'을 준비하는 것이 미래를 예측하는 유일한 방법이지 싶습니다. 로봇이 지배하는 세상이 와도, 세상이 망하여 동굴 생활로 돌아가도 외부의 변화에 휩쓸리지 않는 '절대 인생' 말입니다.

제게 '주부 가장' 체험을 선물한 원인 제공자 남편은, 다시 회사로 돌아갔습니다. "똥 피하려다가 설사 만난다"는 제 조언이 조금은 도움이 되었던 걸까요? 남편이 그러더군요. 퇴사 후를 생각 못하고 살았는데, 그때를 자각하게 된 계기가 되었다고. 생각하는 대로 살지 않으면 사는 대로 생각하게 된다는 말이 있습니다. 그런데 종종 삶은 체계적인 계획보다 우연한 발견의 연속으로 이어지는 경우도 있습니다. 우리는 현재를 온전히 받아들이며 의미를 찾고, 다가올 시간을 감사하는 마음으로 맞이하면 됩니다.

세상에 없던 아니, 내 인생에 없던, 한 번도 해보지 않은 일, 함께 해보지 않으실래요? 무언가 시작하기에 제일 좋았던 시기는 10년 전이고, 두 번째로 좋은 때가 지금이니까요!

1단계. 나의 '가치관' 찾기

나의 가치관을 알면 삶의 방향을 설정하기 한결 쉽습니다. 특히 창직 활동은 가치관이 선행되어야 하는 작업입니다. 내 삶의 키워드를 찾아보세요.

정직	명예	성실	자산	평화	친절	감사	공평	약속
행복	현명함	믿음	양심	재미	용기	겸손	이해심	자신감
배려	사랑	보람	예의	의리	책임	봉사	결단	평정
유머	인내	모험	배움	센스	성장	끈기	우정	검소
원칙	긍정	경청	자유	리더십	열정	기쁨	건강	대화

1) 가장 먼저 6개의 중요한 가치를 찾으세요.

2) 6개를 5개로 추리세요.

3) 마지막 한 가지가 남을 때까지 이 과정을 반복합니다.

Q1 내가 중요하게 여기는 가치가 무엇인가요?

Q2 왜 그렇게 생각하나요?

Q3 이 가치대로 살기 위해 해온 노력을 자유롭게 적어보세요.

2단계. 나의 '몰입' 탐색

다음 문항 중 순서에 구애받지 말고 마음이 끌리는 문항부터 작성해 봅니다.

Q1 누군가 시키지 않아도 스스로 하는 일 혹은 배우고 싶은 일은 무엇인가요?

Q. 딱히 배우지 않았는데 잘하는 일은 무엇인가요?

Q. 그 일이 당신의 직업이 된다면 당신의 인생은 어떻게 달라질 것 같은가요?

Q2 살면서 가장 실행력이 높았을 때는 언제, 무엇을 할 때였나요?

Q. 그처럼 실행력이 높았던 이유가 무엇이라고 생각하나요?

Q3 가장 좋아하는 책들은 어떤 분야의 책인가요?

Q. 출판사에서 책을 출판하자는 연락을 받는다면, 당신은 어떤 내용에 대해 쓰고 싶나요? 제목과 독자층도 적어보세요.

Q4 다른 사람들의 직업 중 당신이 요즘 관심 가는 직업은 무엇인가요?

Q. 그 직업이 끌리는 이유가 무엇인가요?

Q. 당신의 어떤 부분과 잘 맞을 것 같나요?

....

....

3단계. 도트커넥션dot-connection

나의 모든 경험은 '점'입니다. 크고 작은 점이 이어져 나의 인생이 됩니다. 이 점이 바로 나만의 일을 위한 재료이죠. 지금부터 점을 찍어봅시다.

지금까지 찍은 '점'	앞으로 찍고 싶은 '점'	나와 맞는 활동
✓	✓	✓ 가르치기
✓	✓	✓ 연구하기
✓	✓	✓ 기획하기
✓	✓	✓ 걷기
✓	✓	✓ 계획하기
✓	✓	✓ 연결하기
✓	✓	✓ 쓰기
✓	✓	✓ 그리기
✓	✓	✓ 말하기
✓	✓	✓ 큐레이션
✓	✓	✓ 사람 모으기
✓	✓	✓ 설립하기
✓	✓	✓
✓	✓	✓
✓	✓	✓

저는 이렇게 적어보았어요	저는 이렇게 적어보았어요	저는 이렇게 꼽아봤어요
✔ 강의 ✔ ○○투자증권 ✔ 주례 없는 결혼식 ✔ 자연주의 출산 ✔ 아기 수면 교육 ✔ 스타트업 ✔ 출간	✔ 1인 방송 ✔ 1년에 두 권 책 출간 ✔ 스타트업 관련 글/강의 ✔ 영성 모임 만들기 ✔ ✔ ✔	✔ 쓰기 ✔ 말하기 ✔ 창조하기 ✔ ✔ ✔ ✔

4단계. '창직 활동' 계획서

내가 하고 싶은 활동	
이 일을 하고 싶은 이유	
개인적/사회적 가치	
필요한 역량/기술	
역량 강화 계획	

나만의 창직 활동명	

저는 이렇게 적어보았어요

내가 하고 싶은 활동	간단히 맥주 한 잔 하며 좋은 영성 서적을 소개하는 1인 방송을 하고 싶다.
이 일을 하고 싶은 이유	평소 삶을 거시적인 시각으로 볼 수 있게 해주는 영성 서적을 즐겨 읽는다. 내 삶의 가치관과 철학 또한 영성을 알고 난 후부터 많이 바뀌었고, 삶은 언제나 내게 가장 좋은 것을 준다는 걸 깨달았다. 마음이 편안해지며 아등바등 목표를 향해 달려가는 행동을 그만두었다. 그 결과 신기하게도 내가 이루고자 하는 것 이상으로 많은 성취를 이루고 있다. 이 이야기를 많은 사람들과 나누고 싶다.
어떤 사람들에게 도움이 될까?	삶에 지친 사람. 위로와 용기가 필요한 사람. 삶과 영혼을 풍요롭게 해주는 좋은 책을 찾는 사람.
나의 가치와 맞는 일인가?	그렇다. 1가치관이 도전, 2가치관이 명예라고 나왔다. 생소한 분야인 1인 방송을 도전하는 것, 이로 인해 나를 아는 사람들이 조금 더 많아지는 것, 작게나마 이로운 영향을 끼칠 수 있다는 점에서 가슴을 뛰게 만든다.
이 일을 위해 필요한 역량/기술	영상 프로그램 편집. 원고 작성. 카메라 앞에서 자연스럽게 말하는 법. 유튜브 홍보.
역량 강화 계획	편집 기술 배우기. 스마트폰으로 찍어보며 셀프 피드백하기. 롤모델 채널 공부하기
세부 계획	1. 시청자미디어센터, 서울산업진흥원(SBA) 1인 미디어 교육 프로그램 신청. 2. 편집 프로그램(대표적으로 프리이머프로CC) 배우기(유튜브+독학) 3. 매주 금요일 샘플 영상 찍기 4. 필요에 따라 MCN 소속되기.(MCN에 기획안 돌리기)

나만의 창직 활동명	영성 북튜버

5단계. '노동'에서 '일'로

Q1 평생을 두고 도전할 나의 일은 무엇인가요?

예) 자연스럽게 흐르는 내맡기는 삶을 직접 경험하고 이를 글과 영상으로 남기는 것. 또는 나의 삶을 글과 영상으로 기록하는 것.

Q2 이 일을 위해 '일주일 1회' 꼭 해야 할 일은 무엇인가요?

예) 유튜브에 올릴 영상 촬영 및 편집, 업로드하기.

Q3 이 일을 위해 '매일 매일' 해야 할 일은 무엇인가요?

예) 좋은 서적 읽기 및 정리, 체력을 위한 운동, 타 유튜브 채널 보며 연구하기

Q4 이 일을 꾸준하게 하기 위해 점검을 부탁할 수 있는 페이스메이커를 한 명 지정하세요.

예) 친구 L에게 유튜브 링크 보내서 피드백 받기. 또는 페이스북(블로그)에 일기 쓰기.

2015년, 광주광역시 '청년중심의 창업, 창직모델개발' 공모 사업에 참여하였습니다. (사)한국창직협회와 KMA한국능률협회 공동 과제였는데요, 제가 연구원으로 배정된 겁니다. 5페이지 안팎의 결과 보고서 쓰는 것도 힘겨워했던 제가, 100페이지에 달하는 보고서를 쓴 건 거의 기적과도 같은 일입니다. 그것도 '광주광역시 시장 귀하'로 시작하는 보고서를 말이죠. 제 인생 처음이자 마지막 보고서가 아닐까요?

제가 제언했던 광주광역시 맞춤형 직업은, '푸드 셰르파, 그릇 궁합 전문가, 푸드 공연 기획가, 에코에듀테이너'였습니다. 또한 '중등 단계에서의 창직 교육 필요성'도 말씀드렸습니다. 청년층의 창직이 성공하면 미디어와 매스컴에 연일 보도되며 관심이 집중되지만, 이는 사회의 기능이기보다 개인의 역량에 의한 결과인 것이 사실입니다. 창직이 특별한 것이 아니라 당연한 것이 되기 위해서는 사회와 정부, 지자체의 노력이 필요하며, 이에 '광주시의 청년층을 위한 창직 모델'은 그 초석이 될 것이라는 기대를 품어봅니다.

이 장은 위의 창직 모델의 연장선상에 있습니다. 아무도 의뢰하지 않았다는 점이 다르지만요. 그러므로 무책임하고 밑도 끝도 없는 비공식 보고서로 보시면 되겠습니다.

"이런 직업이 있으면 어떨까?"

1. 돌맞이 여행 플래너

프라이빗 시대다. 이는 웨딩 문화에서 두드러지게 나타난다. 스몰 웨딩이라 불리는 작은 결혼식이 젊은 층 사이에서 하나의 트렌드로 자리 잡는 모양새다. 전문 사진작가와 스튜디오를 벗어난 '셀프 웨딩 사진', 제주도로 떠나 미니드레스를 입고 찍는 '제주 웨딩 스냅', 그리고 카페나 가든을 빌려서 가까운 친지·지인만 초대하는 '프라이빗 웨딩'. 다양한 원인이 있겠지만 허례허식을 벗어나 '내가 상상하는 결혼'을 하고 싶다는 욕구에서 비롯된 게 아닐까?

돌잔치도 점차 가족 잔치로 변화하는 낌새다. 가족끼리 돌잔치를 하는 경우 대부분이 하루 식사에서 끝난다. 돌잔치 식순도 비슷하다. 가족에게 아기의 '돌'은 특별한 날이다. 이런 특별한 날, 양가 가족 여행은 어떨까? '돌맞이 여행 플래너'는 바로 이런 욕구를 도와주는 직업이다. 양가 가족에 맞는 여행지, 숙소, 식사(식당 및 출장 뷔페), 사진, 돌잡이, 가족티 등 돌맞이 여행에 필요한 전반적인 사항을 계획·관리해 준다. 돌맞이 여행 플래너에게는 전국의 여행지와 대형 펜션 등 정보 수집 능력과 행사 기획·운영 능력도 요구된다.

2. 출산 사진 작가

생후 100일 만에 출생시 몸무게의 3배가 되고, 1년 만에 평균 30센티미터 정도 키가 크는 생명, 아기. 기적 같은 존재가 성장해 가는 순간들을 기록하고 싶은 욕구는 만삭 사진부터 성장앨범, 그리고 매일매일의 셔터 소리로 대변된다. 그중 단연 최고는 출산 장면의 사진이 아닐까? 해외의 출산 사진 전문작가는 산모의 진통, 가족의 초조한 눈빛까지 기록한다. 아기의 탄생, 그를 바라보는 가족의 희열, 감동은 고스란히 카메라에 담긴다. 나 같은 경우 아기 출산 장면을 사진은 물론 동영상으로도 남겼는데, 이는 우리 가족의 소중한 자료이다. 부부 결혼식 영상은 안 봐도 출산 동영상은 종종 꺼내 본다. 갓 태어난 아기가 탯줄도 자르지 않은 채 내 배 위에 올려진 사진은 내가 제일 아끼는 사진이다. 국내엔 출산 전문 사진작가가 없다. 사진을 허락하지 않는 병원도 많고, 사진 찍을 여유조차 없는 것이 우리의 병원 시스템이기 때문이다. 극복해야 하는 과제가 많음에도 불구하고, 출산 사진 시장의 전망은 밝아 보인다. 프로 사진작가뿐 아니라 아마추어 작가들 또한 도전할 수 있는 직업이다.

3. 장례 기록가

가끔 유명인의 장례 장면을 신문이나 방송으로 볼 때가 있다. 그런 장면을 볼 때마다 궁금하다. 왜 일반인은 장례식을 기록하지 않는 걸까? 10대 후반에 할머니가 돌아가셨는데, 장례식장에서 사진을 찍다가 손윗사람에게 혼난 기억이 있다. "장례식장에서 사진 찍는 거 아니야." 그때 배웠다. 이유는 모르겠지만, 장례식장에서는 사진을 찍으면 안 된다는 것을. 그로부터 몇 년 후 미국에 사시던 외할아버지가 돌아가셨다. 어머니는 미국으로 건너가셨고, 돌아오실 땐 사진 몇 장을 가지고 오셨다. 할아버지 장례식 사진이었다. 할아버지가 관에 누워 있는 모습, 장례식을 치르는 모습, 안장한 뒤의 모습 등. 사진들에서 그날의 숙연함과 차분함이 고스란히 느껴졌다. 몇 년이 지난 후 창직 강의를 하면서 그 사진이 생각나 어머니한테 사진을 보여달라고 했다. 메시지로 사진을 보내오면서 어머니가 함께 적은 말씀은 이랬다. "이미지는 포장되어 그때가 마치 아름다웠던 것처럼 느끼게 만드는구나. 훗날 보니 아름답다."

기억의 재구성이라고나 할까? 당시엔 너무 힘들고 경황이 없었지만, 시간이 지나면서 다른 감정들이 덧씌워지는 것, 어쩌면 이것이 사진이 주는 의미 아닐까?

4. 살림 경영 컨설턴트

앞의 3장 참조

5. 부부싸움 (위로) 전문가

부부 간 갈등 문제로 상담 전문가나 병원을 찾기는 부담스럽고, 이보다는 좀 가벼운 마음으로 누군가를 만나 위로받고 싶은 사람들의 위한 히어링hearing 전문가. 부부 문제 등으로 내 마음을 털어놓고 싶은데 말할 사람이 없을 때, 부부싸움을 하고 위로받고 싶을 때가 있다. 평소 주변에서 고민 상담을 자주 해온다거나 부부 문제로 힘든 일이 있을 때마다 당신을 찾는다면, 그것은 당신이 타인의 말을 잘 이해하고 공감 능력이 크기 때문이다. 이런 재능을 맘껏 활용해 보자. 구체적인 조언 혹은 해결 방안을 제시해 줄 필요도 있을 테니 평소 다양한 사례나 관련 지식을 공부하는 것도 도움이 될 것이다.

6. 야경 전문가

로케이션 매니저는 광고, 영화, 드라마 등의 촬영 장소를 섭외하는 사람이다. 이를 좀 더 세분화하여 전국의 '야경'을 전문적으로 찾아내는 직업은 어떨까? 도시마다, 위치마다, 야경의 매력이나 특징은 다르다. 만약 높은 지대에 올라서 야경을 감상하는 취미가 있다면, 서울의 남산, 부산의 금련산처럼 유명한 야경 관광지 말고 당신만의 야경 관광지를 찾아서 기록해 보자.

7. 1인 방송 쇼 호스트

유튜브, 페이스북, 블로그, 카카오스토리, 인스타그램 등 바야흐로 SNS 마켓 시대이다. 쇼핑몰을 굳이 구축하지 않아도 손쉽게 상품을 판매할 수 있으니 진입 장벽도 낮다. 기존의 상품 소개에 한계를 느낀다거나 차별화를 꾀하고 싶다면, 쇼 호스트처럼 직접 방송을 하는 것은 어떨까? 요즘은 동영상 편집 어플이 잘되어 있어서 별다른 기술 없이도 할 수 있다.

의류 판매를 예로 들어보자. 상품을 팔기 위한 멘트보다, 이것을 착용했을 때의 느낌을 친구에게 말하듯 해보는 거다. "제가 한 허벅지 하는데요, 보세요, 아까 그 바지 입었을 때랑 느낌이 완전 다르죠?" 누구나 자신만의 아이템을 활용한 다양한 코디를 소개할 수도 있다. "이게 제 옷장이에요. 좀 지저분하죠? 아, 이걸 한번 같이 입어볼까요?" 하는 식으로 말이다. 체형이 다른 친구들에게 옷을 입힌 후 소감을 부탁할 수도 있다. 영상은 텍스트보다 훨씬 자유롭고 다양한 시도를 할 수 있는 이점이 있다. 길게 할 필요도 없다. 영상 콘텐츠의 최적 길이는 12분 내외라고 한다.

8. 꿈 분석(내면 상담)가

내면, 무의식, 꿈에 관심이 많은 사람을 위한 직업이다. 사람은 누구나 매일 밤 꿈을 꾼다. 나는 행사 버스를 놓친다거나, 수영을 하고 싶은데 못한다거나, 전쟁이 나서 숨어 있다거나 하는 꿈을 자주 꾼다. 꿈속에 자주 등장하는 장소도 몇 군데 있다. 꿈 분석은 꿈 해몽과는 다른 작업이다. 가령 해몽에서는 이빨 빠지는 꿈은 안 좋은 꿈, 똥이 묻는 꿈은 좋은 꿈이라는 식으로 사물에 의미를 부여한다. 이에 반해 꿈 분석은 나의 현실과 관련해 무의식이 주는 메시지를 찾는 것이라고 할 수 있다. '꿈 일기' '꿈 기록' 등을 써서 혼자서 꿈 분석을 할 수도 있다. 꿈 일기를 계속 기록하는 사람이라면 모임을 통해 꿈에 대해 토론하거나 다양한 분석 의견을 주고받는 활동으로 확대할 수 있을 것이다. 타인의 꿈 이야기도 듣고 함께 분석을 하다 보면 어느덧 내면상담 전문가로 발전하지 않을까?

9. 드림 트레이너

꿈이나 목표를 실현하도록 도와주는 직업이다. 동기부여 전문가와 비슷하지만, 실제 행동을 끌어내고 체크까지 한다는 점에서 코치의 성격에 가깝다. 의뢰자가 꿈이나 목표에 도달하도록 도와주는 방법은 여러 가지가 있겠지만 여기 '무책임한 발상소'에선 검증되지 않은 방법을 다음과 같이 제시해 보겠다.(검증된 방법을 알고 싶은 분은 '코칭' 분야를 공부하면 될 것이다.)

드림 트레이너라는 창직은 나의 의지박약에서 나온 발상이다. 지인에게 장난스레 말해본 직업이지만, 어떤 목표가 절실하거나 외적인 장치가 필요한 사람은 기꺼이 의뢰를 하지 않을까? "100만 원을 줄 테니 이루게만 해주시오!"라는 의뢰자가 나오길 기다려보자.

1. 의뢰자는 드림 트레이너에게 '배팅'을 한다.
2. '배팅'은 현금이며, 의뢰자가 생각하는 '목표 가치'에 따라 액수는 달라진다.
3. 예를 들어 의뢰자는 "두 달 안에 5킬로그램 감량: 배팅액 30만 원"이라 정했다 치자.
4. 1일 목표(하루 1시간 걷기, 저녁 6시 이후 금식 등)를 정한다. 이를 어길 시 배팅액에서 깎이는 액수를 정한다. 매일 드림 트레이너에게 인증샷을 보낸다.
5. 1일 목표는 일주일 단위로 변경한다.
6. 드림 트레이너의 보수는 '건당 프로젝트비+성공 보수(배팅액의 몇 퍼센트)' 등으로 책정 가능. '배팅액'의 차감 금액은 자동으로 드림 트레이너에게 돌아가며, 프로젝트 종료일 기준 배팅액의 남은 금액은 의뢰자가 가져간다.

10. 경매 테이너

텔레비전에서 수산시장 경매를 보고 떠올린 것이다. 수산물이나 농산물을 일반인(관광객)에게 경매 방식으로 판매하는 것으로, 사람들이 경매에 재미있게 참여하고 지역민의 수익도 올리기 위하여 경매에 엔터테인먼트 요소를 융합한 것이다. 상품화되지 못하는 수산물, 농산물 등을 활용한 일종의 체험형 프로그램이라고 할 수 있다. 아이들에겐 유통 과정의 이해를, 어른들에겐 경매 체험을, 지역 주민에겐 부가가치를 제공해 줄 수 있다. 사람들의 승부욕과 열기에 힘입어 정상 상품보다 높은 가격에 낙찰되는 것 또한 재미 요소이다.

11. 이혼 자녀 케어 도우미

이혼 가정 자녀들의 심리적·정서적 안정을 위하여 필수적인 직업이 아닐까? 이혼으로 인한 한부모 가정의 자녀가 청소년 시기에 있다면 특히 더 필요할 것이다. 아빠가 키우는 딸, 엄마가 키우는 아들처럼 부모와 자녀 간의 성별이 다른 가정은 아무래도 양육에 한계가 있을 것이다. 한부모 가정의 아빠는 어린 딸의 머리를 예쁘게 땋아주지 못해서 미안하고, 엄마는 온 몸으로 놀아줘야 하는 아들의 욕구를 충족시켜 주지 못해 마음 아프다고 한다. 그런 빈 부분을 지속적으로 도와준다면 어떨까? 또 이혼 과정에서 아이들이 받은 상처를 돌보는 것도 가능하고, 한부모 가정 플랫폼을 통해 공동 육아도 가능하다.

12. 반려동물 산후조리사 / 반려동물 고관절 치료사 (반려동물 건강관리사)

강아지 산후조리까지 해주고, 강아지 무릎 관절까지 봐줘야 한다고? 하지만 반려동물을 키우는 가정은 이것이 얼마나 중요한 일인지 안다. 개도 출산을 하면 치아와 뼈가 약해진다. 나는 이 사실을 모르고 갓 출산한 우리 집 강아지에게 개껌을 준 인간이다. 간식인 육포도 못 먹길래 입맛이 없는가 했는데, 알고 보니 치아가 약해져서 힘이 없어진 거다. 산후조리를 못해준 무지한 주인 때문에 지금은 잇몸이 다 내려앉은 지경에 이르렀다. 고관절도 마찬가지다. 고관절이 빠지거나 약한 종이 있는데, 관리를 제대로 못해주면 노후에 걷지 못하는 상태에 이른다. 반려동물 산후조리, 고관절 관리 등의 전문 인력은 나날이 팽창하는 반려동물 산업의 한 자리를 꿰찰 수 있을 것이다.

13. 로봇 웨딩 플래너

"로봇 이미지와 결혼식 이미지네요? 둘이 합치면 로봇 웨딩 플래너?" 이미지 조합 게임을 설명하는 내 말에 아이들이 와하하 웃음을 터트린다. 이미지들을 아무렇게나 조합하여 만들어낸 직업이지만 내심 '어라? 이런 것도 가능하겠네?' 하는 생각이 들었다. 물론 로봇이 결혼을 하고 아이를 낳을 순 없겠지만, 게임 속 캐릭터끼리 결혼을 하듯 미래 사회에는 로봇 간의 결혼이 충분히 있을 수 있는 일이 아닐까?

예를 들어 내 로봇과 비슷한 사양의 로봇을 찾고 싶은 사람도 있을 것이다. 혹은 더 나은 사양의 로봇을 갖고 싶지만 여력이 되지 않을 경우, 그 로봇을 지닌 주인과 사돈을 맺어 함께 놀 수도 있을 것이다. 로봇 웨딩 플래너는 이런 말을 하겠지. "어머, 당신이 찾는 그 로봇, 저기 경기 이천에 있던데요?" 혹은 "음, 그 로봇은 이미 사돈 맺은 로봇이 있긴 한데요, 뭐 어때요, 로봇은 일부일처제가 아니니까요!" 로봇과 사돈 맺는 놀이가 하나의 거대한 문화로 발전할 가능성, 진짜 '무책임한 발상소'라서 나올 수 있는 얘기겠죠?

샨티 회원제도 안내

샨티는 사람과 사람, 사람과 자연, 사람과 신과의 관계 회복에 보탬이 되는 책을 내고자 합니다. 만드는 사람과 읽는 사람이 직접 만나고 소통하고 나누기 위해 회원제도를 두었습니다. 책의 내용이 글자에서 머무는 것이 아니라 우리의 삶으로 젖어들 수 있도록 함께 고민하고 실험하고자 합니다. 여러분들이 나누어주시는 선한 에너지를 바탕으로 몸과 마음과 영혼에 밥이 되는 책을 만들고, 즐거움과 행복, 치유와 성장을 돕는 자리를 만들어 더 많은 사람들과 고루 나누겠습니다.

샨티의 회원이 되시면

샨티 회원에는 잎새·줄기·뿌리(개인/기업)회원이 있습니다. 잎새회원은 회비 10만 원으로 샨티의 책 10권을, 줄기회원은 회비 30만 원으로 33권을, 뿌리회원은 개인 100만 원, 기업/단체는 200만 원으로 100권을 받으실 수 있습니다. 그 외에도,

- 신간 안내 및 각종 행사와 유익한 정보를 담은 〈샨티 소식〉을 보내드립니다.
- 샨티가 주최하거나 후원·협찬하는 행사에 초대하고 할인 혜택도 드립니다.
- 뿌리회원의 경우, 샨티의 모든 책에 개인 이름 또는 회사 로고가 들어갑니다.
- 모든 회원은 샨티의 친구 회사에서 프로그램 및 물건을 이용 또는 구입하실 때 할인 혜택을 받을 수 있습니다.
- 샨티의 책들 및 회원제도, 친구 회사에 대한 자세한 사항은 샨티 블로그 http://blog.naver.com/shantibooks를 참조하십시오.

샨티의 뿌리회원이 되어
'몸과 마음과 영혼의 평화를 위한 책'을 만들고 나누는 데
함께해 주신 분들께 깊이 감사드립니다.

뿌리회원(개인)

이슬, 이원태, 최은숙, 노을이, 김인식, 은비, 여랑, 윤석희, 하성주, 김명중, 산나무, 일부, 박은미, 정진용, 최미희, 최종규, 박태웅, 송숙희, 황안나, 최경실, 유재원, 홍윤경, 서화범, 이주영, 오수익, 문경보, 최종진, 여희숙, 조성환, 김영란, 풀꽃, 백수영, 황지숙, 박재신, 염진섭, 이현주, 이재길, 이춘복, 장완, 한명숙, 이세훈, 이종기, 현재연, 문소영, 유귀자, 윤홍용, 김종휘, 이성모, 보리, 문수경, 전장호, 이진, 최애영, 김진회, 백예인, 이강선, 박진규, 이욱현, 최훈동, 이상운, 이산옥, 김진선, 심재한, 안필현, 육성철, 신용우, 곽지희, 전수영, 기숙희, 김명철, 장미경, 정정희, 변승식, 주중식, 이삼기, 홍성관, 이동현, 김혜영, 김진이, 추경희, 해다운, 서곤, 강서진, 이조완, 조영희, 이다겸, 이미경, 김우, 조금자, 김승한, 주승동, 김옥남, 다사, 이영희, 이기주

뿌리회원(단체/기업)

주/김정문알로에 KIM JEONG MOON ALOE CO., LTD.　한경재단　design Vita

사단법인 한국가족상담협회·한국가족상담센터　생각과느낌 소아청소년 성인 몸 마음 클리닉

PN풍년　경일신경과 | 내과의원　순수피부과　월간 풍경소리

회원이 아니더라도 이메일(shantibooks@naver.com)로 이름과 전화번호, 주소를 보내주시면 독자회원으로 등록되어 신간과 각종 행사 안내를 이메일로 받아보실 수 있습니다.

전화 : 02-3143-6360　팩스 : 02-6455-6367
이메일 : shantibooks@naver.com